徐建融游艺百讲

谢陈风雅十讲

徐建融 著

上海大学出版社
·上海·

图书在版编目（CIP）数据

谢陈风雅十讲 / 徐建融著. -- 上海：上海大学出版社，2025.1. --ISBN 978-7-5671-5067-6

I. K825.72

中国国家版本馆 CIP 数据核字第 2024JN7881 号

统　　筹　刘　强
责任编辑　刘　强
封面设计　柯国富
技术编辑　金　鑫　钱宇坤

徐建融游艺百讲

谢陈风雅十讲

徐建融　著

上海大学出版社出版发行
（上海市上大路 99 号　邮政编码 200444）
（https://www.shupress.cn　发行热线 021-66135112）
出版人　戴骏豪

*

南京展望文化发展有限公司排版
江阴市机关印刷服务有限公司印刷　各地新华书店经销
开本 710mm×1000mm　1/16　印张 17　字数 219 千字
2025 年 1 月第 1 版　2025 年 1 月第 1 次印刷
ISBN 978-7-5671-5067-6/K·295　定价　98.00 元

版权所有　侵权必究
如发现本书有印装质量问题请与印刷厂质量科联系
联系电话：0510-86688678

总　序

2005年11月19日,上海大学校长钱伟长在给上海大学美术学院邱(瑞敏)院长、薛(志良)书记的信中讲:"据我所知,徐建融教授已在上海大学执教二十余年了。多年来,他一边热心于传道授业解惑,一边更是潜心于学术研究和艺术创作,终于成就一番骄人之成绩。我虽然未得与徐建融教授谋面,但是却知道他在美术界颇被看重和推崇。我为我校有如此杰出之人才而高兴,也为我们美术学院这些年来所取得的进步而欢欣。"

2012年9月,上海大学美术学院院长冯远在为《长风堂集》所作的"序"中讲,徐先生是当今学术界致力于宣传、弘扬传统优秀文化的代表人物。"他对传统文化几十年如一日的坚持,以及对传统文化的研究之全面、深刻,和由此所取得的对传统文化认识的实事求是的科学性、与时俱进的独创性,在全国有着广泛的影响。徐先生的研究和实践,众所周知的是以中国美术史论研究、美术教育、书画创作和鉴定为重点。实际上,他的涉及面几乎囊括了传统文化经史子集的各个方面",对儒学、老庄、佛学、说文、历史、文学、戏曲、园林、建筑等"无不着意探究,以国学为视野来观照书画。同时,他对西方文化的经典也下过相当的功夫,以西学为参照来审视国学。术业有专攻与万物理相通,'不入虎穴,焉得虎子'与'不识庐山真面目,只缘身在此山中',立足本职而作换位思考,这是其治学治艺的基本方法"。这使他的传统研究和实践,在新的时代背景下焕发出"科学发展的生命活力,既是历史的,又是现实的"。

子曰:"志于道,据于德,依于仁,游于艺。"有"当代艺术界大儒"之称的徐建融先生,思无邪,行无事,故多艺。而著述,正是其"多艺"中的一项重要内容。孔子说:"盖有不知而作之者,我无是也。"《左传》则说:"言之不文,行而不远。"徐建融先生的著述,从来就不是局限于板凳上、书斋中的"为学术而学术",而都是出之于"学而时习之"的实践体会,所以"如万斛泉涌,不择地,皆可出";又以富于文采辞藻,无论是温柔敦厚,还是慷慨磊落,皆能有声有色地穷理、尽情、动情。真知灼见加上文采斐然,所以其著述为各阶层读者所欢迎。正是四十多年来连续不断地发表、出版的这些著述,使他的"学而不厌""有教无类"在社会上产生了广泛而深远的影响。

为了更集中同时也更条理地反映徐建融先生的著述成果及其学术思想,特在他业已发表、出版的各种著述中,推出"徐建融游艺百讲"十种统一出版,即《晋唐美术十讲》《宋代绘画十讲》《元明清画十讲》《晚明绘画十讲》《当代画家十讲》《谢陈风雅十讲》《建筑园林十讲》《画学文献十讲》《美术史学十讲》《国学艺术十讲》。

其中,除《谢陈风雅十讲》外,大多有之前的相应出版物为依据。但这次的出版并不是旧版的简单重版,而是在体例上、内容上均作了调整。原出版物中多有一定数量的插图,现考虑到书中涉及的图例可从网上搜索到高清图像,故一并删去不用。

全部书稿的整理、修订,徐建融先生本人均给予了极大的支持,十分操劳。在此谨致谢意。限于学识,我们所做的工作还有不足之处,还祈请徐建融先生和广大读者批评指正。

前　言

在我的人生中，得到多位前辈的提携指导，其中最重要的则有四位：王伯敏先生把我领入了传统书画的专业圈中；王朝闻先生给我提供了展示自己专业能力的最好平台；谢稚柳、陈佩秋先生则是对我的学术、艺术影响最大的两位。我从1973年开始便追随在他们身边，得他们的耳提面命，从不能完全接受到成为他们思想的坚信不疑者和坚定推广者，此中的体会，全在收于本书的这些文字中。其中七讲，是直接写谢老师或陈老师的；《常州学派和钱谢风雅》一讲，是写他们学术、艺术的由来所自；《谢家宝树》一讲，则是写谢老侄子谢伯子的艺术人生；《20世纪的海派绘画》一讲，则是写他们学术、艺术的生成背景。本书作为"徐建融游艺百讲"的一种，定名为《谢陈风雅十讲》。

徐建融
2023年春节

目　录

第一讲　常州学派和钱谢风雅 / 1
　　附一：江南大儒钱名山 / 15
　　附二：谢玉岑与《春秋》义例 / 28

第二讲　百年翰墨祭斯文 / 35
　　附：绚烂归平淡　真放本精微
　　　　——纪念谢稚柳先生逝世五周年 / 65

第三讲　中国画的先进文化方向
　　　　——谢稚柳先生的传统观 / 72
　　附一：《水墨画（插图本）》后记 / 86
　　附二：谢稚柳《中国古代书画十论》绪言 / 89

第四讲　谢稚柳的学术艺术成就 / 101
　　附：分钗半钿尽生尘
　　　　——谢稚柳先生的艺术观 / 135

第五讲　谢家宝树 / 143

第六讲　玉树临风
　　　　——陈佩秋艺术论 / 148

　　　　附一：国香无绝
　　　　　　——陈佩秋先生的画兰艺术 / 170
　　　　附二：高花阁说诗 / 176
　　　　附三：陈佩秋艺术集序 / 181

第七讲　传统之树长青
　　　　——谢稚柳、陈佩秋艺术的启示 / 189

第八讲　谢稚柳、陈佩秋艺术论 / 202

第九讲　志道游艺和技进乎道
　　　　——谢稚柳、陈佩秋的人生与艺术 / 212

第十讲　**20 世纪的海派绘画** / 229

01 | 第一讲
常州学派和钱谢风雅

2017年5月12日至6月11日，常州博物馆举办"风雅与归——毗陵钱谢书画展"暨国际学术研讨会，我应邀作主题发言，以30分钟时间所限，未能尽述管见。兹依提纲整理成文，以求诸方家正谬。

今天，我们正致力于传承中华优秀传统文化。而毗陵钱谢风雅，对于我们认识中华优秀传统文化的精华，具有与其他案例既相同又相异的方面，值得引起我们的关注。

优秀传统文化，当然与风雅相关。但对于风雅的认识，在大多数人的心目中，便是晚明以降以董其昌、陈继儒、袁中郎、张岱、李渔、袁枚等文人为代表的"风流闲雅"，诗酒、书画、园林、琴棋、茶禅、香草等等，"平居大异于俗人"，而"破国亡家不与焉"。这当然是很高致的风雅。但钱名山先生寄园及其所培养的诸门人，尤其是谢稚柳先生的风雅，却与之有所不同。其表，或与"风流闲雅"相通而并无抵牾；其里却不止于"风流闲雅"，而更是《诗经》国风、大小雅的风雅。它不是离经叛道的倜傥潇洒，而是洞明世事、练达人情而"平居无异于俗人"的思无邪。《诗经》属于"六经"之一，"六经皆史"，四书五经乃至二十四史，它们所标举的风雅绝不仅止于性灵诗文的风流闲雅，而更在于斯文天下的温柔敦厚、志道弘毅，相比于性灵，更注重忠义道德，以天下是非风范为己任而"家国兴亡"切切在心。如果说性灵诗文的风雅其气味酸，那么斯文天下的风雅其气浩然。

钱名山先生忠义贯日月，文章妙天下，其个人的品行在格物致知、正心诚意、修身齐家、治国平天下；其对寄园门人的传道、授业、解惑，也重在修齐治平，而不仅止于性灵的文艺。所以，当其居庙堂之高则忧其民，为民请命，批评朝政；当其处江湖之远则忧其君，赈济灾民，为政府分忧；寄园讲学，更在为国家培养有担当的人才。

这样的道德文章，与常州学派一脉相承。

常州星象聚文星。当晚明以降，士风大坏，儒学淡泊，文人无行，性灵风雅大盛，"负心多为读书人"。顾炎武等大声疾呼，力倡读书界"克己复礼""天下归公"的社会担当精神。常州人庄存与、刘逢禄等创始经文今学派，根据"公羊"的经说，申明传统的大义，并用以经世致用。旨在读圣贤之书，为豪杰之事。这一风雅，于性灵风雅之外，维系了斯文风雅于不堕，并以常州为大本营，延续三百年不衰，在诗、词、文、史、地、书、画乃至政、经等各个领域都产生了深远的影响，形成诸多流派。尤以影响及于晚清以降的龚自珍、魏源、康有为等大思想家，被他们借用过来作为变革社会，为中华谋福祉的思想依据。

"公羊"是《春秋》的一种释读，另有"左传""穀梁"二传，合称《春秋》三传"，三传的解释虽有小异，但总体的方向都在倡导并继承中华文脉的浩然正气。故历来有"孔子删《春秋》而乱臣贼子惧"，以及关云长义薄云天而"秉烛读《春秋》"的美谈。常州学派于《春秋》，重在"公羊"，故又称"公羊学派"。

按《春秋》三传，"左氏"详其事实，"公羊""穀梁"析其义例。但"公羊"更注重"六经注我"的经世致用，"后王有作"，而不纠结于"我注六经"的训诂考据，重"今文"；"穀梁"更注重"我注六经"的训诂考据，"前王所作"，而疏于"六经注我"的经世致用，尤重"古文"。至于公羊学至晚近又变成了一门脱离经世致用的学问，这是另一回事。

名山先生一生的学问，虽出于常州学派而对常州学派又有创新。他宗《孟子》的仁义之说，所以尤重《春秋》。但到了他的时代，尤其是康有为

"戊戌变法"之后,"六经注我"渐次演变为离开了《春秋》本义的随意解释,所以,他治《春秋》,于三传多有发明,而尤重"左传",甚至认为"无左传即无春秋,另二传不足方驾"。这并非反对"公羊"说,反对经世致用,而是说经世致用的引经据典不能脱离了基本的史实,而必须从史实来认识、阐述它的本义,并应用它的今义。经学史家陈天倪认为名山先生"论《春秋》左传,精思独创,实清儒著述中所未尝有。盖解经之道,在朴实辩理,无谓之考订,无谓之回护,均所不能。(故其)文能力廓斯弊,诗词之工,犹其余事也"。"无谓之考订",即指"穀梁"流弊的究古而不知今;"无谓之回护",即指"公羊"流弊的用今而不合古。而"左传"以史实为基础,则究古始得其本义,用今不离其文脉。寄园的《春秋》学,是老师讲、学生学的对象。讲学的目的,是为了到社会实践上去用,使学生明白上下尊卑长幼的等次彝伦即"礼",而绝不是让学生们学成之后去研究《春秋》,成为《春秋》学的专家。当然,不同学生进入社会之后所从事的具体实践工作是不同的,但它们的共同之点就是都遵循了《春秋》的义例。或从政,或从教,或从文艺,文艺中或诗,或书,或画,但无不以《春秋》大义做人、做事的标准为根本,这就是《论语》中的"行己有耻""博学于文"。"我"做这件事,无论大小,都是为国家、社会谋福祉,而不是为个人谋利益;"我"做什么事,就要按照这件事的规矩法则去创新,而不是离开这件事的规矩法则去"创新"。所以说,学问,当被作为学习并致用的对象,便融于日常和常识之中,称作"学养";而当被作为研究的对象,便架空于日常和常识之外,称作"学术"。寄园对经史、《春秋》的认识,正在"学养"。

　　前文讲到,"六经皆史""诸史皆经"。在传统文化经、史、子、集的四部排序中,经作为中华文化主导的思想即儒学,是精神层面上的典籍;史作为中华文化主导思想在社会实践中成败兴亡的得失,是操作层面上的典籍;子则一分为二,其一为中华文化辅导的思想典籍,其二为中华文化社会物质、社会文娱创造的典籍;集则主要为中华文化中读书界个人诗文创作的典籍。古人云"三不朽":"太上立德,其次立功,其次立言。"立德在经,立功为史,立言则在子、集。以"左传"治《春秋》,正可以打破经史之壁垒,使两部合为一家。在名山先生,在寄园,重在经和史的修身齐家治国平天下,子、集的文艺包括诗词、书法、绘画则为余事。

寄园弟子郑曼青评价老师的文艺:"夫子之为人,正在文天祥与郑所南之间,得天地间气,故其为文为诗,迈韩愈而凌李杜,不可及也。夫诗文仅得数篇以传,奕代晚耳。要其立言不朽,品德足以称之,匪易事也。下笔淋漓,了无诟病,辞旨畅达,行轶群伦,唯夫子诚有以也。"这是讲他的文艺不同于性灵诗文的风雅,正在于以经史为本的德行光大恢宏,而成为大雅之正朔。

而他对寄园弟子的讲学,所要求的也正在"天降大任于斯人"的社会使命和责任感,自觉地树立天下兴亡的担当意识。从小心怀家国,志存大义,明善恶,判是非,"为天地立心,为生民立命,为往圣继绝学,为万世开太平"。其弟子同时又是其二婿程沧波《本师钱名山先生七十寿言》记:"先生之学,不拘名物训诂之微,而宗文章义理之大者。故十三经、通鉴、诸子为寄园之正课,而'三通'与'宋元学案'附丽之。寄园之徒,无长幼贤愚,谈二十四史如数家珍。"至于诗书画之类的文艺,则任弟子自由选择,而绝不是寄园的必修课。

我少年时游谒老一辈书画家门庭夥矣。家中置有线装书者不多,有之,则性灵诗文而已,足以证明该前辈的传统文化修养非我辈所可企及;而家中有一橱二十四史的,仅谢稚柳先生一人!足证沧波先生的所言不虚!今天我们讲到传统的文化修养,讲到国学,往往以书画为第一关注点,其次则古诗文,且多为性灵派的古诗文,而罕有以经史为国学之根本的。由常州学派而寄园,而钱谢风雅,这样的传统修养,不仅并世的书画家中所罕见,就是袁中郎、董其昌其实也是不具备的。而传统文脉的兴衰,实在不在诗文的兴衰,而主要在经史的兴衰啊!

名山先生曾为民国知名报人朱大可书一联："无江海而闲,不导引而寿;是邦家之光,非闾里之荣。"上联出《庄子》,主要讲"穷则独善其身"的道理,不论;下联出欧阳修《相州昼锦堂记》,主要讲"达则兼济天下"的道理。一个读书人,"学而优则仕",发达了,他又应怎样自处呢?不是凭此而衣锦昼行,光宗耀祖,显摆闾里,而是要光烈天下,为邦家苍生谋福祉!

但名山先生的个人自律也好,对弟子的要求也好,"以天下是非风范为己任"绝不是空洞的大道理,而是从切实的小事做起。东汉时有一个陈蕃,胸怀大志,但家中乱七八糟,满是灰尘,自述志在扫平天下,不事小节。别人叹曰:"一屋不扫,安天下为!"果然,后来发达了,但最后又落到被杀头!而孟子却不是这样认为的,他要求君子既胸怀大志,又要切切实实地从身边的、容易的小事做起,逐步而完成远大、艰难的伟大事业,舍迩而求遐,舍易而求难,是不足以论道的。孔子更以万世师表的志气学养,安心于从仓库保管员、畜牧饲养员做起。盖志必取大而不取小,而事则无大小。千里之行,始于足下,万仞之山,起于一篑,勿以善小而不为,勿以恶小而为之,这正是《春秋》的义例所在。名山先生宗《孟子》,他对自己、对学生的要求,当然也是从近、易、小事做起。如《名山九集》首论"孝悌":"圣人之言孝也,合弟而言之,合友而言之,合慈而言之。未有疾视兄弟、鞭挞子女而可以言孝者也。故曰:妻子好合、兄弟既翕,父母其顺矣乎。子路问士子曰:朋友切切偲偲,兄弟怡怡。是语也,包乎忠孝而言之,怡怡则父母顺矣,切切偲偲合乎尧舜禹皋,相敬戒之道矣。如此而后士之道全。是故汉任延言:'忠臣不合,和臣不忠。'此乡党自好者言也。孝不可不弟,忠可不和乎?宋明忠臣,乃始有水火冰炭不相入者,其误天下事必矣。是皆不通乎孝友之义者也。"甚至认为"父重于君,君父各有笃疾,有药一丸,可救一人。当救君耶?父耶?"曰:"父也。"类似于今天母、妻同溺于水,先救母亲还是先救妻子的选题。足以证明寄园所讲的《春秋》大义,不是好高骛远的高谈阔论,而是脚踏实地地从身边的小事做起。换言之,胸怀大志,不能不安心本职,而是要从努力做好本职工作开始;安于本职,不能不思上进,而是要有更高远的目标追求。这才是真正的国士,他只有自我的惕厉行健、自强不息,而不会有怀才不遇、英雄无用武之地的怨天尤人。则未能被衣锦之荣者,同样可以"是邦家之光"。

其实,早在名山先生的少年时代,长辈们便告诫他的性格不宜经世,只可著述文章以"藏之名山"。但在他看来,读书经世的途径不只在居庙堂之高做官,处江湖之远同样可以报效国家。这就是道德文章、《春秋》大义在日常生活中的践行、著述和教学。所以,寄园的门人中多出匡时济世的国士,即使未能进,也安心于从事格物致知、正心诚意、修身齐家、治国平天下的教化工作,而绝不止以文艺标榜个性的性灵风雅。

至于谢稚柳先生,众所周知的身份是20世纪的大书家、大画家、大鉴定家。但历数20世纪的大画家,如齐白石、潘天寿、吴湖帆、徐悲鸿、林风眠、刘海粟、李可染、傅抱石、张大千等,进入社会之前莫不以艺术为学业,学成之后又以艺术为职业。当然,其艺术的学业,或在美术学院中完成,或通过师资传授或自学而完成;其艺术的职业,或以艺术的教育为生,或以艺术的鬻售为生。独有黄宾虹、谢先生二人,学业不是艺术而是修齐治平的天下担当,职业也不是艺术而是修齐治平的天下担当,艺术仅是个人的爱好,天下的余事。这两者有何不同呢?学业、职业在艺术者,属于"志于艺",而无可无不可于"归于仁,成于德,进于道"。学业、职业在天下而艺术为个人爱好者,必"志于道,据于德,依于仁,游于艺"。虽然徐悲鸿、潘天寿等也有志于天下的担当,尤其是潘天寿,更强调"士当以器识为先""德成为上,艺成为下",并在坚定民族文化的自信方面力倡"至大、至刚、至中、至正之气"而达到"登峰造极",但由于他在经史尤其是《春秋》学方面,没有经过系统的童子功的培养,所以不免"一味霸悍",虽以其个人特殊的禀赋学养,能将它纳入温柔敦厚,但"一味霸悍"的"温柔敦厚"毕竟有别于"堂皇端重"的"温柔敦厚",其模式只可有一、不可有二而难以广泛地推广。简言之，徐悲鸿、潘天寿是用艺术的职业工作来辅佐天下之道，比之大多数画家用艺术的职业工作来实现个人的性灵、物质需要，当然要高出多多；而谢老，则是在修齐治平的职业工作之余"游于艺"。

黄宾虹不论，谢先生的学业既是经史、《春秋》，新中国成立前曾任中央大学美术系教授，仅为其兼职。新中国成立后虽然供职于博物馆，似乎以艺术为职业了，但博物馆的艺术与美术学院、中国画院的艺术又有所不同。美术学院、中国画院的艺术工作，重在艺术家个人的艺术思想的教学和创作，而博物馆的艺术工作，则重在国家艺术文物的鉴藏研究。20世纪40—70年代，谢先生的职业虽不是个人的艺术创作，但由于职业之余的时间较多，如同欧阳修的"学书消日"，使他个人的艺术创作创造了一个又一个的高峰。而到了80年代，他全身心地投入全国古书画的巡回鉴定工作之中，整整八年，圆满地完成了这项史无前例的工作，却荒废了个人的艺术创作！对此，他自嘲"八年鉴定下来，手生了，再也画不出好画了"，但决无悔意。在国家的利益和个人的艺术发生矛盾冲突的情况下，他义无反顾地选择的是国家而不是个人！这种胸襟，在没有《春秋》大义储于胸中的艺术家，根本是不可能具备的。

以经史、《春秋》为学养的根柢，在20世纪的画家中仅谢老一人；书家中则不限于钱、谢两家，如于右任、叶恭绰等皆是。

每有人推许谢老的鉴定成就，他总是说："我不是为当鉴定家而研究鉴定的，而是为了画画而去研究鉴定的。"而每有人推许谢老的书画成就，他又说："书画只是我的业余爱好，我的专业是博物馆的工作。"这种换位让人的自我认识，实际上正来自从小所涵养的《春秋》义例，"居庙堂之高则忧其民，处江湖之远则忧其君"。口头上，不与人争胜而行为上自强不息，所谓"为仁在己，岂由人哉"。

昔人评李白、苏轼，以为"太白有东坡之才，无东坡之学"。我们也可以说，袁中郎、董其昌的风雅有性灵之才，无《春秋》之学；而钱名山、谢稚柳的风雅有《春秋》之学，兼性灵之才。一者，通于老庄"复归自然"的无为之道，其气味酸；一者，通于孔孟"天下为公"的有为之道，其气浩然。二风雅，吾孰与归？

至于黄宾虹挟天下之志"游于艺"，为用利家法作余事画，而谢先生挟天下之志"游于艺"，为用行家法作余事画，则视以书画为职业而非余事者，用利家法作专业画，又如何哉！

需要指出的是，常州学派既以常州为大本营，所以常州一地的读书种子多出担当天下是非的国士，不仅寄园如此，如盛宣怀、刘国钧、荣毅仁、瞿秋白、史良等，无论从商、从政，莫不如此。专以从商论，当时以上海为舞台的经济繁荣，不外浙、苏二商的贡献。浙商主要是宁波商人，多为"买办资本家"，注重与世界的交流；苏商主要是常州的商人，多为"民族资本家"，更坚守民族的自强。这里不是说孰可取孰不可取。两者对于近代中国经济的发展各有贡献，而其因文化的底蕴不同，造就其商业取向的不同，不能不引起我们的关注。附带说明一下，浙商的文化底蕴，包括发源于浙江遍及全国各地性灵文学的文化底蕴，为王阳明的心学。无非性灵文学更为王学衍变而成的泰州学派、"异端邪说"所鼓动，而浙商则受黄梨洲对王学的阐释影响较深。

按浙东学派和常州学派，都主张儒学"义利"的践行而反对空谈，但"致良知"的心学即浙学更重"利"，而主《春秋》的公羊学即常学更重"义"。常州学派重在"尊君"的"统绪"，严明华夷，力主"存三统"而"张三世"，"大一统"而"攘夷狄"，甚至其学派的代表人物，从庄家到钱谢风雅，在传承中还讲求以近亲的血缘为纽带。而黄宗羲则认为"天下之大害者，君而已矣"，并反对传统以农为本工商为末的观点，主张"工商皆本"，与《春秋》学形成对立的统一。则两地文化、经济的异同，由此可窥其渊源。

虽然对于"志于道，据于德，依于仁"，在寄园的风雅中是一以贯之的，无论老师还是弟子，无论居庙堂之高还是处江湖之远，从日常的常识到高远的志向,莫不在修齐治平的躬行不辍;但对于"游于艺",寄园的风雅则各有不同,绝不强求一律。诗也好,词也好,书也好,画也好,师弟子,一人有一人之面目。寄园弟子虞逸夫曾回忆自己学诗的经历,"公批示曰:'诗不可学。'其意盖谓人各有性情面貌,不可舍己田而耘人之田"。陈亮《语孟发微》有云:"公则一,私则万殊。"天下为公之道统,公也,所以必须一以贯之;而个人性灵之文艺,私也,所以必须各有灵苗各自探。所以,我们专看书法,名山先生本人是融汇碑帖,专作行书体,端严庄重,遒润浑涵,用笔如"快枪击玻璃,洞穿而玻璃不破"。而他的弟子中,谢玉岑擅大篆,逸姿奇古,老健朴茂;程沧波擅行楷,取法欧阳询而去其刚峭欹险,化为温润秀雅;谢老则早年着意于陈老莲行书,娟秀飘逸;中年用功于张旭狂草,汪洋恣肆;晚年行书又自成圆凝宽博的面目……皆与乃师的书风迥不相类。这就可见,性灵文艺,可以摒弃《春秋》大义,但《春秋》大义绝不会扼杀性灵文艺。不明乎此,就不可能真正明白《春秋》的义例所在。

  这里专述钱名山先生的书法。性灵之士,视文艺为高于一切,而道统则为扼杀性灵的洪水猛兽;但道统之士,固有视文艺为洪水猛兽者,伪道学也;真正的道统之士,必"游于艺"而以"学书"为"消日""静中至乐"的益道之事。名山先生在布道之余,于书法用功之深,不一定在职业书家之上,但由于他胸中的道义扩充了他的胸襟、见识,遂使他在书法艺术上的造诣高迈超群。当时康有为、于右任等无不敛衽无间,徐悲鸿更极爱重之,曾致书玉岑先生代为购藏,愈多愈佳。

  至于名山先生书法创作的成就,论者以为"若有拖牛拽虎之筋骨,八风不动之气魄,朴茂并举,厚健方实,见浩然正气,发黄钟雷霆之声于纸上者",这里不作展开。我以为,相比于他的创作成就,他对于书法的许多见解是更值得我们重视,反映了一个经史学者对所游之余事而不是所专之本事的"旁观者清",同时也造就了他有别于职业书家的个性书风,以及门下诸弟子各自不同的个性书风。

名山先生写书法，是手腕靠着桌案的，甚至在赈济逃避倭寇兵祸的灾民时写到手腕被磨破；谢稚柳先生也是如此，其他门人如何则不得而知。而我们所熟知的书写方法，就是必须悬腕甚至悬肘。对此，名山先生曾有过书法要不要"悬手"也即悬腕、悬肘的专门论证，这里不作讨论。所谓"执笔无定法"，各人尽可有各自不同的书写习惯。

我认为其书学的最大创见有三。据《名山书论》：

第一，"行其所无事"。什么是"行其所无事"呢？就是遵守书法自身的规矩法则，"是画，还他平；是竖，还他直；是口，还他方；是田，还他四孔均匀；是林，还他两木齐整；是川、三，还他两夹弄清明；'齐''灵'，还他左右轻重如一；长的还他长，短的还他短，扁的还他扁，如此，则所谓行其所无事也。俗书之坏，只为习气多。凡所谓习气，皆非字之固有者，皆作伪，心劳日拙之类也。"又说："奇形怪状，一切皆是野狐禅。夫道若大路然，书犹是也。所见书家，方其初学，弥为近理，及其成家，必入丑怪。此皆天资所限，才力有所不足，不能穷其正路，而后入于荆棘。一入歧途，永无出路。故曰：中庸不可能也，不偏之谓中，不易之谓庸。"横平竖直，是写字的基本准则，当然不是水平、垂直，而是可以有所右上或左偏，但移步不换形，不能把横写成不平到不成横，把竖写成不直到不成竖。这就是《论语》中"博学于文""亦步亦趋""无过无不及"的意思。而"天下本无事，庸人自扰之"，大多数书家则把心力用到了无事生非的"创新"上去，弄得"奇形怪状"，以吸引观者的眼球，他认为是不可取的。

《老子》说"治大国如烹小鲜"，名山先生于书法，则可谓"烹小鲜如治大国"。这个"行其所无事"的书学思想，实正是通于《春秋》"大一统，攘夷狄"的大义。横平竖直好比周室，变而化之好比诸夏，奇形怪状就成了夷狄。"内其国而外诸夏，内诸夏而外夷狄"，既是《春秋》大义，也正是书法之义。

第二，"拼命到自然"。其说："或问作书如何？曰：'拼命。'或曰：'艺之至者曰自然，拼命不与自然左乎？'曰：'拼命到自然。'""拼命"讲的是用功，"自然"讲的是随性。用功于规矩法则，不能进入到"自然"之境便拘执；个性的创造，没有在规矩法则上"拼命"用功的功夫便沦于野狐禅。对于名山先生来说，书法只是经史的余事，经时济世的小道，但"有暇即学书"，不仅可以"消日"养心，而且亦可有补于世道。所以，他的"拼命"，并不是放下一切事不干，全力投入到书法中去，每天练上十个小时，十年不辍，而是重在态度。什么态度呢？一是要不存功利心："为学求益，非善之善者也。学之为益也无形，日计不足，月计有余；月计不足，岁计有余；一岁计之不足，十岁计之有余。假使必有益然后学，是无益将不求矣。是故为学之道，当视为吃饭睡觉，当然如此，乃善之善者。夫学书不可求益，临书不可求工，尽之矣。"这个道理，我从谢老处受益，并常教诲我的学生："学习要有这个准备：用功一天，不会有什么收益，荒废一天，不会有什么损失；用功一个月，不会有什么收益，荒废一个月，不会有什么损失……但用功一年与荒废一年，差距便拉开了。"二是要使心信手、手信笔："下笔最忌疑，要使心信手、手信笔，则不疑矣。要求其信，莫善于熟，虽然，去一'疑'字，则天下事皆可为之。孙吴用兵，不过如此，何止于书。"他自述自己作书："只是凭心随手去，无复四旁上下，确也是名山心画。""拼命"于"无事"的规矩法则而不存"求益"的功利之心，这是对书法虽为小道的"敬"事，就像志存高远，必须从近事、易事、小事做起，不能"敬"事近事、易事、小事，对高远大事的"敬"事便往往落空。所以，我完全不同意拿破仑的名言："不想当将军的士兵就不是一个好士兵。"而认为："想当将军的士兵一定不是一个好士兵。"名山先生说："因学书悟到先儒一'敬'字。"用"敬"的态度"拼命"地从事余事的书法，一天、二天、一个月、两个月没有收益，日积月累，便达到了心手无疑的"自然"之境，个性的创造便从规矩法则的基础上自然而然地升腾变化出来了。

但即使如此，个性的创造还有雅俗、高低之分，并不是只要有个性就是好的,"奇形怪状"不也是个性吗?而且是当时、后世大多数专业书法家所苦苦追求的个性。

第三,"胸中有道理"。其说:"胸中原来无字,所以临下笔做出多少奇形怪状来。问如何胸中便有字?曰:'也须要有些道理,有些见识,然后胸中有字。'东坡谓'胸中有个天然大字',只是胸中有道理而已。"若王、虞、颜、柳,"大都有高旷绝俗之资,有勤苦不易之志,亦皆为道之一体,未可谓全无道理也。若只是一个世俗人,如何胸中有字来?"这个"道理",最高标的,当然是经史、《春秋》之学,为宋以前的书家所标举,也为名山先生所继存;退而求其次,则是子集的性灵诗文,为董其昌辈所标举。没有这样的学养,即使在"行其所无事"的基础上"拼命到自然",也不过技术之事,艺术的境界是不能高旷的。更何况大多数书家要在无事生非的创意下,带着强烈的功利目的"拼命"到不"自然",并把不"自然"当成自己的习惯成"自然"?

一语以蔽,名山先生用做正事的态度来做余事,正如他于远大难事的做法与近小易事的做法没有什么两样,治大国如烹小鲜,烹小鲜亦如治大国,不以事余、事小、事易而忽之,虽不同于行家的"志于艺",但其"游于艺"的态度如京剧票友的态度,而不是利家的卡拉OK。同样,**谢稚柳先生用画家画的法则而不是文人画的法则来"游于艺",从事"业余"的书画创作,其理完全是一致的**。那种治大国则严之,烹小鲜则疏之的态度,并不为寄园风雅所取,寄园所重的"敬"事,是无论正余、大小、难易、远近而一以贯之的。

那么,根据名山先生所讲的三点,今天的书法界如何呢?我以为,第二点"拼命到自然"是一点不缺的,无非支配以强烈的名利心而不是平常心;缺的主要是第一点"行其所无事"和第三点"胸中有道理"。我们要弄出许多事来,"奇形怪状"已十倍于名山先生之所见,而"胸中有道理"于性灵诗文既罕有着落,于斯文天下更全无担当。若转而求诸文史哲界,相当于名山先生之前的历代国士，经史既被做成了无关经世致用的"纯学术"，他们不要说毛笔，连钢笔也不拿了，而是用电脑打字，书法又何从谈起？

昔者，苏轼论文同有云："与可之文，其德之糟粕；与可之诗，其文之毫末；诗不能尽，溢而为书，变而为画，皆诗之余。其诗与文，好者益寡，有好其德如好其画者乎？悲夫！"我于寄园风雅，于名山先生的书法，于谢稚柳先生的书画，也作如是观。故云：不能认识常州学派，就不能真正认识寄园的风雅、钱谢的翰墨。

我因仰慕谢老的书画而上溯寄园和常州学派的经史、《春秋》之学，曾以皮毛之得撰一联："日月经天，以分汉贼；春秋存义，用辨华夷。"《春秋》大义，首要在"大一统，攘夷狄"。窃以为，这正是寄园和汉唐宋元斯文天下的风雅所归，而有别于明清性灵诗文的风雅。更需要提请专家注意的是，在寄园和钱谢风雅，《春秋》学绝不是用来研究的学术，而是用来潜移默化地指导修齐治平旁及余事之文艺的学养。研究《春秋》则《春秋》亡，把《春秋》的义理践行于日常的常识，无论大志还是小事而不见《春秋》则《春秋》存。所有学问，尤其是经史，如果是供人学习的，然后或以虚的或以实的学养作用于学习者的人生实践，则它就生生不息；一旦当它变成不是让学子们学而致用的，而是让专家们研究的，这门学问便失去了它的生命力。

（2017 年）

附一：
江南大儒钱名山

一、钱名山是当仁不让的江南三大儒之一

民国学者金松岑以常州钱名山、昆山胡石予、金山高吹万为并世的"江南（民间）三大儒"，此说因郑逸梅的推介而广为人知并为众所公认。但我们以为胡、高二人不宜称之为"大儒"。因为"儒家者……游文于六艺之中，留意于仁义之际，祖述尧舜，宪章文武，宗师仲尼，以重其言，于道最为高"（《汉书·艺文志》），也即信奉并致力于传播孔孟学说的道统和学派。而胡、高两家，皆为民国著名文学团体"南社"中人，其基本的身份是文人、诗人。儒者重器识，重道统的传承和弘扬，所谓"为天地立心，为生民立命，为往圣继绝学，为万世开太平"，而"以天下是非风范为己任""先天下之忧而忧，后天下之乐而乐"。文人则重诗文，重个性才情的创作和表现，尤敏感于"物喜己悲"。

儒者又名士人，其中也不乏富于才情并擅长文艺创作的，如韩愈、欧阳修、苏轼等等。韩愈说："文章岂不贵，经训乃菑畲。"意谓对儒者、士人来说，纵喜好文艺，但其立身处世的根本却不在文艺而在经史。欧阳修说"夫子之门，以文学为下科"，故文人"以文自名"，而儒者"则不然，自能以功业行实光明于时，亦不一于立言（文艺创作）而垂不朽"。司马光编撰《资治通鉴》，其基本的前提就是"不载文人""辞赋等若止为文章，便请直

删无妨"。刘挚诫子孙则曰:"士当以器识为先,一号为文人,便不足观。"昔人比较李白与苏轼异同,则认为:"太白有东坡之才,无东坡之学。"盖才者,吟咏性灵的才情,为文艺所必需;学者,经时济世的学养,因经史而器识。

闻一多有《诗人的蛮横》一文,揭示诗人天真烂漫的习性,在南社许多代表人物的身上几乎都有典型的反映。包括胡、高在内,南社中人,个人意气用事的多,道统学问传扬的少。高吹万不以讲学为业,所以几乎没有什么道统意义上的弟子传人。胡石予虽有叶圣陶、范烟桥、顾颉刚、吴湖帆、顾廷龙、郑逸梅等名声显赫的学生,但事实上,这些学生与胡的关系并不是道统意义上的师弟关系,而只是因为他们都曾在新式学堂的苏州草桥中学上过学,而胡则是其时草桥中学教师的缘故。就像20世纪60年代浙江美术学院的毕业生,无论国画系的还是油画系、版画系、雕塑系、工艺系的,都可以说"我是潘天寿的学生"。所以,这些学生各人的学问和成就,不仅与胡没有道统上的关联,相互之间也都是各行其道的。

文学不等于儒学,所以"儒林传"肯定迥别于"文苑传"。我们不否认南社是一个有相当影响的旧文学社团,更不否认胡、高有很高的旧文学功底和成就,而且,这个旧文学与儒学有密切的关系。但我们既不能以姜白石、吴文英为南宋的大儒,自然也就不能以胡石予、高吹万为民国的江南大儒乃至一般的儒者。南宋儒林中的代表人物有朱熹等,显然钱名山是与之有别的;又有陈亮等,则与钱名山非常相类。所以,"江南三大儒"中,实在只有钱名山一人可以当仁不让。

但是,既然南宋的儒林道学传中不仅有陈亮,还有朱熹,所谓"吾道不孤"。则无论从个人的器识学养,还是"传道、授业、解惑"的播扬往圣绝学的行实,撇开文艺不论,则民国时的江南大儒绝不仅止于钱名山一人,另有两人即章太炎、唐文治。则"江南三大儒",当由钱、胡、高改为钱、章、唐,更为名实相符。但三家的具体情况又各有不同,正如《孟子正义》论孔门的弟子"各以其性,得其(儒学)一偏"。

　　章太炎早年应倾向于主张民学的浙东学派,故致力于倡导并积极投身于革命和推翻清廷的活动,而且态度极其激进。五四新文化运动之后却又转向复古,创办章氏国学讲习所,于各地讲学,尤以在苏州讲学的时间最长,收获最大,影响也最广。他的学问,专注于"说文"小学,训诂考据精深至于艰涩深奥,近于玄学,系在乾嘉学派"为学术而学术"的道统方向上更进一筹而入于非常之境界。按浙东学派本重非常,以区别于常州学派的平常和日常。陈亮云:"有非常之人,然后可以建非常之功。求非常之功而用常才、出常计、举常事以应之者,不待智者而后知其不济也。"这一精神,上溯而为越王勾践的吃饭睡觉也须卧薪尝胆,下续而为潘天寿画学的"以奇取胜""一味霸悍"。章氏的小学,不仅迥异于常州学派的"不拘名扬训诂之微,而宗文章义理之大者",即相比于同为"为学术而学术"的乾嘉学派,如段玉裁等作为经学之基础的小学训诂,也大有异趣。段等的训诂,其意义在于让人更明白单字的形、音、义,而更便于解读经典的义理。章的小学,则有些钻进了一个个单字的牛角尖,使小学不仅作为一门极其小众的学问,更成了一门"绝学"。包括他为子女取名字,也喜欢用普通人不识其音、义而一定惊诧其形的冷僻字、怪字,似乎有意识地与人为难,让人看不懂、读不出。这种嗜好早在他年轻时的《訄书》中便已表露无遗。无非是"敦促革命书"的意思,这个措辞本来就已经过于决绝,他还要用一个不仅普通人,就是一个有相当文化的高级知识分子也不熟悉的"訄"字。可以说,乾嘉学派的"为学术而学术"虽然枯燥而且烦琐,但最后的结果还是相对明白的,而到了他,便变成了"为高深而学术"。他的性格与他的学问一样的古怪不近人情,至有"章疯子"之称。而他的弟子们于老师的学问学到了多少不好说,于这古怪的脾气大都有不同程度的感染,甚至为了章门"弟子录"的排名而争吵翻脸。其弟子中,著名的有黄侃、钱玄同、汪东、朱希祖、吴承仕,号称"五大金刚";但真正从道统上继承了章氏小学之学的,可能只有黄侃一个。因为脾气古怪,所以立了一条规矩,不到五十岁不作著述;到了五十岁准备大干一番却又去世了,满腹的学问结果就大象无形地烂他肚皮里,只能留给人们无限的遐想联翩,仰之弥高。钱玄同后来转向了新文化,提倡文字改革,恨不得取消汉字,简直与乃师的复古反其道行之。汪东则专精于词学;朱希祖史学;吴承仕治经学又转向马列主义。总之,作为"一代儒宗,士林推崇",章太炎在儒学界的地位极高,于讲学传道之用心用力也极大,但收获似乎并不甚理想,至少就他这一"为学术而学术"的小学学派而言是如此。

唐文治,早年供职清廷,退出官场后致力于教育事业,曾任今上海交通大学前身的监督(即校长)达十余年。1920年辞去公职,自创无锡国学专修馆讲学传道。治《礼记》《周易》《尚书》,说《十三经》、"性理",皆力求简明而通俗易懂。但他实际所倡导的,却不是复兴传统文化,而是引进西方的现代科技,以发展中国的工业、实业、商业、金融业。国学尤其是儒家文化思想的意义,在他看来主要是作为中国实业家、金融家所必需的修养,无非是洋务运动以后"中学为体,西学为用"的意思。但事实上,"中学为体,西学为用"的设想,最终的结果除了"中体西用"之外,还有"中学为体,西学无用"和"中学无体,西学为用"两种可能。所以,被誉为"国学大师,工业先驱"的唐文治,其教学成果在中国近代工业、科技、金融人才培养方面颇有收益,在儒学方面似乎收获并不是太大。再往后,工业、科技人才的培养,也就再也没有人认为需要以国学尤其是儒学为必需的修养了。

钱名山是三大儒中创办私家书院最早的,辞职清廷后不久清廷覆亡,他便于1914年在常州设寄园讲学,其道统以《春秋》、语孟为根本。他既不是"为学术而学术",也不是为新兴的工业科技人才作国学的修养,即赋西用以中体的"移步而不换形",而是恪守传统尤其是常州学派的为经世致用而学问,旨在培养"大儒",以不变应大变、万变。故其治学、讲学,不重训诂考据,而重为人处事的义理,要在"思无邪""行天无事""一切皆如吃饭睡觉,当然如此"。他不是居高临下地填鸭式的讲,而是布置学生作业以结合课堂的讲授;每一个题目,要求学生做的,他自己也做一遍,下一节课再到课堂上结合学生作业作对比的讲解。《名山课徒草》一书,便是他的教学作业,有时也收入学生的作业。从《名山集》中可以看出,钱名山的学问及其对前贤的传承以及对后学的播扬,足称庄存与、刘逢禄开创的常州学派的殿军,不仅把常州学派推上了一个新高峰,也堪称董仲舒开"春秋学"以来的一个新高峰。识者评为:"(名山)论《春秋左传》,精思独到,实清儒著述中所未尝有。盖解经之道,在朴实辨理,无谓之考订与无理之回护,均所不取。文能力廓斯弊,故为不朽之作。"是完全恰当的。

二、钱名山在继承了常州学派的"春秋学"传统之上有新的阐发

常州学派以"春秋公羊"为核心,由庄、刘传而为魏源、龚自珍、康有为。相对于浙东学派义利并重而更倾向于利的"民学",且重在非常和异常,同为经世致用的常州学派可以说是义利并重而更倾向于义的"君学",而更重平常和日常。公羊的微言大义在于"大一统","大一统"的实质就是"尊王室",所谓"内中国而外诸夏,内诸夏而外夷狄"。但在清代,相比于浙东学派、乾嘉学派、颜李学派等等,在诸多学派中,常州学派不过是一支不起眼的"别动队"(梁启超语)。直到康有为,才闹出了大的动静,使人刮目相看。与庄、刘一样,信奉公羊的康有为所走的还是自上而下的君学道路,并借助皇帝的力量发动了"戊戌变法"以经世致用图强,结果以失败告终。

钱名山继承了常州学派的"春秋学"传统,但却不为公羊所囿,而是由公羊转向左传。春秋三传,在钱之前,公认的理解是公羊既传微言又传大义,《谷梁传》仅传微言未传大义,而《左传》则详其史实而无微言大义。所以,三传虽然并入十三经,实际上《公羊》《谷梁传》真正是"经",《左传》名

为"经",实为"史"。钱名山则以六经皆史、诸史皆经,所以他认为在《左传》的史实中,实实在在地也蕴涵了微言大义,而是比《公羊传》《穀梁传》更生动、更具体。

相比于《公羊传》"大一统,攘夷狄"的《春秋》义例,钱名山撰《左传论》以"大一统,重人伦,警僭窃,正名份,诛弑逆,外夷狄"为《春秋》义例。这"重人伦,警僭窃,正名份,诛弑逆"四条,正是从《左传》而来的。小国亡于外,大国亡于内,"内中国而外诸夏,内诸夏而外夷狄",中国的"大一统"根本还不在"攘夷狄",而更在"尊王室"。而"尊王室"则要在"重人伦,警僭窃,正名分,诛弑逆"。至于诸夏夷狄,用夷礼则夷之,进于中国则中国之。正因为有了这四条,"大一统,攘夷狄"的义例才不是空洞的而有了具体的自我约束的内容。而且,在钱名山看来,不仅在《左传》的史实中,从《战国策》《史记》一直到《明史》所记载的三千年史实中,作为《春秋》史实的重演和延伸,都蕴涵了大到治世、小到做人的微言大义。揭示出这些史实中的微言大义,目的并不是为了"为学术而学术"的学术研究,为《春秋》大义而为《春秋》大义的旁观,而是要把《春秋》大义落实到现实的功业行实中去,成为每一个学子立身处世的学养。概言之,读书,包括经和史,必须把自己放进去;立身处世,必须把微言大义融进来。这一点,与庄、刘的常州学派当然是一脉相承的,但在庄、刘包括魏、康,他们的经世致用主要实施于庙堂"达则兼济"的现实实践,而钱的经世致用于庙堂无效之后便转而实施到了江湖"穷亦兼济"的现实实践中来。

众所周知,浙东学派"以民为本",不仅"居庙堂之高则忧其民",甚至"处江湖之远亦忧其民";当君、民利益发生严重的冲突,则以"君为天下之大害"而倡"吊民伐罪"。常州学派则"以君为尊",不仅"处江湖之远则忧其君",甚至"居庙堂之高亦忧其君";即使赈济灾民、为民请命,归根到底也都是为了尊君。虽然两家的目标同为国富强民,但一者认为"小河有水大河满",一者却认为"大河有水小河满"。

顾炎武曾说,有亡国,有亡天下;亡国者,政权之易姓,亡天下者,文化之断绝。常州学派的尊君,并不是简单的尊某一政权之君,而是尊天下文化之君,即所谓"王室"也就是今天所说的中央政府。钱名山任职清廷时,眼见天下无道,但他知其不可而为之,为国计民生多次上疏,具见其忠君报国爱民的《春秋》义例;未被采纳后又以不满清廷的腐政而辞官归乡,所谓"邦无道,卷而怀之""道不行,乘桴浮于海",而其忠君报国爱民之心不改。通常认为"达则兼济天下,穷则独善其身"。但钱名山撰文《穷则独善》,认为穷也可以兼济,这便是当老师,"得天下英才而教之",庶使斯文不丧;此外,便是"匹夫有责"的赈灾、救国等多种社会活动。清廷覆亡之后,不少前清的翰林以遗老自居,不与民国政府合作。钱名山却既不赞同革命,也不反对革命;既不自居遗老,也不反对遗老;既不拥护政府,也不反对政府——但他的所作所为,如培养人才、赈济灾民、宣传抗日等等,之有益于政府,正如当年的所作所为之有益于清廷。这种暧昧的政治身份和态度,使不少研究者感到困惑。其实,这正是"春秋学"的思想亦即"大一统,尊王室"。"春秋无义战",王僚当国,荒淫无道,季札辅之;姬光僭窃,刺杀王僚,季札仍辅之。钱名山于清、民易祚之际的出处,其来盖有自矣!

汉代以降,以董仲舒的《春秋繁露》为代表,主忠孝仁义而"尊王室"的春秋学一直是中国传统优秀文化的根本。直到明代中叶以后,出于对愚忠愚孝的反拨以及人性解放思潮的沛起,由阳明心学而浙东学派,以民为本的思想才逐渐取代"春秋学"成为中国传统优秀文化与时俱进的一个新成果。但即使如此,在常州这块土地上,名臣、吏治、儒林、忠义、孝友、节烈、高行,人物辈起,卓卓可纪,称极盛焉!在《春秋》义例的熏陶下,如高攀龙之所言:"天下有事,则毗陵人必有则古昔、称先王,不忍自决其防者。"尤以危时守所学,乱亡守孤城,使"延陵虽百里地,实于东南百域中为望郡也"。则后来庄存与等重倡春秋学,经魏源、康有为而到钱名山,实在是地域的文脉使然。

正因为此，钱名山要求自己同时也要求其弟子的，便是"重人伦，警僭窃，正名份，诛弑逆"，以"不在钟鼎，即在杏林"的选择达亦兼济、穷亦兼济，积极入世，而以供职于政府部门为第一职业方向，从事于教育或医疗工作为其次的职业方向。这与苏轼《上梅直讲书》中所述：如能进入仕途，则以周公为榜样，鞠躬尽瘁于国计民生；如不能进入仕途，则以孔子为榜样，安贫乐道于传播教化，正是同样的志道弘毅方向，体现了真儒者的担当精神。我们看寄园的弟子中，后来果然也分别从职于这三个主要的方向：政府部门有程沧波、郑曼青、谢稚柳、吴作屏等；教育工作有谢玉岑、钱小山等；医疗工作有唐玉虬等。而几乎没有经商的、专门研究学术的或当职业艺术家的。

但是，没有了学术研究的接班人，"春秋学"的道统传承又表现在哪里呢？依颜元之见，经史的学问，小学除外，一旦被称作为课题攻关的学术研究对象则死、则亡，而如果作为日常工作生活的学养则生、则活。事实上，钱名山本人的"春秋学"，论学术研究，不过札记式的一些随笔，根本不足与章太炎、唐文治的著述相提并论，尤其不足与今天专门研究《春秋》的专家论著相提并论。然而，他的上疏是《春秋》，他的辞官是《春秋》，他的办学是《春秋》，他的赈灾还是《春秋》……可以说，《春秋》义例体现在他的一生之中，"如吃饭睡觉，当然如此"。而大部头《春秋》论著的"春秋学"专家，其论著虽名"春秋"，其论著之实及之外，又有多少《春秋》呢？至于钱名山对弟子们所作"春秋学"的传道、授业、解惑，虽然没有培养出一个专事《春秋》研究的专家，但寄园弟子，"读二十四史如数家珍"，《春秋》大义更体现在每一个弟子各不相同的日常工作和生活之中。20世纪80年代，正当谢稚柳先生书画创作精进的高峰期，又是书画市场沉寂三十年之后的苏醒期，但为了摸清全国公家书画收藏的家底，他毅然放弃了个人艺术的提升，而以全副精力投入到国家书画收藏的巡回鉴定中去。辗转各地，历时八年，每到一地还要趁休息时为当地相关部门的领导和工作人员作应酬画致谢。等到鉴定任务圆满完成,"自己的画却画坏了"！这种舍小我而成大我的精神,同样是活生生的《春秋》义例。谢玉岑活动于上海书画界,为并世的书画名家一一作诗评论,计及数十家。其中既有艺品高超的如黄宾虹、张大千、郑午昌等,更有大批画艺平平的。但在他的笔下,几乎个个都是妙笔生花的高手,而且分别合于各家的风格特色。是不是因为他缺少审美的眼光,所以辨别不出其间的高下优劣,以至于只报喜而不报忧呢？并不是的,谢玉岑的鉴赏眼光之高,一时罕有其匹,但他以《春秋》和语孟的学养,深知文艺批评,尤其是针对时人的文艺批评,理应"君子成人之美""见不贤而内自省",若"言人之不善,其如后患何？"而喜言"人过"者,儒者视如"魑魅"。

众所周知,孔子删《诗经》《春秋》,讲《论语》,且从其学者弟子三千,贤人七十二。但他的弟子中又有哪一位是专门从事《诗经》《春秋》《论语》研究的呢？他们分别通过从政或者传道、经商,体现了孔子传授给他们的《诗经》《春秋》和《论语》中的精神思想。寄园的讲学所形成的成果,不是职业的学术而是不器的学养,意义同此。

三、钱名山讲习践行经史之余,着重游艺活动

钱名山的常州之儒,与章太炎的苏州之儒、唐文治的无锡之儒,其道统、学风的不同既如上述。更有一不同者,章、唐于儒学经史的讲习之外,基本上没有什么课余的游艺活动;而钱于经史的讲习之外,个人也好,引导学生也好,有着丰富多彩的课余游艺内容,包括诗词、书画的创作和鉴赏。可以说,寄园不仅是民国时的一所国学院,同时还是民国时的一所文艺学院。尽管其正式的教学并不是以文艺为主要的内容,但无论老师还是学生,通过课余的教学相长所取得的文艺成果,甚至比以文艺为主要教学内容的正式文艺学院还要丰硕。

《论语》述而:"志于道,据于德,依于仁,游于艺。"旧释：志向远大,品

德高尚,爱心仁慈,业余丰彩。我们据《礼记》学记:"不兴其艺,不能乐学。故君子之于学也,藏焉,修焉,息焉,游焉。夫然,故安其学而亲其师,乐其友而信其道,是以虽离师辅而不反也。"改释"依于仁"为工作出色。则道是藏的,德是修的,事(工作)是息的,艺是游的——业余游艺,作为儒者重要的一种提升修养的方式,尤其可以使年轻的学子安其学,亲其师,乐其友,信其道,最后"虽离师辅而不反也"。从孔子到褚遂良、颜真卿、韩愈、欧阳修、苏轼,举凡北宋之前的儒者、士人,无不通于六艺,即礼、乐、射、御、书、数。当然,后来其内容有所变动,除乐舞、书法外,礼、射、御、数不再被作为文艺,而增加了文学、诗词、绘画等内容,合乐舞、书法便有了诗文书画或琴棋书画之说,尤以诗文书画为儒者游艺的大雅和重点。但是,从北宋的理学家二程开始,不少儒者重道而轻艺,甚至认为文艺害道,所以干脆拒绝游艺了。二程以后的大儒,如朱熹、陆九渊、王阳明、黄宗羲、王船山、顾炎武、刘宗周、全祖望、万斯同、章学诚、戴东原、惠栋、颜习斋、李刚主、魏源,一直到章太炎、唐文治,尽管他们也能写诗词,也能写书法,而且从今人的标准来看还写得很有水平。但要同韩愈、欧阳修、苏轼等儒者的诗词、书法相比,同李白、柳永、米芾等文人的诗词、书法相比,那就根本不可同日而语。即与同时代以文自名、止为书画的诗词、书画名家相比,相去亦不可以道里计。他们的诗词和书法,无非是当时的读书人之所必会,就像今天的读书人之都会操作电脑一样,而并没有从艺术、电脑的专业要求去用心用功。其中,章太炎的篆书相对而言是比较有特色的,但他的根本亦不在书法的艺术,而在经学的小学。一定要说北宋之后直到清代的儒者中游艺有成的,我以为只有两位,龚自珍的诗词和康有为的书法,分别可作为并世诗国和书坛的荣耀,但均止于一艺。而钱名山就不一样了,他是专门从艺术的专业要求去游艺诗词、书法并兼涉绘画的,故撰有系统的、观点鲜明的诗论、书论,其实践所达到的成就,尤以诗和书足以与同时专攻的第一流诗人、书家相颉颃甚至颇有过之。而自北宋中期以后,儒者中有此"游艺"的自觉并达到高超水平而且诗、书双绝的,钱名山可谓第一人。金松岑以钱名山与胡石予、高吹万并为"江南三大儒",实际上所推许的也正是他的文学而不是儒学:"并吾世负文学资性,足推崇者,大江以南得三人焉,曰武进钱名山,昆山胡石予,金山高吹万。"显然,确切的说法,应该是"江南诗坛三大家"。至于其书法的成就,并世仅前有康有为、后有于右任可与之相伯仲。

众所周知,唐宋元对文人和士人、诗人和儒者是有明确区分的,即以"以文自名""止为文章"者为文人、诗人,而以经史器识自重、道德功业自励者为士人、儒者。士人、儒者中也有擅长文艺且成就更在"以文自名""止为文章"的文人、诗人之上者,如韩愈、苏轼,还是不归于文人、诗人。但是,从晚明以降,"明三百年养士不精",导致了"士之亡也久矣"而"何文人之多",董其昌等便开始将擅长文艺的、不擅文艺的士人、儒者与文人、诗人混为一谈而并称为"文人",目的是为唐宋以来视文人为"不足观",视文章为"余事""下科""不足恃""皆可悲"翻案,使"止为文章""以文自名"的文人取得社会"为首"的位份。之后,顾炎武《日知录》又致力于廓清两者的关系。但直到今天,把士人、儒者与文人、诗人一概地称作"文人",亦即"文化人"的略称的,屡见不鲜且积重难返。不过,把文人、诗人与士人、儒者并称为"大儒"的,以我们的孤陋寡闻,似乎只有金松岑的以文学推胡石予、高吹万为"大儒"。

回到真正的"江南三大儒"的游艺问题上来。苏州国学所也好,无锡国学馆也好,由于导师本人也好,教学的安排也好,都缺少课余的游艺活动。所以,其教学生活很可能是枯燥的、单调乏味的。结果,不仅老师的文艺成就不著,学生的文艺成就同样乏善可陈。而寄园就不一样了,在"志道据德依仁游艺"的钱名山带领下,正常的课堂讲授、课外作业之外,业余的活动异常丰富多彩。师生间视徒如己、反己以教,视师如己、反己以学,吟诗、作赋、习书、赏画,优游林泉山石,寓讲解、启迪、点化于休憩、游乐之间。弟子之中,如谢玉岑的词、金文书法和文人画,程沧波的书法,唐玉虬的诗,郑曼青、马万里的诗和画,虞逸夫的诗和书,王春渠的书画鉴赏,谢稚柳的诗、书、画以及美术史研究、敦煌学研究、书画鉴定,在并世也都是第一流的水平,甚至远出专门的一些诗人、词人、书家、画家、美术史家、鉴定家之上。在近百年文艺史上,他们的文艺与乃师一样,不仅具有高超的成就,达到了高华的境界,而且蕴涵了《春秋》大义的温柔敦厚,又明显有别于同样是高水平但是更倾向于性灵的文艺家。

  我们可以看到,唐、宋的文艺史,包括文学史、书法史和绘画史,是由"通鉴不载"的文艺家和"文苑不传"的儒者共同谱写的。明、清的文艺史,包括文学史、书法史和绘画史,则基本上是由"通鉴不载"的文艺家所谱写,"文苑不传"的儒者很少再有参与的了。近百年的文艺史,包括文学史、书法史和绘画史,"通鉴不载"的文艺家当然仍是主角,但"文苑不传"的儒者的参与又开始彰显,康有为、梁启超、叶恭绰、黄宾虹、张宗祥、于右任等等,尤以寄园的师生为一个突出的团体现象。如果说民国时期无论江南还是全国,也无论民间还是官方,天下朝野,章太炎、唐文治的儒,包括马一浮、钱穆等等,有经史而乏文艺,更倾向于宋以后的儒;那么钱名山的儒有经史且富文艺,"郁郁乎文""文质彬彬""尽善尽美",显然更接近于周公、孔子、韩愈、欧阳修、苏轼、陈亮的儒。

  众所周知,在宋代之前,包括诗、文、书、画在内的文艺,虽有"止为文章"和"余事游艺"的分别,但其主流无不与儒学有着密切的关系,所以又称"名教乐事"。不仅士人、儒者于志道、据德、依仁之余"游于艺";就是文人、诗人、书工、画匠,举凡一切文艺家,也多以"成教化,助人伦""君亲之心两隆,节义斯系""粉饰大化,文明天下,观众目,协和气"作为文艺创作的宗旨。个别文艺家不此之旨,便遭到社会舆论的严厉指斥,被认为是"文人无行"。然而,从宋代开始,一方面,由于理学家"文艺害道"的偏见,逐渐地导致了士人、儒者不再"游艺",并最终中断了"游艺"的传统;另一方面,职业的文艺家们从此也摆脱了儒家思想的约束。尤其是晚明以降"叛圣人之教"的"异端邪说"蜂起,本来作为"名教乐事"的文艺终于全面地转变为排遣寂寥、发泄孤愤以尽物喜己悲之致的"自娱之乐"。这一道、艺分裂的现象一直延续到民国,其间虽有叶恭绰、张宗祥等儒者仍恪守志道、据德、依仁、游艺的传统。但是,一是其所游的艺,主要局限于当时的读书人都会的诗和书,而很少涉及绘画和广泛的文艺鉴赏;二是由于他们主要并不是从事讲学的工作,所以其游艺也只能局限于本人而无法广泛地影响到成批的年轻人。从个人而言,钱名山的游艺与叶恭绰等并没有太大的区别。但是,他通过寄园的讲学带动了一大批年轻的学子在志道、据德、依仁之余热情地投入到游艺之中;他和他的弟子们所游的艺,用谢稚柳先生当年的所言,更是几乎"一网打尽"了传统文艺中文、诗、词、书、画、鉴赏的各个门类!

昔者,苏轼论文艺,以为有"有道无艺",有"无道有艺",又有"有道有艺",而以"有道有艺"的文艺为最可贵。引申之以论儒学,当然也以"有道有艺"的儒学最为可贵。则无论研究近代文艺史还是近代儒学史,钱名山和他的寄园及其弟子们,都值得引起我们格外的重视。

有道无艺则野,无道有艺则史,有道有艺,然后君子。巍乎成功德,焕乎有文章,"江南三大儒",吾从钱名山。在整个20世纪的江南,由常州而上海,钱名山及其弟子们,包括谢玉岑、程沧波、唐玉虬、马万里、谢玉眉、钱小山、钱仲易、谢稚柳、王春渠、钱叔平、钱悦诗等等,既为中国的儒学存亡了一段"游于艺"的华彩篇章,更为中国的文艺继绝了一曲"志于道"的大雅正声。器识涵养才情,才情润色器识,既是近代儒学史上的独有,更是近代文艺史上的仅见。

(2020 年)

附二：
谢玉岑与《春秋》义例

　　谢玉岑先生是20世纪30年代海内公认的一个文艺天才，尤以词、书、画的成就最高，影响最大；其次则是骈文、诗、散文、篆刻，凡传统文化的子、集两部，无所不涉。其词，被誉为纳兰之后哀婉独胜；其书，以金文大篆被认为足可媲美吴昌硕的石鼓文；其画，则被推为并世文人画第一。当时的各种文艺社团和活动，也多以其为中坚的核心人物。然而，令人感到不解的是，以他的成就和在文艺界的声望，完全可以以职业化的词人、书家、画家或单独或综合名世，他却始终以教师的身份"志于道，据于德，依于仁，游于艺"。从1925年任教温州浙江第十中学，到1927年任教上海南洋中学、1930年任教中国文艺学院，再到1932年任教上海爱群女子中学、1933年任教国立上海商学院，终其一生的艺术，无论词、诗还是书、画，都只是他业余的几门爱好，而没有一门被他作为自己立身处世的本职！

　　众所周知，从钱名山先生寄园出来的人才，无不以诗文名世，更有以书法名世者，如谢玉岑、程沧波、谢稚柳，还有以绘画名世者，如谢玉岑、郑曼青、马万里、谢稚柳。而名山先生本人，也正以诗词、书法名重江南。于是，在今天大多数专家的心目中，寄园似乎是民国年间的一所文艺私塾，所教学的内容以文章、诗词、书画为重点，所以培养出了一大批优秀的文艺人才。

这,实在是对寄园的极大误解。

被誉为"江南大儒"的钱名山,其根本的学问是经史,尤其是《孟子》和《春秋》,文艺只是他的余事。自然,寄园教学内容的重点也在经史而不是文艺。陈天倪评其"论《春秋》左传,精思独创,实清儒著述中所未尝有。盖解经之道,在朴实辩理,无谓之考订,无谓之回护,均所不能……诗词之工,犹其余事也"。其弟子程沧波则云:"先生之学,不拘名物训诂之微,而宗文章义理之大者,故十三经、通鉴、诸子为寄园之正课,而'三通'与'宋元学案'附丽之。寄园之徒,无长幼贤愚,谈二十四史如数家珍。"从今天还能见到的《名山课徒草》和部分钱名山亲笔批点《寄园选录及窗课文抄》,即学生的笔记和作业,虽然不全,但没有一篇是讲解诗词的,足证程氏所言不虚。《名山六集》论《春秋》义例则谓:"大一统,重人伦,警僭窃,正名份,诛弑逆,外夷狄。"这里的"正名份",不仅包含了对上下、长幼、尊卑社会秩序的认识,同时也包含了对自己所应从事的职业身份的认识。

钱名山对谢玉岑的期望是:"当博读古今书,成大儒","志求温饱者,非吾婿也"。这一段话的缘起,是因为谢玉岑进寄园读书一年后,便在堂叔谢仁冰的主张下考入上海一所商业学校学贾。年轻的玉岑虽"平素有大志","顾睹夫天下贫病,仓廪空虚,知为国不能作无米之炊,于是决然以理财为急,独致力于夷吾管氏之书"。这一思想,显然是受浙东学派"工商皆本""士行贾业"观的影响。但常州学派的钱名山,却恪守士为四民之首,故当以志道弘毅为仁重道远的《春秋》义例,力阻其学贾,要他重返寄园。他不仅要求谢玉岑的是经史,而且要求女儿钱素蕖的也是经史。谢玉岑"三年尽通经史,为文章下笔瑰异,独以词赋雄其曹";钱素蕖则"闺中喜读经史,及司马通鉴"。经史,这是认识寄园之学及钱名山包括寄园弟子身份的关键所在。不明乎此,钱名山包括谢玉岑所呈现在我们面前的形象,便失去了儒者的身份而成为单纯的诗人、词人、书家甚至画家。

韩愈《诫子符》有云:"文章岂不贵,经训乃菑畬。"对于儒者来说,文艺

29

虽然可贵，但只是"游"之而已，经训才是根本的，必须"志"之、"弘"之的任重道远。司马光认为："经者儒之根本，史者儒之一端，文者儒之余事。"正与韩愈所说是同样的意思。而所谓"文章"或者"文"，当然包含了多种体裁，大略文以载道、诗以言志、词以缘情。则"六经皆史，诸史皆经"，文为经史之余事，诗为文之余事，词又为诗之余事。据夏承焘先生的弟子吴战垒回忆，少年时陪乃师拜访马一浮先生，"执礼甚恭"；当时颇不解，后来才认识到夏先生与马先生的关系，正反映了传统文化中文艺与经史的关系。文艺固可为锦上作添花，但作为根本的锦却不是文艺而是经史。

司马光与范梦得等编撰《资治通鉴》，以"不载文人"为原则，什么是"文人"呢？就是"止为文章"之人。其一，其人止以撰写文章立身处世于这个社会；其二，其所撰文章仅止于文学意义上的而无关载道、经国。亦即同时刘挚之训子孙："士当以器识为先，一号为文人，不足观矣。"

《宋史》文苑传序云："国初，杨亿、刘筠犹袭唐人声律之体，柳开、穆修志欲变古而力弗逮。庐陵欧阳修出，以古文倡，临川王安石、眉山苏轼、南丰曾巩起而和之，宋文日趋于古矣。"意谓宋朝文艺之盛，功在欧、王、苏、曾。然而，文苑纪传"海内文士彬彬辈出焉"却不载四人，这绝非对四人的贬低；反之，如果视四人为"止为文章"的文人载入文苑传，才是对他们的严重贬低！

苏轼论文同的品行，以德、文、诗、书、画为序，而以"其诗与文，好者盖寡，有好其德如好其画者乎？悲夫！"同样，对寄园包括钱名山、谢玉岑等的评价，也应以经、史、文、诗、词、书、画为序，而不能割裂了经、史、文单论其诗、词、书、画。盖前者关乎器识，后者止于才华。"才华岂不贵，器识乃菑畬"，而切不可买椟还珠。

昔人论苏轼、李白的异同，谓"太白有东坡之才，无东坡之学"。才者，物喜己悲以吟咏性情的才华，更多地表现为文艺的创作；学者，忧乐天下以经时济世的器识，更多地表现为经史的涵养。我们来看苏轼对职业身份的自我定位,在《上梅直讲书》中,他明确表示,如果能进入仕途,则以周公为榜样,尽心尽职于国计民生;如果不能进入仕途,则以孔子为榜样,安贫乐道于斯文教化。——是即"不为良相,即为良师",至于文艺之事,在古今的儒士仅止于"游"之,而绝不会把它作为自己的职业选择的。欧阳修所说"士当以功业行实光明于时,亦不一于立言(文艺)而垂不腐",还是这一意思。

明乎此,也就可以明白为什么寄园走出来的弟子不是供职于政府部门,就是从事于教育工作,无文艺之长者如此,有文艺之长者亦如此。而且只要够条件,首位的选择是政府部门,如果因为主客观的条件如身体健康等原因,其次才选择教育。而几乎没有一个以文艺为职业的,不仅没有鲁迅所说的"空头文艺家",就是于文艺功力深厚的也不为职业的文艺家。为人师表的钱名山如此,寄园弟子中如谢玉岑、邓春澍(皆从教)、程沧波、郑曼青、谢稚柳(皆从政)亦如此。谢稚柳先生直到晚年还经常讲:"绘画是我的业余爱好,我的本职工作是博物馆的鉴定、收藏和研究。"虽然新中国成立之初,谢先生也曾担任过上海中国画院的筹备工作,但他最后的编制却不在画院,而仍在原先的文管会、博物馆。归根到底,正是体现了寄园对职业身份基于经史"正名份"的自我认同。

但是,寄园的经史之学不同于今天的经史之学,它是落实、融化在每一个学子的日常和常识的生活行为之中的,而不是表现为体系庞大、逻辑精深的著述以填补学术研究的空白,换言之,它是"学养"而不是今天所说的"学术"。论学术,钱名山的《左传论》根本无法与今天研究《春秋》学专家的煌煌巨著相提并论,谢玉岑更没有关于《春秋》学的专门文字;然而,论学养,《春秋》义例,在钱名山、谢玉岑的行为中以及他们载道、言志的诗文中,则如龙光牛斗,正气凛然。这里,我们单单来看谢玉岑的《春秋》学养。

1929年常州马迹山灾荒,谢玉岑"便第一个自告奋勇",与诸同仁发起书画赈灾的活动,并担承了征集的职务,由钱名山先生拟写了征集启事,带在身边,往来上海、常州两地,遇到书画名家,"临时发表,请他们签名捐助",几个月的时间,共得1 000多件。预算的1 000多张筹赈善券也已售罄,定于1930年3月20日正式开会。但由于"书画家有一个流行病,就是懒,随你送了钱的画件写件,他们也是畏若蛇蝎,不肯动笔。我想这随手签的件数,一时兴奋,是靠不住的,所以我另外再积极征集","一次一次会面,或电话的去催件,还要亲自登门立等动手,真有些对不起人家,又应该向人家道谢,而附带道歉",千辛万苦,虽然落实了大部分,但到了3月16日,尚"未能收齐",则"二十日开会,万来不及",不得已于《武进商报》紧急刊函,"请延至四月一日开会"。而当时的谢玉岑,是带着病体"奔走不稍休"。

又,唐玉虬《重哭谢玉岑文》记:"玉岑居沪上久,一·二八之事,尝目击之,期会于湖壖尊酒间一叩其详,大欢极醉,酒痕淋漓之余,闻君之辞未尽,必且复瞋目飞盏,继之以拔剑起舞也!"其忧国忧民如此。

以上略见其行两则。

  易水风寒,提剑入荆卿之市。揽辔过黄金台下,酾酒而吊昭王;……北穷漠北,壮吟怀于金戈铁马之场;……燕云为英雄驰逐之区,助其磊落。(《吴剑门先生诗集序》)

  信夫义可薄于云天,谊不渝于霜雪也矣!……而况金人泪堕,天下如斯;铜狄尘迷,人间何世!兴怀飞虎,欲登祖逖之舟;听到荒鸡,每舞刘琨之剑。(《上父执高少卿大令书》)

  于是朝政变置,疆场骚然。陈宣室流涕之策,海内皆惊;抗熙宁新法之争,世人欲杀。然而国已如狂,天胡此醉!社稷为重,执戈之卫谁先?名号虽存,毁冕之征已见。塞源拔本,毁瓦画墁,有披发于伊川,知百年而为戎矣。上书不报,下溱遄归;挥日无戈,买山且隐。忧时屈子,虽无术以回君;去国梁鸿,幸有人之举案。(《祭外姑费安

人文》）

　　斗牛之气夜焕，经郁而弥光；桃李之下成蹊，无言而自逸……见郊圻之戎马，慨荆棘于铜驼……以折冲樽俎之词，奠操握奇赢之利……故其后盛公建铁道、创轮局、开煤矿、营铁厂，出入都鄙，测量山川，先生无役不从，无谋不与。上下交孚，宾主尽美。（《吕蛰庵先生七十寿序》）

以上略举其文四节。

　　谢翱痛哭严陵卧，应识江山不入时。（题吴一峰《富春游卷》）
　　纸上如闻叱咤声，伤时涕泪一纵横。（《题善孖画虎》）
　　闭户年来气未舒，鹏飞何日展天衢？据鞍草檄平生意，愧杀书窗獭祭鱼。（《戏书拙作骈语》）
　　憔悴京华若个知，忽收古泪又南驰。重寻剩水残山地，已负橙黄橘绿时。（《南下次金陵》）
　　几多风日竭溪河，乱后天灾可奈何！辛苦五更民力贱，桔槔风里听秧歌。（《苦旱》）
　　落日中原买斗才，又惊鼙鼓逼江来。劝君一剑抛词赋，河岳今期出霸才。（《寄梦因汴垣》）

以上略选其诗六例。

本书梳理、记述了谢玉岑在短暂的生命历程中广泛的社会交游，同样反映了《春秋》义例在他人生中慷慨磊落。《春秋》诛乱臣贼子而褒忠臣义士，归结到根本便是儒家所倡导的"孝"。齐家的"孝"，在治国便为"忠"，在平天下则为"义"——"四海之内皆兄弟也"。从风流耆宿、诗文益友、丹青名士到寄园学子、杏坛弦歌、艺苑时风，谢玉岑与并世社会精英的交游之广，在同代的文化界中可以说无人可相颉颃。事实上，不仅谢玉岑，在《春秋》义例的感召下，寄园的弟子无不以"天下是非风范为己任"，而以

"四海之内皆兄弟"。由谢玉岑再加上唐玉虬、谢稚柳,合三位寄园弟子的交游于一圈,几乎囊括了 20 世纪中国文化界百分之八十的重要人物!

我们知道,民国时期的私家教育多有"同门录",公家教育则多有"同学会"。而寄园却并没有同门录,当然更没有同学会。但是,寄园弟子之间的交谊,无不像亲兄弟一样。这种亲兄弟般的同门、同学关系,是任何一个私家教育的同门录和公家教育的同学会中所见不到的。显然,正如治国之"忠",在齐家之"孝",四海之"义"也正见诸同门之谊。

如果说从谢玉岑的词,哀婉悱恻的才情,所赋予我们的印象更富于性灵的风雅;那么从谢玉岑的行、文、诗和交游,豪迈慷慨的器识,所赋予我们的印象更富于《春秋》的义气。如吴放题其《秋风说剑图》两绝:

东山裘马客,年少自翩翩;三尺青萍剑,摩挲到酒边。(其一)
甚向秋风哭,长沙此志同;男儿当爱国,热血一腔红。(其二)

准此,仿昔人对苏轼、李白所做的比较,我们也不妨对谢玉岑与纳兰性德做一比较:纳兰有孤鸾之才,无孤鸾之学。黄山谷评苏轼,以为"文章妙天下,忠义贯日月",移作为对谢玉岑的评价,无疑也是合适的。至于李白、纳兰,固以文章妙天下,却未有忠义贯日月。

长期以来,我们都是用文艺包括诗词和书画来解读谢玉岑、谢稚柳,并由谢玉岑、谢稚柳而认识钱名山、认识寄园。这样的认识,在本末上不免是倒置的。如上,我们试用经史、道统来认识寄园、认识钱名山,并用寄园、钱名山来解读谢玉岑、谢稚柳及其文艺,则对谢玉岑、谢稚柳为什么不是"职于艺"而只是"游于艺"的问题,或许可以得到一个完美的解答。

(2017 年)

02 第二讲
百年翰墨祭斯文

一

"千古奎章丧师表,百年翰墨祭斯文",这是我为谢稚柳先生去世而写的一副挽联,上句是因先生在文博事业方面的贡献而发,下句是就先生在书画艺术方面的成就而言。一代大师遽归道山,对于传统文化的发展,所留下的历史性遗憾,绝不是在短时期内可以弥补得了的。陆俨少先生早就说过:"像谢先生这样的人物,历史上几百年也出不了一个。"确实,20世纪的书画史上,尽管名家辈出,高手如云,但能融会贯通地集文博、收藏、鉴定、史论、诗文、词曲、书法、绘画等多方面成就于一身的,上下千年,纵横万里,先生真称得上是绝无仅有、无与伦比了。

我曾经指出,处于世纪末的今天,一方面,各种"非传统"文化因素的大量侵入,不断地改变着中国文化的性质;另一方面,许多具有传统典型性人物的相继去世,他们的人格、操守、学识、修养以及因这些复杂因素作为背景才有可能达到的成就,也因他们的故去而逐渐消逝。对于这种消逝,在今天的书画界似乎有两种意见:一种意见认为旧传统已经不适应新时代的需要,束缚自解,不仅不必为之惋惜,反而应为之欢欣;另一种意见则坚持新时代的发展不能撇开旧传统的既有成果,典型顿失,不能不为之痛心疾首,并应化悲痛为力量,前仆后继,志道宏毅。有一位散文作家曾写过一篇"笔墨祭",大概可以代表第一种意见;而我的这篇"祭斯文",当然是第二种意见的支持者。虽然同样是以"祭"命题,但"祭"的心情是大不一样的。前一种"祭",有些像新王朝的君臣对旧王朝的祭奠,带有一种送别的意思,尽快把旧王朝埋入坟墓了事;后一种"祭",则有些像旧王朝的孤臣宿儒对先朝的祭奠,带有一种复辟的意图,以坚定重建旧王朝的忠贞信念。《论语·子罕》中说:"子畏于匡,曰:'文王既殁,文不在兹乎?天之将丧斯文也,后死者不得与于斯文也;天之未丧斯文也,匡人其如予何?'"对于先生的去世,同时又是处在新潮蜂起的世纪末氛围之中,孔子的这段话,也许正可以激励我们后死者的宏毅精神:只要知其应为,则虽知其不可为而仍应为之。

邓椿《画继》曾经指出:"文者,画之极也。其为人也无文,虽有晓画者寡矣;其为人也多文,虽有不晓画者寡矣。"那么,什么叫"文"或称"斯文"呢?我想,它主要是指书画家的人品包括胸襟、气度和学识、修养而言,前两者可称为先天的人品,后两者则可称为后天的人品。没有高尚的人品,绝不可能达到书画艺术的最高境界,这是由实践所证明了的中国书画乃至整个传统文化注重"斯文"的精义所在。我这里所要谈的,虽然仅仅是谢稚柳先生的人品和艺品,但在斯文式微、日渐扫地的今天,我所要表达的,却并不仅仅局限于我对先生个人的哀思,而是旨在弘扬整个民族文化尤其是书画艺术的斯文精神。

先生的德高望重,在社会上是有口皆碑的。他是真正地毫不利己、专门利人,仁慈、宽厚、恢宏的胸襟和气度,无论识与不识,只要与他稍有接触的人,几乎没有不从他那里得到物质的或精神的帮助的。孔子曾说:"能行恭、宽、信、敏、惠于天下为仁。"又对曾参说:"吾道一以贯之,忠恕而已矣。"这是斯文的极致,也是先生做人的基本准则。在"文人相轻"的艺术界,特别在世风日下的今天,能像先生这样恪守忠恕之道的,已经寥若晨星。从积极的一面,他是"己欲立而立人,己欲达而达人",凡别人有求于他,只要自己力所能及,他总是无私地予以帮助。从消极的一面,他是

"己所不欲,勿施于人",从来不在背后道人短长,即使别人做了对不起他的事,他也不予计较,反而以德报怨。80年代后期,香港中文大学召开中国画的讨论会,有一位画家大骂传统是绊脚石,要与之彻底决裂,而对西方的现代艺术应像"海盗"一样赶快抢过来,佩秋老师当场予以驳斥,说西方的东西可以借鉴,但中国人穿了西装却不能换去黑头发、黑眼珠。王己千先生立即表示赞同,并指斥某些中国人就是恨不得把头发染黄、眼珠染蓝。先生会上没有发言,会后则对这位画家作了严肃的批评,无非也是给人面子,与人为善的意思。又有一次,一位客人拿来一幅程嘉燧的山水画请先生鉴定,先生打开一看,便说是假的,这位客人一时大急,原来他初涉艺术品市场,花了四万元购进此画,企图有所升值,结果却吃亏上当,如何承受得了!先生当场拿出四万元钱,劝他不要急,"这幅画就卖给我吧,作为研究之用"。后来,有知情者了解到此画在市场上不过值八百元,这位客人是存心利用先生的仁厚以牟利,不禁十分气愤,便想代先生出面把画退给他,先生坚决不答允,并把这幅画锁了起来,从此再也不让提起此事。今年2月11日以后,先生住进瑞金医院接受治疗期间,仍不断有人前来求字索画,先生不顾病重体弱,在病房里摆了一张小画桌,一次又一次地满足来人的要求。我们看到他书写时手不停颤抖的样子,真是于心不忍!但几次让他回绝客人的求索他都没有同意。5月30日晚,先生病情突然恶化,香港的一位好友王先生闻讯后于次日即飞来上海看望,先生于弥留之际,于6月1日凌晨让人打电话给佩秋老师,要她尽快赶来医院有话交代,谁也没有料想到他所要说的竟是要佩秋老师代他设宴招待王先生!当晚10时,先生鹤驾西归,噩耗传出,艺林同悲,海内外来电、来人吊唁的络绎不绝,灵堂内外,摆满了花篮;6月7日为先生送行的仪式上多少人哭拜在地,花圈、挽联一直摆到了殡仪馆大厅门外的大道两侧,里外三层,长一百余米。

先生在世的时候,他的艺术、人生都已达到了辉煌的境界,去世以后,又是如此地备极哀荣,为他的一生画上了一个圆满、完美的句号,并在后世必将留下深远、广泛的影响。这一切,求之与?抑与之与?借用子贡的话:"夫子温、良、恭、俭、让以得之,夫子之求之也,其诸异乎人之求之与?"没有其高尚、斯文的人品,又何来其圆满、完美的艺品?

在今天的书画界,关于人品与艺品这一传统的命题,多有人持不屑一顾的观点,其理由是赵孟頫、张瑞图、王觉斯的人品不足称道,而他们的绘画、书法均达到了很高的成就。对此,我早已加以阐释,所谓"人品",并不是一个政治的或道德伦理的观念,而首先是指一个人的胸襟、气度的大小而言。从这一意义上,赵孟頫等其实与颜真卿、苏东坡等处在人品的同一高度上。大和小,是一个相对客观的概念,因此,历来对于君子、小人之分,看法也就比较容易取得一致。善和恶,是一个相对主观的概念,因此,不同的时代、不同的阶级,对于性善、性恶之别,甚至可能得出决然相反的结论。当然,如果超越于政治之上,站在纯粹伦理道德的立场上,善和恶也可以成为一个相对客观的概念,所谓"君子成人之美,小人成人之恶",便是指此而言。在近百年的书坛画苑,论到人品,谢稚柳先生是当之无愧地跻身于第一等的,赢得了海内外社会各阶层广泛的尊敬。典型虽失,精神犹存,只要我们真心诚意地追随先生的为人准则,比之漠视甚至全盘否定传统人格精神的斯文扫地,对于中国书画艺术的跨世纪发展总要有意义、有价值一些。

孔子说:"生而知之者上也,学而知之者次也,困而学之又次也,困而不学,民斯为下矣。"先生的高尚品格,有许多方面是与生俱来、生而知之的,同时他又不断地学而知之,以扩充先天的素养。他从来没有"不知而作之者",而总是好古敏求,"多闻,择其善者而从之,多见而识之""发愤忘食,乐而忘忧,不知老之将至",对于物质生活,他是知足而长乐,对于艺术和学术,他是知不足而"学而不厌"。在他最后的几个月里,我每星期去探望他一次,每次他都与我探讨艺术、学术上的问题,如他感到自己的手颤抖得厉害，作工细一路的画风总是力不从心，便准备在出院以后进行变法，改画粗放的一路；对八大山人"三月十九"的签押，旧说悼念崇祯自缢的日子，他感到不一定准确，可能应释为"闰三月"，并表示自己已没有精力再做研究，嘱我从这个角度去做一些工作，弄清这一签押的真正含义究竟是什么。博物洽闻、高明深远如先生，好学不倦尚如此，我们不是生而知之者，先天的根柢明显不足，又有什么理由困而不学、不知而作呢？

  传统书画艺术不同于其他艺术如雕塑、工艺，尤其不同于西方艺术的一个重要之处，就是它并不仅止于是一门技术，更是一门人生的修养课业。作为书画之极致的文，也就是斯文或称书卷气，其典雅的意境，一方面反映了书画家先天的胸襟、气度，另一方面也反映了书画家在书画之外的学识和修养。陆游论诗，以为"汝果欲学诗，功夫在诗外"，学习书画艺术，功夫同样也在书画之外。作为人品的先天性因素，胸襟、气度当然也是可以在后天继续加以培养的，这就是所谓"学做人"，但它更多地是生而知之的；而与书画相关同时又在书画之外的学识、修养，如博物、收藏、鉴定、史论、诗文、词曲等，则基本上属于后天的好学不厌才能有所收获的东西，它们对于书画艺术品格的提升，与先天的胸襟、气度同样重要。今天，有些年轻书画家认为书画的书卷气与书画之外的斯文博学无关，只要在书画本身的技法方面勤学苦练，便能收到立竿见影之效。这种急功近利，头痛医头、脚痛医脚的做法，实际上是把书画艺术等同于一般的技术，助长了书画界斯文扫地的风气。当然，这并不意味着应该以画外功夫为借口，放松技术方面的要求。

  尽管先生一生与人为善、成人之美，却不是无原则的"好好先生"，对于原则问题，他是一贯地旗帜鲜明的。有一种在中小学生中广为推广的"书法速成器"，一段时间在上海乃至全国的一些大中城市颇为风行，他感到这样下去会误人子弟，便挺身而出，在电视采访中明确表示了反对的态度。对于某些"书画家"所搞的"前卫书法""新潮绘画"，他表示那是书画家个人的探索自由,"他们走了弯路碰壁之后会自己回过头来的,虽然对于他们个人是损失,对于整个书画艺术的发展却是能够提供一些有益的教训的"。

二

我对先生的最早了解,是在60年代念中学时读到他的一本《水墨画》而引起兴趣的。此书概述了中国水墨画发展演变的传统,虽是一本学术性很强的著作,但文字清丽潇洒,如行云流水,真有唐宋散文的风采。当时对书中所阐述的道理虽然还不是很懂,却深深地被它的文采所吸引住了。如书中论赵大年的画派:"他写景,在于溪上的平林村落,水际的风蒲飞凫,不是烟雨的江乡,便是萧疏的水国。这样的光景,充满了淡荡清空的诗情墨意。"这样的文字本身,岂不也是"充满了淡荡清空的诗情墨意"?直到今天,我认为还没有哪一部中国美术史专著在文质并茂方面能达到它的水平。以至于80年代我在浙江美术学院读研究生时,对此书中的观点、文字之熟悉,几乎如数家珍,令同学感到诧异。80年代之后,先生因体力的关系,逐渐疏远了文章的写作;至90年代,凡有约稿,一般多由门生友人代笔,而我的代笔颇受先生的青睐,认为可以乱真。其实,由我代笔的几篇文章,观点都经过先生的明确交代,文笔也尽量靠近先生的作风,但先生的文风乃是经过长期修炼而成,我的仿效只能得其皮毛而已,火气总感到重了一些,未能达到先生炉火纯青的境界。

《水墨画》这本书,今天已经很难见到。因此,去年龚继先兄责编《鉴余杂稿》的修订本出版事宜,在我的极力怂恿下,将《水墨画》一并收入,得以让更年轻一辈的学子受益。

先生生于常州的一个书香世家,祖父辈三人,梦葭、玉阶、香谷,皆才气俊迈,长于诗文,梦葭并中过秀才;祖养田、伯仁卿、父仁湛,也都长于诗文,中过秀才,是为一门三代四秀才。生长在这样的家庭里,先生从小就受到良好的诗文熏陶,七岁入塾认字,十二岁学诗,十六岁入寄园,师从表叔江南名儒钱名山。名山先生为光绪二十九年(1903)进士,辛亥革命后绝意仕途,以诗文自娱,教书为业。据先生回忆少年时的学习生涯,名山先生做诗主张"有理、有意、有味,并要有声、有色",长期聘用镌版工人养在家中,每有诗作,汇聚成集后即付剞劂,刊印后再分送友好。他对学生的要求十分严格,如果深夜听到学生读诗平仄不协时,即使已经躺在床上,也要起来加以纠正;每七天出一作文题,评讲非常认真。在大小同窗中,先生年龄最小,所写的诗文却最得赞许。

我们今天还能看到的先生早年的文章,如1939年所写《玉岑遗稿·序八》、1943年所写《敦煌石窟叙录·概述》、1948年所写《陈老莲》等,都是用文言写成,或感情真挚,或析理清楚,无不措辞精练,文采生动,实际上都是在寄园打下的基础,而与后来《水墨画》等著述的白话文风,显然是一脉相通的。所以,有人说,只有做好了文言文,才能真正做好白话文,这不是没有道理的。

先生喜欢李义山的诗风,但主要是取其华美,却不取其晦涩艰奥。虽然华美,但又绝不过多地加以雕饰,而是直率地抒发自己的情感,所以又近于杜牧。用他自己的话说:"余少读古人诗,窃好之,然又不能竟学,偶事吟咏,实不能为诗也。卒不能忘,以是每于茶后、醒时、绘事余、行旅中、有意无意之间,若有所触,口自吟讽,不耐细究,故率多短什,实无足言诗也。"这主要是因为他后来以绘画为专业,诗反成了余事的缘故,所以自谦如此。而"不耐细究"一语,正道破了他做诗纯任自然的直率风格。他虽学李义山,又有与李义山明显的不同处。我们读李义山的诗,往往但觉其美,却难解其意;读先生的诗,则不仅觉其美,并能知其意。所以,1975年10月,他的《绘事十首》一出,即广为流传,唱和者甚众,王云凡先生将和诗加以荟集,竟有一百首之多。

先生一生所写的诗数量很多,但因为他无意做诗人,所以大多已经散失。1983年，赵汉钟先生曾为辑集出版，得120首；1995年，又辑得119首，合前出120首编为一集，名《壮暮堂诗钞》，由我编校，上海书画出版社出版。之后，我又陆续辑得20余首，拟在适当的时候一并公之于世。

关于先生的诗词，我曾有一诗相赠："老谢飞光大谢仙，蓬莱消息付谁传？池塘春草鸣禽变，小谢风流得惠连。"主要是就先生一门诗礼相传，家学渊源而言，而其兄玉岑先生的诗风灵心秀口，渊然泠然，应与先生的清俊华丽，亦不无相通之处。但事实上，当时对玉岑先生的作品见得还不多，只是有一个粗略的印象而已。但与词学界的朋友、前辈谈起玉岑先生，无不交口称赞，认为当世词坛，堪与瞿禅并称瑜亮。好像是1995年前后，有一次遇到玉岑先生的女公子谢璡女史，谈到欲觅《玉岑遗稿》为难，回答说1989年已由常州市文学工作者协会重新编印出版。一个月后，收到谢璡女史寄来的《谢玉岑诗词集》，细细拜读一过，方才感到大谢、小谢的诗风原来是大相径庭的。大谢是哀婉倩约，如不胜情，尤以词胜；小谢则华丽直率，坦荡豁达，诗优于词。我把这一看法对先生说了，先生表示首肯。

先生做诗的另一个特点，是多与书画有关，或题画，或评画，在他的诗集中几乎占了一半以上。他的少年时代，绘画是读书的余事，中年以后，诗反成了书画的余事，但又因为与书画相关，所以余事不余，不妨视作其书画创作的一部分。他用书画滋养了诗心，又用诗心滋养着书画艺术的高雅境界。正如他的书画创作总有书卷气扑人眉宇，他的诗词创作也总有画意墨情沁人心脾。一则有形而无声，胜于有声；一则有声而无形，如若有形。所以，先生命我为他的《诗钞》作序，我说："不知夫子之诗者，请观其画，知夫子之画者，益宜观其诗而已矣！"尤其是与画史、画论、鉴定相关的一些诗，因先生的识见之高、之精，更为传统的诗词开出了一个新的境界。如《绘事十首》中提到"细参绝艳银钩笔，不识元明莫论清"，《张旭草书古诗四帖二首》中提到"直立毫锋倾逆势，始知新格负奇名"等，无不见道入微,绝不是一般的诗人者流所能写得出来的。

三

先生在书画鉴定、美术史论包括敦煌学研究方面所作出的贡献,得到举世的公认,但他常常向人提起,"鉴定家"的头衔是人家封给他的,"我自己从来就没有想过要当什么鉴定家,只是为了学习绘画,才仔细地研究古人的作品,最初是零星地看,后来看得多了,不断地积累,渐渐地就形成了系统的认识"。认识从一家开始,对一家认识透了,学到了他的画法,同时也就学到对他的作品真伪的鉴别方法。逐步扩展开去,由一家而两家、三家,直到对整个书画史上千家的笔墨、万般的风采都能了如指掌,进而也就能将传统的各种优秀技法加以融会贯通,达到升腾变化,自成面目,同时也就从实践性较强的鉴别上升到理论性较强的史论研究。因此,书画鉴定和美术史论的研究,完全可以说是先生学习书画的副产品,但由于他的这一副产品是建立在对于笔墨风格的非常具体的研究基础之上的,所达到的认识的深刻性,也就决非一般的鉴定家和史论家所能同日而语,从而在传统的书画鉴定和美术史论研究领域开拓出了一个全新的境界。

先生曾撰有《论书画鉴别》一文,全面地论证了各种传统的鉴别方法,如著录、题跋、印章、别字、年月、避讳、题款等,认为:这些鉴别方法,"一般说来,不能不承认都有一定的作用,然而,这种鉴别方法的根本缺点,在于抛开了书画的本身,而完全地利用书画的外围为主,强使书画本身处于被动地位,始终没有意识到这种方法所运用的依据,仅仅是旁证,是片面的,是喧宾夺主,因而是非常危险的",在许多情况下,它们"不但不能解决矛盾,相反地会引起更严重的矛盾,而终于导致以真作伪,以伪作真的后果"。当然,这样说并不是意味着可以完全撇开这些方法,而只是要求把这些方法从鉴别的主要依据的位置上撤换下来,摆到旁证的位置。那么,对于鉴别起决定作用的主要依据又是什么呢?先生认为,应该是对于"书画本身的认识""不掌握书画的内部规律,反映书画的本质""听任旁证来独立作战""所产生的结果,是书画不可认识论"。

对于书画本身的认识,具体分为四个方面,即笔墨、个性、时代性、流派,而关键之点首先在于笔墨。一幅作品的特征是笔墨的性格,笔墨所形成的形式,形式所产生的风格,风格所昭示的流派渊源。四者是分不开的、综合的,最终又都归结到笔墨,即从笔墨看个性,从笔墨看时代性,从笔墨看流派的渊源关系。

先生对于书画鉴别方法的这一认识,完全是从他学习书画创作的实践经验中体会得来的。因为根据他自己的实践,一位书画家对于印章的使用并不是限于固定的几方,即使同一方印章,也因印泥的干湿稀稠,钤印时的垫纸厚薄、用力大小,以及受印纸绢的不同伸缩程度,而会使钤盖出来的印文发生多种多样的变化;至于别字的出现、年月的错写等情况,更是任何一位书画家在创作中所不能绝对地避免的。唯一不变的,便是书画作品本身的笔墨,包括它的个性和时代性、流派和风格。即使一位书画家在不同的年代、不同的创作情境中可能出现不同的笔墨风格,这种不同也仅是表象的,其实质必然是一脉贯通的。先生早年的绘画学习,是从陈老莲入手的,在很长一段时期内,他到处寻找陈老莲的真迹,分析、研究、揣摩它的笔墨性格,甚至自己也收藏了不少陈的作品,因此对于陈的不同时期、不同题材、不同风格的画法,取得了全面而深刻的认识。这种认识反映在他早期的书画创作中,一手陈老莲的笔墨几乎可以乱真,绝非一般"只看不练"的鉴定家所能企及。由此,反映在他后来对于陈老莲作品的真伪鉴别中,也就能够犀烛镜悬明察秋毫了。

嗣后,他又钟情于李成、范宽、郭熙、王诜一路的北方山水画派,作为比较的对象,同时热衷于董源、巨然一路的江南画派。我们看他70年代之前的山水画创作,一副李、郭的面貌,偶作董源、巨然、王蒙,也是形神俱肖,就不难得知他对于北宋南、北两大山水画派的笔墨之认识,实已深入骨髓。由此，又奠定了他后来对于北宋山水画真伪鉴别的基础。著名的王诜《烟江叠嶂图》，在很长的一段时期内，从南看到北，多少鉴定家一致看假，而先生根据自己对于李、郭、王山水画笔墨风格的实践经验，经过再三研究，慎重考证，最后确定为真迹无疑，使鉴定史上的这一大公案最终定论。

为了学画，先生到处看画，广泛地与收藏家交游，从庞莱臣、张伯驹的藏品，到敦煌莫高窟、榆林窟的千壁丹青，他无不心摹手追，穷其究竟，结果，画学成了，鉴别真伪的眼光也练出来了。虽然一般的鉴定家学鉴定也多从看画开始，但由于看的角度不一样，所能收获的成果也就不一样。一般的鉴定家看画只是为了练眼，通过长期的积累形成一定的经验，但由于"眼高手低"，这种经验没有经过亲手的尝试和实践，在认识上毕竟有它的局限性，而不可能真正是深刻入微的。尤其是对于历史上一些没有样本、流派可资比较的书画家的作品，光看不练，甚至连经验也无从积累，一旦面对他们的作品，孰真孰伪，难免茫然不知所措。先生则认为，光看不练是不行的，光凭看到的有限经验也不可能解决层出不穷的矛盾。眼高固然是好事，但只有把手也相应地提高上去，这样的眼高和经验才是真正靠得住的、可信赖的。看在眼里，记在心里，但得心还须应手，得心而不能应手，说明还不是真得，至少在认识上还有着不可逾越的障碍。先生可以称得上是真正能将眼、心、手三者沟通起来的鉴定家。

在这方面一个典型的例子，便是对于徐熙《雪竹图》的鉴定。据文献记载，五代南唐的画家徐熙以"落墨"法画花鸟，与同时西蜀的黄筌以勾勒法画花鸟各擅盛名，但黄家画体后来进入北宋画院成为标准的格式，学者甚众，迄今所传宋代院画花鸟，多在其画法的范围之内；而徐氏画体入宋后受到排斥，其画迹湮灭无存，因此后世对于所谓的"落墨"法也就无从窥其真面了，鉴别徐熙的作品，可以说是毫无经验可凭。这幅《雪竹图》无款，从它的风格看，为五代、北宋无疑，但它的笔墨技法却是五代、北宋的画坛上任何一位画家的作品中所未曾看到过的。先生从画家的角度仔细分析、研究了它的画法："那些竹竿是粗笔的,而叶的纹又兼备有粗、细笔的勾描,是混杂了粗细不一律的笔势的。用墨,也采取了浓和淡多种不混合的墨彩,竹的竿,每一节的上半,是浓墨粗笔,而下半是空的。一些小枝不勾轮廓,只是依靠绢底上烘晕的墨而反衬出来,这些空白的地方,都强调了上面是有雪的。"这种画法,"是突破了唐、五代以来各种画派的新颖奇特的风格"。进而与文献记载的徐熙画法相比较,也是正相符合的,从而得出结论：这幅《雪竹图》看来正是徐熙仅存的画笔。

需要指出的是,先生在对《雪竹图》的鉴定和"落墨"法作考订时,其花鸟画风已经开始偏离陈老莲,而从两宋工笔设色的院体探源问津。我们知道,两宋院体花鸟出于黄家富贵的体制,正是徐熙野逸作风的对立面。因此,在这一鉴定和考订的过程中,他在绘画实践上的认识所起的作用是不言而喻的。而当这一鉴定和考订工作完成之后,他的花鸟画风又从勾勒填彩幡然改辙,转向了落墨的一路。可见画画帮助了他的鉴定,而鉴定同样帮助了他的画画,眼与手的提高,在他始终是相辅相成,而不是一高一低地割裂开来的。

与此相类的另一例子,便是对于张旭《古诗四帖》的鉴定。为了弄清此帖的用笔特点,他不惜花费大量的时间和精力,把它的全部文字包括收藏印章一丝不苟地加以双钩廓填。结果,鉴定的结果出来了,他自己的书风也发生了一大变化。

综观先生的一生,他对于古代书画的"看",大体上可以分为三个阶段。第一阶段是40年代之前,主要是从画画的角度,为了学习古人的优秀技法而看画；第二阶段是50—70年代,他一方面供职于博物馆,另一方面又不愿意放弃自己作为一位书画家的身份,因此不仅为了画画而看画,同时也为了鉴定而看画；第三阶段即80年代之后,先生的书画已自成面貌,又因国家文博事业发展的需要,主要的便是为了鉴定而看画。

由此我们可以得知，所谓"看画"，其实是大有讲究的。今天一般的书画鉴定家谈鉴定，都讲要从看画开始，其实仅为鉴定而看画，用眼不用手，心手不相应，对于书画的认识，尤其是对于变化无端、奥妙无穷的笔墨技法的认识，实在是很难达到应有的深刻性的。

鉴定是对某一位作家的某一幅具体作品的认识，为了认识的深化和正确性，扩充出去，便需要取得对于该作家尽可能多的不同时期、不同风格作品的总体认识，这便是从个别到一般的认识论。而从学习绘画传统的立场，局限于某一家的认识还是不够的，董其昌曾提出"集其大成，自出机杼"的说法，并引大慧禅师论参禅云："譬如有人具万万货，吾皆籍没尽。"说是："哪吒拆骨还父，拆肉还母，若别无骨肉，说甚虚空粉碎，始露全身？"也就是要求由一家而两家、三家，进而达到对于整个传统的全面认识、全面把握，先具万万货，然后才有可能谈得上升腾变化的"籍没尽"。这同样是属于从个别到一般的认识论，只是在层级上更提升了一层。适应绘画学习的更高层次的需要，约从50年代开始，先生在从事鉴定工作的同时，又投入到对于整个中国美术史论系统的研究中。他认为："祖国悠久的绘画传统，千百年来流传在壁上、绢上、纸上的艺术精英，这一丰富的宝库，将提供典型的借鉴，为现实创作奠定艺术表现的基础。""从生活中来为现实艺术创作，有这个借鉴和没有这个借鉴是不同的，这里有文野之分，粗细之分，高低之分，快慢之分。"所谓"推陈出新"，"陈与新是相对而言的，没有陈就无所谓新，新正是从陈中出，新才能高妙；从陈中入，不是抄袭，然后出新，这便不是无根之木，无源之水。"既然要借鉴、继承传统，就产生了选择的问题，何者为艺术性高，何者为艺术性低，何者吸取，何者扬弃？对某一家的摹习可以根据自己的爱好加以选择，但爱好有时会有偏向，要端正自己的认识，不能不对整个绘画的历史和理论有一个全面的认识、系统的比较。

先生没有具体谈过美术史论研究的方法问题，但他从学习绘画的需要出发而研究美术史论,本身就已经表示了他不同于一般美术史论家的独特方法,包括他的角度和立场。1996年,我曾请先生为我们学校美术史专业的同学讲课,先生滔滔不绝地讲了两个多小时。其重点,便是要求从作品出发,从作品的笔墨风格包括它的个性、时代性、渊源关系出发,既反对资料的僵死罗列,也反对空对空地高谈阔论。实际上正反映了他作为画家的美术史论研究方法,在美术史领域无疑也是独树一帜的。

作为先生美术史论研究的最重要的成果,便是他在50年代所写的《水墨画》一书。此书分欣赏问题、水墨画的确立、山水、人物、花竹禽兽五个部分。

此书的一个重要特点,在于侧重于笔墨的分析,包括它的个性、时代性和渊源关系,而这种对于笔墨的认识,无论是笼统的一般认识,还是特殊的个别认识,又都是基于他作为画家的实践经验和读画、看画的鉴定经验而来的。书中既不讲社会政治、经济、文化的背景,也不重复在任何美术史著作中随处可以翻到的画家的生卒、字号、里籍、生平。后来先生曾对我谈到这种写法的思路,他表示,社会政治、经济、文化的背景是一般的历史书中都可以查找得到的,画家的生卒、字号、里籍、生平同样是一般的美术史著作中可以查得到的,作为绘画史,所要认识的是画而不是其他。虽然对于其他问题的认识也有助于对于画的认识,但毕竟是间接的、次要的,直接的、主要的还是画本身。"画本身"又是什么?主要的也不在于它所画的是什么,而是它的具体的画法即笔墨的风格。书中论到墨法:"没有一定要哪里浓或淡,但有一点是固定的,最近的山与最远的山就显然要有一定的浓与淡区别出来。显然,从眼前看去,远的山比近的山一定要淡而模糊的。而事实上,山林之中,除了远、近之外,还有更繁复的区别之点。譬如树,就有老的、嫩的、红的、绿的,前前后后、左左右右地交织着。这里的用墨,它的浓、淡,就不可能和表达远或近的山一样简单。甚至一些山石,它的阴阳面,它的交接点,以及石和泥沙的分野,云雾的掩映,光的明暗,这些也仍然不可能与表达远或近的山那样单纯的。因此,它也可以后面的比前面的浓。但是,它不可能使阴面比阳面淡,这样是无法描绘的。"这段话,完全是从画家的立场出发,以自己的写生、创作经验把传统的墨法讲述得清清楚楚。一种技法之所以是如此而不是如彼,在一般的史论家,无非作时代思潮、美学追求方面的解释,而先生则认为"这样是无法描绘的"。这种解释,绝对是形而下的,而不是形而上的,也许显得不够宏观,"理论性"不强,然而它是真正切实的、令人信服的。又如对郭熙、王诜的笔墨风格的分析,两人同出于李成,但"郭熙的用笔,一般的看来,是秃而较大的,粗壮而圆浑的,富有中锋的含蓄性,因此是浑厚雄壮的形态。王诜的用笔,一般的看来,是尖而较小的,圆劲而秀润的,富于尖锋的暴露性,因此是清隽峭拔的形体"。这样的认识,同样是一般的史论家所不可能取得的。

先生这种美术史论的研究方法,我曾称之为"实践美术史学"。其表现有二:一是对于有作品传世的作家,必须从对其作品的认识来开始对他的风格的认识、成就的评价,而所谓对作品的认识,不能仅仅停留在用眼看,还需要亲自用手去摹拟,舍此是不可能使认识真正深化的;二是对于没有作品传世的作家,必须从记载其画风的文献资料的实践性方面还原、尝试,有所会心地去连续中断了的艺术创作的基本规律,来开始对他的风格的认识、成就的评价——对此,又不妨称之为"实践文献学",舍此,仅止于对文献作从文字到文字的理解,同样不可能使认识真正深化、入骨,甚至有可能是完全错误的。这方面的研究,最为充分地反映在先生对徐熙落墨法的发掘方面。

近年来,美术史学界盛行一种浮夸之风,假、大、空、奇,无限上纲上线,动辄哲学、美学,并以"宏观""形而上"自诩。对此,先生表示,哲学、美学的方法当然不是不能用,但脱离了作品本身,无视基本的史料和常识,不免成为空中楼阁;尤其是对于某些美术史家从一幅作品中居然可以引发出一大通哲学思想来,先生更表示"太不着边际了,画就是画,与哲学是两码事"。如何纠正这种不正的学风,先生在这方面所作出的贡献,正可以提供有益的借鉴。

四

先生自幼爱好画画,在寄园读书的时候,也常常用画画消遣课余的时光。后来名山先生见他在这方面有过人的天赋,便常常拿出家藏的古代名家真迹和当时的印刷出版物供他临摹。有一次,名山先生拿出一幅陈老莲的《梅花图》给他临摹,老莲清高逸健的画品,一下子让他着了迷,从此之后,直到三十岁前后,他基本上沉浸在陈的画风中,所到之处,就寻觅陈老莲的作品,揣摩、研究他的画法。但先生学陈老莲,有两个特点:一是学他的花石,却不学他的人物。据先生后来在《水墨画》中所说,认为陈老莲大头小身体的形体,"这种迂怪的个性表现,是不足为训的"。由此我们也可以窥见先生本人的人品,是属于堂堂正正的一路,而决不愿走奇僻偏激的道路。人品即画品,画画即做人,这真是颠扑不破的真理。二是除了在寄园读书的少年时期,他对陈老莲的作品基本上不作对临,而主要是通过分析、研究之后,用它的笔墨来构造自己的造型形象。由此,我们又可以窥见先生对于绘画传统的学习,从一开始就是把"怎么画"的笔墨摆在第一位的,而"画什么"的题材、形象、章法等,则是摆在其次的。这种学习方法,也反映在他后来对于李成、范宽、郭熙、王诜、巨然和其他古代大师作品的学习之中。但是,他放手而画自己从生活中来的题材、形象,居然是足以乱真的老莲风貌,后来画山水,同样也是如此,俨然范宽、郭熙、巨然的神采。佩秋老师曾对我谈起,学习古人的作品,究竟是对临好还是意临好,有人认为对临容易为古人所囿,意临不能得古人精髓,"这两种情况,在我和谢先生的身上,表现正好截然相反。谢先生从来没有对临过一件古人作品,但他放笔而画,便是陈老莲、郭熙、范宽、巨然、王蒙,形神逼肖,渊源所自,一目了然;我对临了多多少少古人作品,但放笔而画,没有任何一幅作品中可以看到任何一个古人的影子,你说怪也不怪?"我说:"非常之人,自非常理所能牢笼。"

三十岁之后,先生的画风发生了三大变化。第一个变化是他的花鸟画开始摆脱陈老莲的风格,上溯北宋工笔设色的院体。因为宋人的花鸟注重写生逼真,形神兼备,而且气象堂皇,更令他神往。而对于陈老莲,他虽然为其清高逸健的韵格所吸引,但对于其冷漠的情调、怪诞的造型,在性格上总觉得不能合拍。这一时期,直到60年代,他的花鸟画形象逼真,神态生动,勾勒精劲,渲染微妙,气格清高而不失于凄婉,情调明朗而不失于艳俗。可以说,工整设色的花鸟画派,自元代开始水流花谢,春事都休,明清两代不失于板刻即沦于庸俗,无复生气可言。到了先生手里,才重新放一异彩,以至于张大千在1972年"四十年回顾展"的前言中也坦言:"花鸟虫鱼,吾仰于非闇、谢稚柳。"尤其是抗战期间先生居重庆,日对庭院竹林写生,所以画竹至精,张大千至为推服。在50年代以后,先生间或也有用笔松灵活泼的一路写意花鸟,但并不是出于清代华新罗的一派,同样是由宋人的刻画稍加萧散而成,气息在宋元之间,无一笔明清俗气。

第二个变化是他在三十岁前后突发了对于山水画的兴趣,一开始就取法乎上,从北宋入手,先是倾心于巨然的江南画派,同时又致力于范宽、李成、燕文贵、郭熙的北方画派,大山大水,千岩万壑,气象雄伟,笔法则谨细严密,决无明清山水草草率笔的习气。一画之成,"十日一水,五日一石",所以特别见功力,经得起看,格调很高,境界很大。约从50年代后期起,又兼画王蒙的一路,作风趋于松秀萧散,更富于笔墨的情趣,但依然不失丘壑之美。我们知道,在元四家中,以王蒙为"刻画第一",有修养的笔墨,对于真实的热情描写,是善变而多样化的,虽然是元画,但与宋人的意境最为接近。先生在《水墨画》中评价他说:"蜷曲如蚯蚓的皴笔,是强调了董源的一端;绞缠着的线条和繁密的小点子,又是其中的一端而结合了巨然的。许多破而毛近乎是点子的,也是其中的一端而更吸收了燕文贵的笔意。焦墨的粗线条,又是从李、郭而来。"因此,他选择学王蒙,本质上还是学北宋。由此可见,先生对于传统取法的选择,始终是不苟且的。他曾多次表示学画必须从宋开始,其次是元,明清是不可学也不必学的,"既然是学习,总要拣好的学,不能拣差的学,明清中当然也有好的,但再好也好不过宋元。看坏了眼睛,手就再也提不高了"。

第三个变化是从三十三岁面壁敦煌后,开始了人物画的创作。他原本并不喜欢人物画,这主要是因为从五代以后,人物画今不及古,至元、明、清,更是每况愈下,不堪一顾。这种评价,反映在宋代郭若虚的《图画见闻志》中,也反映在先生的《水墨画》一书中。先生的眼界极高,他是"非礼勿视"的,而他对于绘画的学习又是绝对不愿意割绝传统"自我作古"的,既然所接触到的传统没有能被他看得上眼的,他也就不妨对此作"悬搁"的处理了。然而,当他三十三岁面壁敦煌之后,千壁丹青,丕焕成章,不禁令他心降气下,从此而心摹手追起来。后来,他在《水墨画》中说:"从一般的唐人画笔和它的时代性的角度来看,特别是仕女画,不论唐初是崇尚瘦削的而中唐以后讲求了肥壮的形态,它的画派却都是恢弘博大,显得气度高华,我们从敦煌莫高窟数以百计的初、中唐壁画来看,尤其是中唐,它的那种得心应手、游刃有余的技法,那种绝没有一点矜才使气与'耍神通'的风格,真足以使人意消!"由于先生见贤思齐的天性,这种激情,自然而然地促使他拿起画笔,努力地去模仿唐人的风流文采。他所画的人物,主要有临摹敦煌壁画的菩萨像、仕女、高士三种,工整重彩,佛像则端庄敦重,仕女则雍容华贵,高士则清新俊逸。对于形象的描绘,面部、四肢与肌肉的渲染,以及服饰的勾勒等,尤其是一些难于传达的形态,都扼要、生动而传神,有一种典雅而亲切的气氛。但是,50年代以后,这类题材被看作是封建主义的糟粕,先生不得已而中止了人物画的创作。

总之,从寄园到60年代,可以视作先生绘画的第一阶段。在这一阶段,先生基本上是在传统中取精用宏,而且画风以工整为基调。花鸟由陈老莲而北宋,山水直师北宋,人物则取法唐人。他所达到的成就,只要从50年代之前,徐悲鸿先生主持南京中央大学艺术系时所聘教职中即可看出:先生为教授,黄君璧为副教授,傅抱石为讲师。50年代以后,一方面由于先生供职博物馆,与美术界稍有疏远,另一方面也因为新的时代主张艺术创新,先生注重传统的画风便未能受到相应的器重,所以名声逐渐地消退了下来。但在同行的高雅文化圈内,依然是备受推崇的。

70年代以后,先生的绘画进入第二阶段,开辟了又一个新的境界。在这段时期里,他重新开始思考五代徐熙的"落墨"法问题,决定来一个大变格、大变法。他曾自题《牡丹》诗云:"不道黄家腻粉凝,不似风子气萧森;梦中彩笔原虚诞,落墨清新得未曾。"这一时期,他画了不少作品,大多以"落墨"命名。开始时是施于花鸟,一变早先所工写的"宣和体",又表示不欲作脱略形骸、狂放不羁的梁疯子画体,而是把徐熙"落墨为格,杂彩副之,迹与色不相映隐"的画法运用到自己的创作中来,"落墨之际,未尝敷色晕淡细碎为工",连勾带染,粗细相兼,浓淡并施,一气呵成,然后再在墨踪上关键的部位敷以瑰丽的色彩。其特点是用笔爽利而又豪放,细笔与粗笔对比鲜明,不是工细严谨的写实逼真,却又不失形象的真实性,墨彩交融,缤纷灿烂,气象堂皇,个人的风格强烈,但又分明可以看出从早期宋人院体而来的迹象。

与此同时,先生又把落墨法施之于山水。他曾说:"当五季江南徐熙,以落墨为花竹写生,所谓落墨,盖以墨为格,而副之以杂彩,其迹与色不相映隐。徐熙画迹久绝于世,予奇其所创,推其画理,斟酌去就,演为此体,易工整为放浪,而不离乎形象之中,且不独施之于花竹,兼推及山水,思欲骋其奇气,以激扬江山之佳丽。"其画风,与落墨花鸟完全是一致的,不同的只是落墨花鸟,系易早期宋人的院体之工整为放浪,落墨山水,系易早期北宋的丘壑之工整为放浪而已。粗放爽利的笔墨超以象外,得其寰中,细致的树木、屋舍、舟桥点缀,更为醒目地焕发着全局的精神,墨彩相映,元气淋漓,确实是足以"激扬江山之佳丽"的。

落墨法虽然是对徐熙传统的重新发掘,但由于徐熙的画迹早已湮灭,画法早已失传,而不像对于陈老莲、宋人院体花鸟、北宋南北山水画派、敦煌佛教壁画的传统之学习,可以有真本作为观摩参考的依据,因此反映在学习的成果方面,收获也就显然不同。如果说先生早期的绘画传统的面貌较强,个性系寓于传统之中,那么此一时期的绘画则以个性的面貌较强,似乎是前无古人的独创,但细细品味,暂且不论落墨法本身是作为一种失传了的传统画法,先生对它的重新发掘绝不是凭空的自我作古,而是经过了对整个画史画法演变、艺术规律的长期研究、探索,"推其画理,斟酌去就"演化而来,即以其形象、章法、丘壑而论,也还是与他早期所学习的宋人传统一脉相承的,因此不妨认为他这一时期的创作是寓传统于个性之中了。在这方面,先生的功绩足以与清初恽寿平对于徐熙之子徐崇嗣"没骨法"的重新发掘相媲美。

当北宋初年,黄筌父子负责翰林图画院的工作,一时工整设色的勾勒画体风行画院,被称为"院体"。不久,江南平定,徐熙父子来到汴京,遭到黄家的倾轧,把落墨法贬为"粗恶不入格",这就是后来落墨法失传的缘起。而徐崇嗣在这样的形势下,不得不改变家传的画法,也画起了工整设色的花鸟,但不用勾勒法,而用没骨法,直接以彩色渍染而成,以与黄家相抗衡。遗憾的是,这一画法同样没有获得推广而失传了。入清,恽寿平有感于工笔设色的勾勒画体日益沦于僵板刻画,于是斟酌徐崇嗣的没骨法,推其画理,演为新法,一时声誉鹊起,有"写生正派"之目。徐氏父子的落墨、没骨两法,并为花鸟画史上的两大创格,又先后在画史上湮灭失传,千百年后,在两位常州画家的手里重新被发掘出来,真可以说是画史上无独有偶的一段佳话。

另外需要说明的一个问题,是先生落墨法的用笔之奔放,与他此际对草圣张旭的研习有着密切的关系。先生早期的书体出于陈老莲,擅整饬俊逸的小行书;此际则神驰于"落纸如云烟"的方寸行草、大草书。书风上的这一改换,进一步促成了他画风上"易工整为放浪"的演变。

约从80年代后期,随着年岁的增长,生理条件的限制,尤其是几次风腕病臂,影响到挥洒的自由性,先生的画风渐渐地失去了原先的飞动潇洒,而变得端庄凝重起来。但他主观上不愿意作凝重的一路,而仍偏向于潇洒,因此而深感心手不能相应之苦,尤其是90年代以后,有一段时期几乎没有画画的冲动,以致社会上对他画风的评价,认为晚年的没有70年代之前的来得高旷超妙。先生自己也为此感到困惑,思索着再来一次变法的问题,并多次与我进行探讨,直到最后的几个月里还念兹在兹。这时,先生的书风已经成功地完成了第三次转变,由方寸的草书转向径尺的行楷书,端庄凝重而又老辣的笔墨,有一种恢宏敦穆的气象,他开始感悟到可以用这种书风得心应手地去完成画风的第三次变格。有一次我去医院看他,当时他已完成了四个疗程的化疗,先生高兴地对我谈起这一想法,说是:"再有两个疗程就可以回家了,回到家里就可以把这个想法画出来看看。"又有谁能料到,第五个疗程刚开始,先生便遽然离世,他的这一想法再也没有能够付诸实践!

潘伯鹰先生曾题先生的《山水图册》:"展子虔《游春图》、王诜《烟江叠嶂图》及宋徽宗《雪江归棹图》,曾皆在张伯驹家,稚柳与余皆见之。稚柳见诸宋画,其画大进。此册有一帧近《雪江图》,而能以己意变化,是不可及也。"遂赋诗云:"世间有奇画,戒入谢生眼。天机契瞬息,五指欻潜转。古人惨淡心,杳与不传远。咨嗟百代下,追摄使之返。道君雪江图,粉色落冰茧。何来修月斧,斫取入梁苑。思融出剪裁,笔微印深浅。若云是赵佶,匿笑恐不免。多生自慧业,万里有重研。丹青忘老至,朱紫久笑遣。潘生为做诗,息壤在遥巘。"其大意是说先生的画能立足于传统的精华,追摄传统的精魂,同时又能以己意化之,所以为不可及。确实,先生的绘画几乎都是选择最好的传统来学习,而且每学一种传统几乎都能在自己的创作中鲜明地反映出来,这是一方面;另一方面,先生学传统学得再像,也还是有他自己的个性,而与所学的对象是貌合神离,有所区别的。他学陈老莲,陈是奇僻的情调,他却是明快的意境;学范宽,范是雄武的风规,他却是清新的格局;学郭熙、学王蒙,亦无不能寓个性于传统之中。他从来不把对于传统的学习仅仅看作是一种技术上的仿效,而更是为了从精神上把传统传承下去并进一步加以发扬光大。因此,他自己对于传统的关系是唯恐不亲近,不仅大量地看画,而且藏画,没有一刻停止过与古人的精神相摩荡、相涵泳;同时,对于今天的一些年轻画家与传统的决裂唯恐不彻底的现象感到深深的忧虑。就在他临终的前几天,他的身体已经十分虚弱,躺在床上不能起来,还拉着我的手说:"再这样下去就要没有画可看了,这怎么办呢?"先生这里所说的"画",是有它的特殊含义的。今天,画画的人可以说是越来越多,但不要传统,斯文扫地,便成了郭若虚所说的"虽曰画而非画",这就不能不令先生为之不安了。"觚不觚,觚哉!觚哉!"

关于先生的绘画,过去有一些鉴赏家认为是学张大千的。先生与大千是通家的好友,常在一起切磋画艺,在艺术上互有影响是当然的,但两人的画风其实迥然有别。从传统师承的角度,先生除早年学过陈老莲的花石外,几乎都是从唐宋入手,花鸟学宋人院体,山水学北宋南北画派,人物学唐人,由唐宋然后又下窥元人,无一笔明清俗气;大千则是由明清野逸派入手,人物师改琦、费丹旭,山水师石涛、石溪,花鸟师徐渭、八大、石涛,尔后上窥唐宋元,这是两人的出处不同。从笔墨性格的角度看,先生是凝静含蓄中见潇洒,大千是纡徐舒展中见飞扬,先生的落墨法,颜色是涂出来的,大千的泼彩法,颜色则是泼上去的。甚至在物象描绘的形态上也有明显的区别,如画荷花,先生的花叶都是端静圆润的,而大千的花叶则呈婀娜飞舞的辐射状;画红叶,先生是圆形,大千是长形;等等。画风的不同,其实反映了为人性格的不同,先生是仁厚忠恕的,大千是豪迈豁达的。有人曾以先生譬赵飞燕,大千譬杨玉环,我以为不尽确切,不如以先生譬吏部之文,大千譬太白之诗更来得恰当。

还有一点需要加以说明的是,自明代后期文彭、何震创为花乳石治印,形成明清篆刻流派,影响及于今天,每以"诗、书、画、印"四全相提并论,作为画家的能事。然而,我们却发现,先生几乎毕生未尝染指篆刻,尽管他与当代的一些著名篆刻家多有交谊。这里面有几方面的原因:一是因为先生的绘画是以唐、宋、元为法,尤其是对于宋人心印最深,而不入一笔明清俗气。唐、宋、元的画,所讲求的只是"诗、书、画"三绝,所以先生的画自然也以三绝为归,而有别于四全之途。二是如前文多次提到的,先生对于艺术的追求、取法,眼界始终是向高处看,向上处看,而不是向低处看,向下处看。他认为,在中国传统文化艺术中,以诗文的成就为第一,李白、杜甫、白居易、八大家,即小学生也能知其名,诵其诗文;以书的成就为第二,王羲之、颜真卿,至中学生多能知其名,临其字;以画的成就为第三,虽如"画圣"吴道子,即大学生也未必知其名;以篆刻的成就居第四,文彭、何震,在研究生中也很少有人了解他们的。因此,站在画的立场上,引诗入画、引书入画,都是向高处走,而引篆刻入画,虽然对画事也有一定的好处,却是向低处走了。如苏轼倡导"诗画一律"之说,提升了画的意境,使之更加斯文;赵孟頫倡导"书画同源"之说,变化了画的笔墨,亦使之更加斯文;明清人引篆刻入画,则仅止于画面的形式处理,与斯文的关系就不是很大了。因此,他并不是否定篆刻在画中的意义,只是认为侧重于此,而忽视了诗、书对画的滋养,未免因小失大,舍本逐末了。三是先生的书画创作对于印章的使用,所爱好的始终是典雅一路的印风,而不好粗野一路的印风,这也是与其斯文的画风相适应的。

五

先生无意做书家,然而他在书法领域所取得的成就却是有口皆碑的。

他的书风凡三变,据他自己所说,从来没有在书法本身的技法方面下过苦工的。

他在幼年时入寄园,师从江南大儒钱名山习国文诗词,自然便与笔墨纸砚结缘,但完全是为了读书而写字,而不是为了书法而练字,其用功主要是在诗文方面,书法只是诗文的副产品。结果,诗文打下了坚实的根柢,书法亦附带地打下了扎实的根柢。名山先生也是一代书法大家,早年以颜字为宗,中年以后取法倪元璐、黄道周,继而由帖入碑,所书沉着痛快,气势博大。康有为见到他的字,认为"当世除我之外,更无此公匹敌",于右任后来与程沧波、谢稚柳先生论书,自认为不及钱;徐悲鸿曾广为搜集钱的作品,并致书玉岑先生:"但求精品,多多益善。"但先生当日在寄园门下所学习的,主要是诗文而不是书法,这只要把先生早年的作品与钱氏的书法加以比较便可一目了然。先生的早年书风是俊秀清丽,而钱氏的书法则是雄健敦重的。这种俊秀清丽的书风,除得之于诗文的熏染外,便是得之于陈老莲画风的滋养。

在寄园中,读书写字之外,先生每以画画消遣时光。有一次,名山先生拿出陈老莲的一幅《梅花图》给先生临摹,从此以后,他便钟情于陈的画风,几乎深入骨髓,这就是先生在后来所作《绘事十首》第一首中所自述的"忽漫赏心奇僻调,少时弄笔出章侯"。一方面纯属巧合,另一方面也是一种心灵的相通。老莲画风奇僻超逸,其行书亦修俊飘逸,轻捷而又洒脱,先生在认真临习老莲绘画的同时,无意中又学到了他的书法。可以说,这一段时期内,绘画是先生学习诗文的余事,而书法又成了他学习绘画的余事。

走出寄园,踏上社会以后,先生专心于绘事,并由陈老莲向上溯三唐、两宋,但论其书法,依然是一手老莲的风神,只是经由唐宋绘画的滋养,变得更加成熟而已,能寓沉着于飘逸之中。直至 60 年代,为先生书风的第一阶段,其特点是多作小行书,以陈老莲为骨体,清新俊逸,潇洒不群。

70年代前后,先生把精力转入到对传为张旭的《古诗四帖》的鉴定工作中来。对此卷的真伪,学术界一直聚讼不已,为了弄清这一问题,先生朝夕揣摩此卷的影印真迹,甚至一丝不苟地勾勒填描了它的全部文字,并对晋唐五代至宋的草书作了一次系统的排比梳理,仔细地研究它的用笔特性和来龙去脉,最后得出结论:"从晋唐以来的书体发展来看,这一卷的时代性,绝不是唐以前所有,而气势与形体,也决不为晋以来所有。从王羲之到孙过庭的书风,都与这一卷大相悬殊,迥异其趣,这一流派的特征在于逆折的笔势所产生的奇气横溢的体态,显示了上下千载独立特行的风规。""张旭的书法艺术,即当时出于亲授的颜真卿,到异代私淑的杨凝式、黄山谷,尽管在他们的特有风格中得到了共通性,但颜真卿的行笔是直率的,怀素是瘦劲如鹭鸶股,杨凝式的《神仙起居法帖》是柔而促的,《夏热帖》则是放而刚,黄山谷又转到了温凝俊俏的风貌。当时以张旭为神皋奥府,至此已神情移迁,他的流风,从此歇绝了!"从这里,我们可以看到先生的鉴别方法,真正是从作品出发,从笔墨风格出发。这种方法,对于中国书画的鉴别,无疑是最能令人信服、最为有效的;而意想不到的收获,在于它同时又促成了先生书风的第二次变法。在70—80年代,呈现在人们面前的先生书作,几乎完全从陈老莲中脱胎换骨,而与颠张醉素显得情亲意蜜起来。其特点是多作方寸大小的行草乃至大草书,笔端逆折,锋正势圆,从容舒展,疾徐有节,如垂天鹏翼在乘风回翔,尤其是作长卷书,更是恣肆汪洋,波澜壮阔,一波未平,一波又起,真所谓"挥毫落纸如云烟""神妙直到秋毫巅"!

作为先生第二阶段书风滋养的书外功夫,除对于以张旭《古诗四帖》为代表的历代书法名作的鉴定工作之外,便是对于五代徐熙"落墨"画法的重新发掘与实践。先生60年代之前的画风,从陈老莲到唐宋,均属于工整的一路。至于徐熙落墨的画法,久已失传,真迹湮灭无存,便只能从文献记载中去加以分析考证。先生在这方面,又一次显示出与一般鉴定家迥然不同的方法,他不是从文字到文字,而是力图把文字的叙说还原到实践的情境之中,最后得出结论:"所谓落墨,就是先用墨笔连勾带染、或浓或淡地描绘出对象的全部,然后在某些部分略微地加一些色彩,它的技法,既有工细的双钩,也有粗放的意笔,一切以墨来奠定,而着色只是处于辅助的地位。"比之传统的勾勒填彩,这一新的画法,不仅更富于艺术的变化,而且更加潇洒率意。正如对于张旭《古诗四帖》的鉴定,导致了先生第二阶段的书风蜕变,对于徐熙落墨法的考证,同样导致了先生第二阶段的画风演变,形成了工放相兼、彩墨缤纷的新风貌。同时,这一新的画风,也进一步般配了他书风的发展,其用笔的翻折盘旋,墨气的洇涨枯燥,铺陈的疏密聚散,无不进退有节、雍容华丽,与旭素的一味狂肆、惊世骇俗,有着内在性格上的区别,而与他此际的画风分明是波澜莫二的。

80年代之后直至去世,先生的书风进入第三阶段。此一时期,尤其是在负责全国书画鉴定工作的几年里,先生所到之处,应酬日多,再加上随着年岁的增长,受生理条件的限制,他的书法创作逐渐转入以盈尺的大字为主,书风亦由飘逸洒脱转入凝重敦厚。90年代以后,终于在楹联的创作方面开创出一种恢宏大度的新风貌,俨然黄钟大吕、清庙明堂气象。仅1996年,先生所创作的楹联就用去了整整两刀多宣纸,再加上求索者自己带来的纸张,大概不下三百副!甚至在去美国临上飞机的那一天,本来已经决定封笔稍事休息,不料又有客人上门,求书二十副对联,家人拟加以婉绝,先生则表示不要扫客人的兴,当场又摆开了笔墨纸砚,我们在一旁帮忙,折纸的折纸,铺纸的铺纸,收起的收起,钤印的钤印,平均四分钟一副,在两个小时内,客人满载而归,先生也松了一口气,疲惫地坐回到沙发上。又有谁能料到,就在这次去美国后不到一个月,先生便突然病发入院!

第三阶段的书风,大致有这样几个特点:一是行楷大字为妙,尤其以字形盈尺的楹联为妙,结体端庄,点画分明,缠绕减少,用笔速度虽快,但并不飘逸,而是粗壮凝重,力透纸背,晚年手臂颤掣,点画每有战笔,益显苍劲老辣。《书谱》云:"初学分布,但求平正,既知平正,务追险绝,既能险绝,复归平正。初谓未及,中则过之,后乃通会,通会之际,人书俱老。"这里论书学的三个境界,只要把第一个"平正"换作清丽或潇洒,大体上便与先生不同时期的三种书风相吻合对应了。而特别就其第三阶段的书风而言,则先生一直挂在画室中的由他的老师钱名山所书的一副楹联"绚烂归平淡,真放本精微"恰是最好的诠释。

晚年的先生,作书远远地多于画画,他经常表示:"写字比画画爽快、开心。"这是因为先生的画风,以唐宋为宗,一画之成,需要"十日一水,五日一石",从勾染到赋色,最后再加上小心收拾,没有个把星期是完不成的。他又不愿意走吴昌硕、齐白石一路"立等可取"的大写意道路,因此如何完成画风上第三阶段的演变,实际上也始终是他念兹在兹的一个问题。现在,当他完成了第三阶段书风的变化,便逐渐明确到可以用这种书风来变革画风的一些思路,并多次与我探讨过这一问题,表示出院之后将尽快投入到这一问题的实践中去。遗憾的是,病魔过早地夺去了先生的生命,他的这一心愿终于未能完成。

关于先生的书法,还有一点需要加以说明的,就是他的作书不是如一般的书家那样悬起肘腕,而是始终把肘腕搁在桌面上。这种书写方法,如果是用于早年陈老莲一路的小行书,还容易为人所理解;用于中年旭素一路的方寸狂草书,便有不少人表示疑惑了;用于晚年盈尺的行楷大字,几乎没有人不表示大感不解的。其实,这种书写方法,正好印证了先生自述"没有在书法上下过苦功"的话。一般的人学习书法,从作为书法家的要求来说,悬腕是第一步,悬肘是高要求,肘腕搁在桌上则被认为是与书法无缘的书写方法。然而,先生是从读书做功课的要求来写书法,从画画的要求来写书法,我们看到过哪一位学子是悬了腕肘来做功课的呢?又看到过哪一位工细一路的画家是悬了腕肘来画画的呢?这是一方面。另一方面,即使从书法的要求来看,悬腕、悬肘,无非是为了用笔时的自如运转,防止笔锋的偃伏偏侧,因为一般人如将腕肘搁在桌面上,碰到较长笔画的书写,但靠运指,力道就送不下去,形成偏锋,如苏东坡的字就有此弊。所以,悬腕、悬肘的要求只是一个表象,其实质乃是为了避免运指。然而,事实上,有些书家悬腕、悬肘的功夫很好,但他的腕肘悬在那里,一动不动,完全是僵滞的样子,点画的运转实际上还是靠运指来完成。这样的悬腕、悬肘,是形悬而神不悬,或可称之为"悬而不悬"。而先生作书,尽管腕肘都搁在桌面上,但随着点画的运转,腕肘、整条手臂乃至整个身体都随之运转,真所谓全身力到。这样的搁腕、搁臂,是形搁而神不搁,或可称之为"不悬之悬"。借用陆俨少先生曾提出过的"卧笔中锋"之说,先生的书写方法,不妨称之为"搁腕悬肘"。对此,先生曾自述体会说:"悬腕的原意,只是说明腕要灵活,而当真执笔临笺,只是立正了笔,提按自如,左右灵动,而不是在书写的过程中从头至尾腕都不许着桌。"这一段话,无疑是对悬腕的最好解释。

先生的体质一直是十分的康健,再加上他乐观开朗的性格、雍容豁达的胸襟,享有百岁高龄,本来是完全没有问题的,想不到恶疾缠身,不到一年便人天渺绝,幽明阻隔。今年2月5日,先生的子女都从海外飞回上海,合家团圆,共度除夕,这是近十年来不曾有过的热闹场面。老人家喜欢热闹,家人也尽量地为他营造一种欢乐的氛围,使他有一个好的心情,能早日康复起来。5月28日,接受了四个疗程化疗的先生,身体已经十分虚弱,满头的白发亦日见稀疏,家人又为他举办了一次更为盛大的宴会,共有一百多位亲朋好友参加,共庆先生八十八岁寿诞。即使在最后的日子里,我们也期待着能有奇迹出现。然而,八百遐龄,方期岁岁增长,三千烦恼,讵料丝丝抽尽!五纬周移,星象忽沉,百年旦暮,逝水不留,人世之悲哀若是,苍苍之惨酷胡加!但念宴罢三山,宜返上元之驾,身膺五福,庶杀下土之悲,且有涯者生也,不朽者名也,则此日黄门志痛,虽成感逝之篇,他年青简流芳,永入无双之谱。

　　孔子说:"圣人,吾不得而见之矣,但得见君子,斯可矣;善人,吾不得而见之矣,但得见有恒者,斯可矣。"哲人木坏,名士山青,但愿我们能以先生为模范,努力地去做一个君子、一个有恒者,为维系民族传统的斯文作出应有的微薄贡献,告慰于先生的九泉之灵,则中国书画艺术幸甚!

(1997年)

附：
绚烂归平淡　真放本精微
——纪念谢稚柳先生逝世五周年

"绚烂归平淡，真放本精微"，这是谢稚柳先生生前一直挂在书斋的一副对子，在他身后，则被镌刻到了他的墓碑上面。这副对子的作者是他的老师钱名山，但先生对它的钟爱，决不仅止于师道尊严的个人感情，更内涵着一种对于传统理想的弘毅精神。因为这副对子所高扬的人文境界，代表了五千年民族文化的先进方向，作为在绘画史中的反映，便是晋唐宋元的画品和人品。

中国画的传统，大体上可以一分为二：正规画恪守绘画性的造型原则，即"画之本法"，需要画家以高度敬业的精神进行意在笔先的惨淡经营，整体把握、逐步深入，最终完成雍容或平淡的境界，体认人与社会、人与自然的和谐；写意画则注重书法性的抒写原则，即"非画之本法"，或称"画外功夫"，需要画家以游戏翰墨的态度进行随机生发的即兴挥洒，局部完成、合成整体，最终完成强烈冲突的自我发泄，体认人与社会、人与自然的冲突。这两大传统，奇正相生，循环无穷，演绎了中国画多姿多彩的风格面貌。而相比较而言，在晋唐宋元时期，以正规画占据画坛的主导地位，在明清时期，则以写意画占据画坛的主导地位。

20世纪初期的中国画坛，一方面，由于明清写意画传统的惯势发展，另一方面，也由于晋唐宋元的名家名迹大多进入了公私的秘藏，尤其是到了乾嘉时期,几乎被一网打尽到了皇家的内府之中,因此人们对于传统的认识,大多局限于写意的一家眷属,而对于正规的一路,则视作"众工之事",不登大雅之堂。尽管辛亥革命之后,清宫秘藏的流散,故宫博物院藏品的公开陈列并照相制版印行,敦煌壁画的重新发现使得晋唐宋元的名迹真正成为天下的公器,供人们广泛地研究、学习,但"中国画就是写意画"这一根深蒂固的偏见却并不是轻易就可以转变的。以至于三四十年代时张大千、谢稚柳等西渡流沙,面壁石室,中国画界的不少人都认为:"那是工匠的水陆画,没有什么艺术的价值。"四五十年代时陈佩秋醉心于临摹赵幹的《江行初雪图》卷和宋人的团扇花鸟,不少老先生也表示:"那是工匠的画,是包小脚,文人写意画才是高雅的艺术,是天足。"并规劝她临习翁同龢的《木石图》和郑板桥的《墨竹图》。很显然,对中国画传统的这一认识,在此际已不仅止于是局限和偏见的问题,而且也牵涉到人的惰性问题。

正如王安石在《游褒禅山记》中所指出:"夫夷以近,则游者众,险以远,则至者少,而世之奇伟瑰怪非常之观,常在于险远,而人之所罕至焉。"晋唐宋元的正规传统离我们远,画起来难度高,明清写意的传统离我们近,画起来更容易上手,更何况殚精竭虑被视作"工匠之事",率意挥洒被视作"高雅之事",对于传统的选择,孰取孰舍?大多数画家,当然是舍远而图近,避难而就易,终于形成如傅抱石在1935年时所说"吴昌硕(画风)风漫画坛,中国画荒谬绝伦"的局面。

当然,晋唐宋元名迹的大公开,毕竟提供了人们对于中国画传统的一个经典参照系,吸引了一部分画家的全身心投入。如张大千便从明清的写意传统幡然改图,沉浸于晋唐宋元的正规画风;陆俨少参观故宫藏品展后,更有"贫儿暴富"之慨,由明清正统派的程式脱胎而出,上追王蒙的刻画体制;谢稚柳更奉晋唐宋元为"先进典范"的不二法门,"不识元明遑论清";此外还有吴湖帆、溥濡、于非闇等,一时在画坛形成了一股堂皇严正的风气,绚烂而不艳俗,平淡而不酸颓,真放而不狂肆,精微而不刻板,一扫明清以来盛行的写意之风所导致的某些陋习。直至 40 年代末,晋唐宋元正规画传统所焕发出来的强大生命活力,引发了人们对于传统的重新认识和重新思考,于乱弹杂陈之中,大雅正声,已经呼之欲出了。

新中国成立后,明清写意画受到推崇,以徐渭、石涛、扬州八怪、海派、齐白石、黄宾虹等为代表的写意画传统成为中国画创新所应该继承的最重要基础。在这样的形势下,谢稚柳先生以他几十年的沉潜所取得的对于传统的真知,坚定信念,不为社会上一般认识所左右,成为 20 世纪从理论和实践两方面继承、弘扬晋唐宋元正规画传统的最杰出代表,并于 1954 年正式出版了堪称是 20 世纪关于中国画史研究的一部经典之作——《水墨画》。尽管在这部著作中,他的措辞比较委婉,但他的观点却是异常鲜明的。

书中反复强调"先进的、典型的用笔""先进的、典型的用墨""先进的流派""先进的技法""先进的形体""先进的辉煌典范""先进的笔墨""艺术的高尚性"等,都是针对晋唐宋元的正规画而言的。相反,对于同时的写意画以及明清的正统派和写意画,则颇有微辞,委婉而又明确地指出了它们的不足。这就足以证明,在先生的心目中,代表传统的先进文化方向的是前者而不是后者。

与此同时,他还编撰了《石窟叙录》《敦煌艺术叙录》《唐五代宋元名迹》等著述,以高度的热情推广晋唐宋元的画派。他特别提到,宋元明清的卷轴画相比于莫高窟的千壁丹青,"只是其中的一角而已,正如池沼与江海之不同"。而明清的画派相比于宋元,自然也更为他所"不识""遑论"了!

那么,为什么谢稚柳先生要把如此热情洋溢的赞辞归之于晋唐宋元的画派,而不是归之于明清的画派呢?归根到底,正是因为前者完美地体认了"绚烂归平淡,真放本精微"的中正和谐境界,而后者则多有偏执之故。例如,对陈洪绶,是他少年时所倾慕的,此际则明确表示:其"迂怪的个性表现,是不足为训的";对石涛,是他的朋友张大千所一度心折的,他也毫不徇情地指出"值得称道的是他的精神而不是具体的创作";至于对扬州八怪,在《水墨画》一书中则干脆避而不谈。因为在先生的心目中,作为代表先进文化方向的艺术,应该给予观赏者以和谐的审美感受,而要想创作出具有和谐之美的艺术作品,则要求艺术家具备和谐的人品。当然,由于古代封建社会不合理的现实,难免扭曲人的心灵,导致某些艺术家不和谐的心理畸变,并发泄而为不和谐的艺术创作,对此,我们自然应该给予宽容的谅解和适当的评价。但如果盲目地加以推崇,对于社会精神文明的建设无疑是弊大于利的,对于中国画的可持续发展更是有害无益的。从这一意义上,先生对于"绚烂归平淡,真放本精微"审美境界的推崇,正与西方古典艺术的理想——"美是造型艺术的最高法律"是异曲同工的,同时也与我们今天对于先进文化的弘扬和精神文明的建设要求正相符合。

如所周知,中国画区别于西洋画的诸多特征中,最重要的一点便是对于笔墨的强调。但问题是,究竟什么是笔墨?或者说,笔墨的含义是什么?事实上,在许多中国画家的认识中是模糊不清甚至完全错误的。

通常所认定的中国画笔墨,是指用笔的轻重疾徐的节奏和用墨的枯湿浓淡的韵味,具有相对独立的审美价值。作为评判其优劣的标准,在于是否符合书法的锥画沙、印印泥、折钗股、屋漏痕。然而,如此地来认识中国画的笔墨特点,是有极大局限的。因为它对于中国画来说,只是一个小前提。作为中国画的特点,还应该有一个大前提,即绘画性和造型性。根据逻辑学的常识,大前提和小前提是密切联系的,离开了小前提光讲大前提,对于事物的认识不免笼统而不能具体深入,而离开了大前提光讲小前提,对事物的认识则必然偏离事物的基本性质。

先生并不简单地认为笔墨具有相对独立的审美价值,更不是用书法的标准来评判笔墨。他对中国画特点的认识,首先强调它是"写实的",这便是指它的大前提即绘画性和造型性而言。所谓"写实",实际上是讲的形神兼备、以形写神,它需要画家深入地"外师造化,中得心源",从生活中去滋养创作的灵感。其次才是笔墨,这便是指它的小前提而言。小前提是服从于大前提的,所以笔墨也是服从于"写实"的。他反复强调:"所谓笔法,是从对象出发,从对象产生。对象,正是描绘的依据和根源,而来摄取对象的形与神,所产生的笔的态与势、情与意,这就是笔法。"而墨法,同样需要配合所描绘的对象,"这许多形象,许多颜色,把它们分别开来,组织起来"。只有在这一大前提下,才谈得到笔墨"相对独立的审美价值"——先生专门称之为笔墨自身的"原则",即用笔应圆而挺健,用墨应明洁滋润。离开了这一大前提而奢谈什么笔墨的"独立审美价值",难免把中国画引导到非绘画的方向上去,例如明清的写意画,就是书法性更大于绘画性的。

精妙的笔墨既然必须配合到写实的描绘,而不是书法的抒写,那么它的实现又牵涉到哪一些要求呢? 当然,它首先与画家的功力有关,其次更与纸绢材料"相依为命"。先生特别指出:"同样被关联着的是绢与纸,正是笔与墨所寄托的生命线。绢与纸的条件不能很好地配合,就妨害了笔与墨的表现,笔与墨、绢与纸是相依为命的。"为此,他专门分析了自晋而清的中国画材料,指出了这样一个事实:历史上那些笔精墨妙的作品,绝大多数是由绢和熟纸来承担,而生纸只是"适合了明、清一部分画派的要求"。具体而论,绢和熟纸的体质对于中国画的笔墨,"更能掌握它的规律,发挥它的特性,特别地发挥了笔势的纵横生动,墨彩的五色纷披,提高了对形象描写的亲切性和艺术性"。那么,生纸的体质对于笔墨的表现又如何呢? 他并未多加阐述,但两相对照,我们不难得出这样的结论:生纸更能从非规律的方面发挥它的特性,特别地发挥了笔势的纵横生动,墨彩的五色纷披,提高了对主观情感发泄的抒写性与艺术性,而削弱了对形象描写的亲切性与艺术性。这便是两种传统的两种笔墨,在正规画是绘画性的笔精墨妙,在写意画是抒写性的笔精墨妙。

尽管当时画坛的形势,写意传统空前高涨,正规传统日趋沉寂,但先生以他对于画史的全面梳理所取得的对于传统先进方向的认识,于撰写《水墨画》一书之后,把更多的精力投入到了创作的实践之中,以此来维系晋唐宋元的经典传统。自50年代直至70年代,他的花鸟画借鉴两宋院体和徐熙"落墨法",山水画借鉴李成、郭熙、巨然、燕文贵、王蒙,无不是"绚烂归平淡,真放本精微"的堂皇气象,刻画、萧散兼而有之,而无一笔明清俗气。虽然这一时期,一方面由于他供职文博单位,与美术界稍有疏远,另一方面,也因为他的画风与新时代的艺术主张不尽合拍,所以他的画名比之40年代有所消退,但其精进的造诣却为后人在适当的时期重新弘扬晋唐宋元的传统保留了十分珍贵的薪火。

先生坚信这一时期必然会到来,而且为时不会太远。在20世纪的最后20年,传统中国画的急剧衰落已是不争的事实,各种"笔墨等于零""穷途末路""废纸论"等指斥此起彼伏。不少"传统"画家认为这种衰落是因为"前卫"画家的反传统所造成的,例如在1999年某博物馆的一次读画会上,与会的专家几乎异口同声地对吴冠中作了讨伐。而我则认为,造成传统中国画衰落的原因主要的并不在反传统,而在"弘扬传统":由于不明传统的精华和糟粕,可继承的精华和不可继承的精华,结果,所弘扬的往往是传统的糟粕和不可继承的精华,这样的"弘扬传统",只能是越弘扬传统越衰落。所以,我们不能简单地高谈阔论"弘扬传统",而应该明确弘扬传统的先进文化方向。我的这一认识,正是来自先生多年的教诲。先生在生前多次对我谈起,必须认真地研究传统,而要想对传统研究中长期形成的错误认识拨乱反正,又需要从年轻一代人入手。正是在先生的谆谆教诲下,从90年代开始,我把全力投入到了对晋唐宋元正规传统的弘扬之中。现在,可以告慰先生的是,晋唐宋元"绚烂归平淡,真放本精微"的传统,正获得了人们尤其是年轻一代越来越广泛的认同,传统的真正弘扬,中国画的振兴,在 21 世纪已经指日可待。

(2002 年)

03 第三讲
中国画的先进文化方向
—— 谢稚柳先生的传统观

20世纪的中国画坛,对传统的认识大体上有两种态度:一种持"传统末路"观,所以要求用西洋画的观念、方法改良之,甚而以"全盘西化"取代之;另一种持"传统自强"观,认为传统有着生生不息的生命活力。由此而引起否定传统和弘扬传统的激烈论争,成为20世纪画坛的一大景观。需要指出的是,这两大针锋相对、水火不容的观点,所认识的传统是完全一致的,那便是明清以来的文人写意画。谢稚柳先生的传统观则与之迥然不同,他并不笼统地讲"传统",而是强调分清传统的精华和糟粕,要弘扬的是精华而不是糟粕,要否定的则是糟粕而不是精华,离开了这个原则,单纯地讲否定或讲弘扬,都是没有依据的。例如在《借鉴——绘画艺术的主要基础之一》一文中,他便反复指出:

> 借鉴,并不是无条件的,而是在善于辨析、取舍精华与糟粕。
>
> ……既然要继承,就产生了选择的问题,何者为艺术性高,何者为艺术性低,在借鉴中求得一个比较,何者吸取,何者扬弃,这又有一个爱好的问题。爱好有时会有偏向,要端正自己的认识,仍然要在借鉴中求得正确的方向与好尚。这便是风格的高低。风格的要求,自然是要高而不是低。

不明乎此,否定传统难免成为否定其精华,而弘扬传统也难免成为弘扬其糟粕。

那么,千百年来的中国画传统,从人物、山水、花鸟各科,千般的流派,万般的风貌,究竟又何者为精华、何者为糟粕,何者为高的风格、何者为低的风格呢?从总体上看,他认为,晋唐宋元的正规画为高标的精华,而明清的正统派和写意画则为低下的糟粕。当然,这样说,并不意味着前者就是百分之百的好,后者就是百分之百的不好。从谢稚柳对于传统的研究,致力于晋、唐、宋,兼及元,而很少涉及明清,对于明清,他所认真研究过的只有陈老莲、董其昌、八大、石涛等极少数的名头,便足以窥见他的这一传统观。从他的《水墨画》一书,对水墨画传统的全面研究更可以窥见他的这一传统观。

他在书中反复提到"先进的、典型的用笔""先进的、典型的用墨""先进的流派""先进的技法""先进的形体""先进的辉煌典范""先进的笔墨""艺术的高尚性"等,都是针对晋唐宋元的正规画而言的。相反,对于同时的写意画以及明清的正统派和写意画,则颇有微辞,明确地指出了它们的不足。这就足以证明,在谢先生的心目中,代表传统的先进文化方向的,是前者而不是后者。

具体而论,在人物便是晋唐的画派,兼及两宋。如称吴道子为"划时代的大宗师,一直地震撼、领导了后几世纪的画派":

> 从一般的唐人画笔和它的时代性的角度来看,特别是仕女画,不论唐初是崇高瘦削的而中唐以后讲求了肥壮的形态,它的画派却都是恢弘博大,显得气度高华。我们从敦煌莫高窟数以百计的初、中唐画壁来看,尤其是中唐,它的那种得心应手、游刃有余的技法,那种绝没有一点矜才使气与"耍神通"的风度,真足以使人意消!
>
> 唐人对于形象的描绘,对于面部、四肢与肌肉的表现,以及服饰等等,尤其有一些难以传达的形态,都扼要地生动而传神,有一种亲切的气氛,足以见到他们独到的观察力、独到的概括性。

第三讲 中国画的先进文化方向——谢稚柳先生的传统观

至于宋的人物画，或细微，或豪放，不论是承继了唐的余绪还是创造了新的生命，"唐代的恢弘博大的风格，已日趋衰谢了"。元代的赵孟頫等，虽然力追古意，但逃避现实的心态，使他们"不再敢于在画笔上有所表现"。进而到了明清，谢先生则进行了严厉的批评：吴伟、张路的一派，"风气所开，流入于狂怪而油滑的境界，形成了格调的卑下与公式化""一贯地往粗鄙的路上狂奔"；唐寅、仇英、改琦、费丹旭的一派，"开始了一种小眉小眼的作风""显示了风格的弱小与庸俗"；陈老莲的一派，虽然"试把欣赏的角度，单单放在他的笔、墨一面……是新创的独立不倚的格调"，但大头小身体的"迂怪的个性表现，是不足为训的"。

而在山水画，便是五代、两宋的画派，兼及元人。从荆关李范、董源、巨然、王诜、郭熙、燕文贵、赵令穰到南宋四大家，谢先生以钦佩的热情，一一给予高度的评价，如论董源："千载而下，不得不使人佩服他的才情和高深的观察与体验"；论郭熙："从他现在所流传的作品看来，它的浑厚的笔势，明洁的水墨所映现的情景，是可以想见当他在描绘的时候，神完意足一笔不苟的神态，是可以想见他所体验的真实境界，通过他的笔墨和艺术创造，融洽地导致了统一。"而对于米氏墨戏的新奇独特，却不以为然，认为它"由于在题材方面，有绝大的限制性，因此，不可能被发展起来"。至于元代的赵孟頫和四大家，相对于"从真实的境界里来产生新的笔墨，而更偏重于从北宋的先进技法中来寻找自己的生命"，也开始走上了下坡的道路。但尽管如此，由它开始下坡的起点很高，所以仍处于高峰的位置上。直到明清两代，从"明四家"而董其昌，再到"四王吴恽"的正统派，只知道在"先进的流派"（指北宋和元）中"翻筋斗，变手法"，"以传播与延续先进流派为尽了最大的责任"，结果，"所讲求的笔墨，逐渐地路子越来越窄，堕入于粗浅与庸俗之中"；而以"四僧"，尤其是石涛为代表的野逸派，虽然"在革新的一面，作出了巨大的贡献，使我们不得不对他们加以特别的重视。而以古典现实主义来说，对他们在当时环境中的独立精神，比对他们的创作,应当更加以赞扬的"。换言之,他们的创作,仍然不能代表传统的真正先进方向。

需要指出的是,谢老对石涛等的画派,评价的措辞相当委婉。这主要是因为当时对这一画派是推崇备至的。而从他1980年所作的一幅《松风山阁图》自题"平生不能作石涛,偶写此黄山松石,不觉饶其意,目染遂至于此"。正可以窥见他对于石涛,一直是不太以为然的。此外,在《水墨画》一书中,他认为石涛"同样地吸收了先进的技法""不是专从皮毛上用功夫,是要求得先进技法的精神风貌之所在。是要求得与先进的不同,来印证与先进的相通之处,来创造自己的风格",也属委婉措辞。事实上,尽管他给予石涛的创新精神以高度的评价,但对于石涛于传统经典的生疏,他始终是保留有自己的看法的。石涛的长处在于不受先进典范的束缚,而他的短处也正在于缺少先进典范的滋养。谢先生生前多次对我提起,石涛在传统精华方面的修养是严重欠缺的,例子是他曾评郭熙画为"未见斩关手也",说明他根本没有真正见到郭熙的真迹,见到的至多是赝品或木刻画谱的复制品;石涛的成就完全在于他天才的生活蒙养,所以不具备广泛的推广意义。对此,陆俨少先生也曾持同样的观点。

在花鸟画,同样是五代、两宋的画派,兼及元人。对于徐熙的落墨法,文同的墨竹,赵佶的院体写生花鸟,梁楷与法常的粗笔花鸟,扬补之的梅,赵孟坚的水仙和兰,以及赵孟頫、王渊、王冕、李衎等,他或者给予高度的评价,或者在总体上加以肯定的同时略作批评。然而,对于明清的写意花鸟,他基本上批评多于肯定。如论沈周,"不免有过火之处,那就是老笔槎枒所产生的粗燥之气";论徐渭,"不免过于放肆,包含笔墨在内所表现的内容也感到单调";而对于当时受到广泛好评的扬州八怪,则干脆避而不谈。在谢先生看来,明清写意花鸟真正值得肯定的唯有八大和石涛,是"迈绝前代的创格",天才的创造。

那么,谢先生为什么以晋唐宋元的正规人物、山水、花鸟为传统的"先进典范",而不以明清的写意画为"先进典范",相反还要加以委婉的批评呢？而在明清写意画尤其是写意花鸟画中,又为什么独独要对八大、石涛加以肯定的评价呢？

我们先来回答第一个问题。谢先生曾多次引用张彦远在《历代名画记》中的一句话："夫象物必在于形似、形似须全其骨气,骨气形似皆本于立意而归乎用笔。"任何艺术都是内容与形式的统一,在中国画中,所谓"内容"也就是"画什么"即所描绘的客观物象问题,所谓"形式"也就是"怎么画"即描绘所使用的笔墨问题。精妙的笔墨必须服从并服务于所描绘的物象,所以它也必然是从物象中来的。能运用笔墨的表现,把客观物象的形态和精神完美地刻画出来,这样的笔墨便是优秀的笔墨,这样的作品也才称得上是先进的典范。笔墨与真实(包括物象形的真实和神的真实)完美地结合到一起,这是一个批判的标准,也是一个创作的法则。所以,《水墨画》一书开宗明义："水墨画是写实的。"书中又提到"古代绘画是写实的,着色的"。而由着色画发展到水墨画,则是为了"对描绘对象,加强它深刻的表现力"的同时,进一步加强用笔的"骨法"性。因为运用色不一定需要依靠笔来传达,也就是说,笔与色是可以不配合的；而"运用墨,必须依靠笔来传达,笔与墨配合了",因此便在技法形式上"增加了繁复性和广大性",从而有助于艺术性的提高。谢先生特别对历来对苏轼的两句诗"论画以形似,见与儿童邻"的误解提出批评："绘画不要形似,几乎是不可思议的。……这两句诗,只是特别强调了'形似'以外的,即通过'形'所产生的神情,只是反对专以'形'似了为满足。"而要"使形象有生动的'神情'",则"必须笔墨精妙了"才能做到。

谢先生在书中多次使用"写实""现实主义"等术语,这也是当时的政治形势所致。事实上,他的意思是,真实既包括形的真实,更是指神的真实。真实的把握来之于"外师造化,中得心源"的写生和生活,而它在绘画中的实现则在于精妙的笔墨。那么,怎样的笔墨才可以称得上精妙呢？

我们先来看"笔法"：

> 笔法并没有固定的形式，要配合到描绘的对象，笔的运用，就很复杂而需要变化。需要粗的，细的，阔的，狭的，横的，竖的，劲挺的与柔和的各种不同的变化。从个别的到总体的，所谓一切的技法，来适应各种不同的形态。因此，这些笔势，就不能说这一种对和那一种不对，这一种好和那一种不好，它只要能配合所描绘的形象，使它有神情，有精妙的艺术气氛。
>
> 因此，所谓笔法，是从对象出发，从对象产生。对象，正是描绘的依据和根源，而来摄取对象的形与神，所产生的笔的态与势，情与意，这就是笔法。但是，这里也仍然有一个原则，凡是可以形成一种线条的，不管它是弯是直，是粗是瘦，是长是短，甚至是点子，不管它配合的是山水、人物，或花鸟，笔锋就都是"圆"而"中"的，是挺健而不是痴弱的。

可见精妙的笔法有两个原则，一是真实地配合对象，二是形式自身的骨法。"墨法"的情况同样如此：

> 墨法，也没有固定的步骤，它没有哪里一定要浓，而哪里一定要淡，也没有哪里要浓到什么程度与淡到什么程度。真实的景，是许多形象、许多颜色所交织而成。而所谓墨法，它就要配合这许多形象、许多颜色，把它们分别开来，组织起来，不能让这些形象，这些颜色混乱了，模糊了，更不能使明确的为模糊，而模糊的为明确。……
>
> 墨法既然是这样的千变万化，无可捉摸，但也还是有它的原则的。墨必须有水的调和，才能产生它的"彩"，它的"气"和它的"韵"。墨的浓淡，是水与墨的多少调节问题。但是不管多少与浓淡，它所表现在画面上的，就必须显得明洁、滋润，而不可显得脏，显得暗，显得松散凝滞而无神。它可以浓，甚至到焦，但不可显得枯，显得涩，显得

火辣辣的。

可见精妙的墨法同样有两个原则,一是真实地配合对象,二是形式自身的气韵。这种既严格配合了真实的对象,又具有自身相对独立的形式美感即骨法气韵的笔墨,它必然是意在笔先的,而不能是随机生发的,更不能是意在笔后的。当然,这样说,并不意味着在它的整个描绘过程中都是刻板的制作,而是总体上的意在笔先,再加上适度的随机生发,甚至也不妨有偶然的意在笔后。只有这样的笔墨,对于艺术的描绘才是可控的。千千万万的画家,每一个画家几十上百次的创作,依据了这样的笔墨原则或称法则,却并不是都能达到同样的高妙,但这样的方向毕竟代表着传统的先进方向,在这一方向中达到了高妙的境地便成为先进的典范。试问,在晋唐宋元的正规画与明清的正统派和写意画这两大不同的传统中,究竟哪一种传统符合于这样的要求呢?毫无疑问,是晋唐宋元的正规画,而不是明清的正统派和写意画。因为无论正统派也好,写意画也好,它们的笔墨都是不符合第一个原则即配合真实的原则的,有的甚至还不符合第二个原则即形式自身骨法气韵的原则。它们的笔墨,或者来自程式化的书法,或者来自激情发泄的胡涂乱抹,则即使这种笔墨不乏骨法气韵,但离开了真实的形象,所谓"皮之不存,毛将焉附?"而论它们的形式,更有不少狂肆、偏薄、火爆的表现,进而还偏离了骨法、气韵的要求。不是说明清画就没有精妙的笔墨,但离开了真实的原则,甚或同时还离开了形式的原则,无论它怎样精妙,精妙到八大、石涛,也是不能代表传统的先进方向,不能作为先进的典范的。

精妙的笔墨体现着一位画家的功力。这功力表现于这样几个方面:一是画家对于生活必须有着"中得心源"的颖悟的深刻体验;二是画家对于形象的描绘有着千锤百炼、熟能生巧的丰富技巧;三是画家对于创作必须恪守严重以肃、恪勤以周的"用敬"精神。试问,晋唐宋元的正规画家与明清的写意画家,究竟谁能具备这样的功力呢？这同样是不言而喻的。

明清写意画家也讲"笔墨"的功力,但所依据的完全是另一个"非画之本法"的准则,他们所津津乐道的是"不求形似""逸笔草草",是诗、书、画、印的"三绝""四全"。然而,在《水墨画》一书中,对此几乎绝口不谈,唯一提到"诗与画的关系"也是着重于意境方面的,即"通过对诗的体会来表现画的精巧构造"。可见谢先生对于笔墨的认识,始终是着眼于"画之本法"来立论的。

精妙的笔墨也与绢和纸有着密切的关联。绢一般都是熟绢,不渗水、不洇墨的。谢先生认为：

> 绢,是丝织品,是透明而光泽的体质。这种体质,对于水墨画,更能掌握它的规律,发挥它的特性,特别地发挥了笔势的纵横生动,墨彩的五色纷披,提高了对形象描写的亲切性和艺术性。

纸则既有不渗水、不洇墨的熟纸,也有渗水、洇墨的生纸。生纸之所以会渗水、洇墨,是因为它的纤维组织疏松,毛细孔大；熟纸之所以不渗水、不洇墨,是因为它的纤维组织紧密,或因为通过加刷胶矾,把毛细孔堵没了,相比之下,前一种熟纸是"更适宜笔墨的发挥的"。关于熟纸与笔墨的关系,大体上类似于熟绢。而关于生纸与笔墨的关系,谢先生并没有加以明确的阐释,但通过他对熟绢、熟纸的论述,我们不难得知：生纸的体质,对于水墨画,更能从非规律的方面发挥它的特性,特别地发挥了笔势的纵横生动,墨彩的五色纷披,提高了对主观情感发泄的抒写性与艺术性,而削弱了对形象描写的亲切性与艺术性。

唐、宋以前的画多使用熟绢,宋、元以前的画多使用熟纸,明、清的正统派也用熟纸,而明、清的写意画则多使用生纸。谢先生特别指出：

> (生纸)适合了明、清一部分画派的要求,支持了如白阳、青藤、石涛、八大等画派的发展。

宋以前用绢的画派，无从在纸上来表现，宋以后用纸的画派，也无法使绢来尽它的义务。

用熟纸的画派，不可能让生纸担任，而用生纸的画派，也同样无法让熟纸来完成。

晋唐宋元的正规画派之所以被作为先进的文化方向，是因为它们精妙的笔墨，既配合了真实的描绘，又自具骨法气韵的形式美，而之所以它们的笔墨会如此地精妙，则又与所使用的熟绢、熟纸有着密切的、直接的关联。熟绢和熟纸，正是精妙的"笔与墨所寄托的生命线"，"笔与墨、绢与纸是相倚为命的"。

我们知道，熟绢和熟纸配合了笔墨的真实描绘，可以达到毫发无遗恨，尽广大而致精微，配合了笔墨的骨法气韵，同样可以达到纤毫毕现，极生动而尽纷披。不过，明清的正统派仅仅发挥了熟纸对于笔墨、骨法、气韵的配合，却放弃了对于笔墨真实描绘的配合，因此尽管它的笔墨是好的，"论功力，他们都是'三折肱'，好身手，却投置在死圈子里"，所以也就称不上真正的精妙，自然也就不能代表先进的文化方向——尽管它"传播与延续着先进的流派"。

明清的写意画派之所以也没有被作为先进的文化方向，同样是因为它们的笔墨不能算是真正的精妙。一方面由于艺术观念的问题，由客体的"现实主义"转向主体的"个性主义"；另一方面由于生纸对于笔墨的配合，使笔墨无法深刻入微地进行真实的描绘，对所要描绘的对象，包括它的形似和神似，只能约略的"不求形似""遗貌取神"。同时，对于笔墨、骨法、气韵的表现，因渗水、洇墨的关系，也无法做到遒劲精进，而成为泛滥、淋漓、漫渑的形态。它适合于"墨戏"的游戏性创作，而无法承担严肃的正规性创作，它适合于偶然效果的随机生发，而无法承担必然效果的有机控制。所谓"废纸三千"，所以要浪费大量的时间，最终才达到"大器晚成"，有些甚至晚而无成，不像宋画，画一张是一张，所以可以大器早成。

谢先生在《水墨画》中没有谈到笔同笔墨的关系。其实，绢和纸是材料，笔是工具，绢和纸与笔墨性命攸关，笔与笔墨同样性命攸关。

笔有硬毫、软毫，硬毫在表现中更容易"见笔"，而软毫在表现中则较难"见笔"。所以，一般讲究笔墨的部分，如线条的勾勒等，多使用硬毫，而不讲究笔墨的部分，如色彩的渲染等，多使用软毫，又因为硬毫含水量少，而软毫含水量多，所以凡不渗水的熟绢、熟纸多使用硬毫，而凡渗水的生纸又多使用软毫。而谢先生本人，不论线条的勾勒还是色彩的渲染，也不论熟纸还是生纸，一般多使用硬毫，基本上不用软毫。他之所以如此，目的正是因为笔墨的精妙性，包括真实描绘的深刻性和骨法气韵的生动性，使用硬毫，效果要好于软毫。吴湖帆曾论：

> 羊毫盛行而书学亡，画则随之；生宣纸盛行而画学亡，书亦随之。试观清乾隆以前，书家如宋之苏黄米蔡，元之赵鲜，明之祝王董，皆用极硬笔。画则唐宋尚绢，元之六大家（高赵黄吴倪王）、明四家（沈唐文仇）、董二王（烟客湘碧），皆用光熟纸，绝无一用羊毫生宣者。笔用羊毫，倡于梁山舟，画用生宣，盛于石涛、八大。自后学者风靡从之，堕入恶道，不可问矣。然石涛、八大，有时亦用极佳侧理（纸），非尽取生涩纸也。

结合谢先生对于绢、纸、笔同笔墨的关系之论述，晋唐宋元的正规画作为传统中国画代表先进文化的前进方向，我们当可取得更加明确的认识；而对于明清的写意画导致传统中国画日渐衰微的问题，也可以看得更加清楚。艺术的先进性，当然离不开个性的创意。但是，一则个性的创意中，并不全部都是值得肯定的；二则值得肯定的个性创意中，并不全部都能代表先进文化的前进方向的。

能够代表先进文化前进方向的个性创意，它必须合于共性的规范，合于严密的法度,合于必然性的原则。反之,凡不合于或干脆摒弃共性的规范、严密的法度、必然性的原则的,我用我法,无法而法,偶然天成的天才个性创意,即使值得肯定,也不能作为代表先进文化的前进方向推而广之。

另有一种个性创意,如鲁迅所说的"头上生疮,脸上流脓",对于社会精神文明的建设具有危害性的,则连肯定也是不值得肯定的。

至此,我们可以来回答第二个问题:为什么谢先生在不承认明清写意画为传统中国画先进文化方向的同时,又要热情洋溢地来肯定石涛、八大呢?

首先,明清正统派用"剥皮主义"的态度看待先进的典范,既摒弃了生活真实的体验,又摒弃了个性情感的投入,也就是摒弃了先进典范的精华"外师造化,中得心源"的原则,在这样一个总体的氛围笼罩之下,八大、石涛注重革新的精神比之他们的创作更是值得提倡的。

其次,即使从他们的创作来看,根据赵孟頫"行家、利家"的观点,是属于"利家"的非专业、非本法范畴,所以不能从专业、本法的要求把它们奉为先进的文化方向。但一位专业画家,不能整天沉浸在紧张的本法创作中,他也需要休息,也需要游戏,以作为对"工作"的调剂。我们看赵孟頫的创作,人物、鞍马、山水、花鸟,均用严谨的正规画法,而偶作枯木竹石,则用率易的写意画法。我们再看今天的芭蕾演员,正式演出多为《天鹅湖》《吉赛尔》《胡桃夹子》,偶尔游戏,则不妨以放松的态度来一曲卡拉OK歌舞。所谓不懂得休息娱乐,就不懂得工作。谢先生把晋唐宋元的正规画作为传统的先进典范,是从"工作"的专业要求而言;但他同时又热情洋溢地肯定石涛、八大,则是从"休息""娱乐"的业余要求而言。

因为业余的娱乐形式有好、次之分,我们的要求当然是要好而不要次。同样,写意画作为正式创作之余的游戏形式也有好、次之分,我们的要求当然也是要好而不要次。根据这样的要求,石涛、八大便从风靡清明的写意画家中被特别地提醒出来加以赞扬。这就说明，根据先进文化方向的专业要求，即使对于偶一为之的业余游戏，谢先生也是绝不苟且的，有着严格的选择标准。

综上所述，我们可以非常清晰地看到谢先生的传统观，是以晋唐宋元的正规画为代表先进的文化方向，而以明清的正统派和写意画为不能代表先进的文化方向。这一认识不是出于个人的主观偏爱，而是依据客观的原则。这一原则便是：创作虽是画家个性的创意，但必须配合了客观的事实和条件。所谓"客观的事实和条件"：一是形象的真实描绘，包括形和神两个方面；二是笔墨技法的精妙；三是总体结构和它的风骨气韵。依据这一原则来"理解历来作者的崇尚和他们艺术性表达的意图，他们的传统性与创造性。或者说，这是欣赏的宗旨"，同时也就是评判的宗旨。真实的形象通过精妙的笔墨技法来描绘，而笔墨技法的精妙性不限于配合真实，也还有其自身的形式要求，这样通过笔墨形象自然又产生了总体结构的风骨气韵。所以，它的核心是笔墨。

当笔墨的概念被偷换，业余的游戏取代了专业的创作，从元代开始，中国画便走上了下坡的道路。进入明清，代表先进文化的前进方向便进一步丧失，无论正统派还是写意派，均把传统引入了歧途。尤以写意派的误导，负面的影响更为严重。这样一直轰轰烈烈地发展到 50 年代，大错铸成，如狂澜之既倒。在这样的形势下，谢先生的《水墨画》明确地树起"先进文化方向"的旗帜，需要何等的弘毅精神！是何等地值得我们敬佩！遗憾的是，由于种种原因，他的这一传统观始终未能引起人们应有的重视，传统中国画也就在衰微的道路上越走越远，一直来到了"遂应灭绝"的边缘！这不禁使我们联想起李白的《古风》：

> 大雅久不作，吾衰竟谁陈？王风委蔓草，
> 战国多荆榛。龙虎相啖食，兵戈逮狂秦。

正声何微茫,哀怨起骚人。扬马激颓波,开流荡无垠。废兴虽万变,宪章亦已沦。自从建安来,绮丽不足珍。圣代复元古,垂衣贵清真。群才属休明,乘运共跃鳞。文质相炳焕,众星罗秋旻。我志在删述,垂辉映千春。希圣如有立,绝笔于获麟。

(2001年)

附一：
《水墨画（插图本）》后记

早在60年代我读中学时，因为对传统文化艺术的爱好，接触到谢稚柳先生的《水墨画》一书，当时即被此书清新流丽的文采及其所描述的古代绘画的高华所吸引。从此之后，我便由对传统文化艺术的广泛爱好而偏重于对绘画的更加钟情。尽管在此后的相当一段时间内，我还大量地阅读了其他一些有关中国画史论研究和技法传授的书籍，但《水墨画》一书，却始终是我心目中的经典，上下千年，没有哪一家的哪一部著述能取代它在中国画学史上的地位。具体而论：

第一，《水墨画》一书"实践美术史学"的研究方法，贯彻了"实事求是""实践出真知"的知行合一原则，所达到的高度、深度和广度，不仅超越了古人、时人，也足以启迪后人。

第二，此书对画史演变中流派的传承关系，各家的笔墨风格创造，包括它们的来龙和去脉，不仅知其然，而且析其所以然，这就使得一部水墨画史真正成为有生命的活的历史，而有别于大多数仅止于资料罗列的死的画史著述。

第三，由于此书的论述重点是在"怎么画"的笔墨，包括它的共性原则和个性特点，大前期和小前提，特殊性和普遍性，所以对于读者就具有切实的可把握性和可操作性，既可以用之于从事鉴定时的见微知著，更可以用之于从事创作时的借鉴和出新。换言之，此书不仅止于是一部画史著述,而且还是一部鉴定著述,一部技法著述——我们常说:"继承传统是个性创新的基础。"以我个人的观点,自古至今,对于如何通过继承传统来完成个性的艺术创新,还没有第二部著述可以取代《水墨画》的作用。

第四,此书对于传统"先进文化方向"的高扬,其科学的批判精神,尤其值得我们钦仰。尽管在《水墨画》一书出版前后,也有不少富于"批判性"的画史著述问世。但一般的画史著述,其"批判"的标准并非"艺术标准第一"。这样的"批判"对于传统的精华和糟粕的认识,实在是颇有误导的。这种误导的后果,在今天已经可以看得非常清楚。家家白石,人人昌硕,诚如傅抱石在1935年时"痛心疾首"地预言:"吴昌硕风漫画坛,中国画荒谬绝伦!"《水墨画》的批判则是以艺术为标准,晋唐的人物,宋元的山水、花鸟,是谢先生心目中代表传统的"先进流派"和"先进典范"。这在20世纪乃至今天几乎是为大多数人所难以接受的观点,明清以来文人的偏见要抵制它,80年代以后涌进的西方现代艺术思潮要抵制它,人的惰性更自始至终地在抵制它。然而,经过实践的检验,其真理性在今天已经毋庸置疑。

第五,此书不仅阐明了中国画的最优秀传统是唐宋而不是明清,而且委婉地说明了今天的条件下,我们所应该弘扬的主要或重点也是唐宋而不是明清。因为我们知道,优秀的唐宋正规画是画以画传、人以画传,要画好它,需要安定优裕的环境、平和的心态,"外师造化,中得心源"的写生,"严重以肃,恪勤以周"的敬业精神,扎实的绘画基本功。而优秀的明清写意画是画以人传,不可人以画传,要画好它,需要困顿的生活环境,强烈冲动的心态,丰富博洽的国学文化修养,包括诗、书、画、印的"三绝""四全",即所谓"画外功夫"。

因此,针对今天的形势,美术史论界的"假、大、空、奇"的学风;艺术品市场的兴起和赝品的泛滥对于书画鉴定所提出来的迫切需求;中国画界否定传统或南辕北辙地盲目"弘扬传统"的风气……为了明确树立代表先进文化的前进方向,作为谢稚柳画学思想的坚定追随者,我觉得有必要向年轻一代的中国画爱好者大力地传播、推广《水墨画》一书所倡导的大雅正声。

  限于《水墨画》一书撰写年代,因此书中对有些问题的阐述比较委婉;又由于谢老的一生不断地在学习、研究,因此书中的有些观点至后期又有所发展甚至改变。凡此种种,均由我根据个人的理解加以导读说明,庶使读者对谢先生的思想有更清晰的认识。当然,限于水平,我的理解不一定正确,导读也不一定准确,责任概在本人,祈请读者不吝指教。《水墨画》是一部大书,不是说它规模大、部头大,而是说它学问大。要读通它、读懂它,就要花大功夫。作为此书的一名老读者,读了几十年,几百遍,至今仍觉得读不完。今天,我愿意与广大新读者尤其是年轻一代的新读者,一起来继续读它,通过读此书,共同领悟并弘扬传统绘画先进文化方向的无限光明境界。

(2002 年)

附二：
谢稚柳《中国古代书画十论》绪言

收在本书中的十组论文和一篇附录，比较集中地体现了谢稚柳先生在书画鉴定和美术史论研究领域的学术思想和成就。谢先生是当代艺坛罕见的集书画家、鉴定家、史论家于一身的一位艺术大师。但与一般的书画家、鉴定家、史论家不同，他不是单纯地为书画而书画，为鉴定而鉴定，为史论而史论，而是无意而有机地把三者熔于一炉。他多次对人谈起，自己并不是为了当鉴定家而研究鉴定，为了当史论家而研究史论，而是为了搞好书画创作而研究鉴定、研究史论。结果，通过鉴定和史论的研究，使他对传统的真伪和优劣取得了全面而深刻的认识，为他创作时的借鉴奠定了坚实丰厚的基础；而他在创作实践方面的体会和成就，同时也造成了他在鉴定和史论研究方面的真知卓识。可以说，知行合一，也就是理论和实际的密切结合，是谢先生治学、治艺的最大特色。

在《论书画鉴别》一文中，谢先生全面论证了古今的各种鉴定方法，认为最根本的是要取得对"书画本身的认识"。而所谓"书画本身"，则是指它们的笔墨，包括个性风格、时代风格、流派演变的特点等。那么，又该如何来认识笔墨呢？在通常的情况下，多是依靠鉴定者大量地接触实物所积累的经验，尽可能全面地比较同一时代、同一地区不同画家的风格，同一画家不同时期的风格。这一鉴定的流派，可以称之为经验派，古今的书画商、收藏家，今天文博机构的研究人员，大多属于这一派，而尤以张葱玉、徐邦达、刘九庵先生为代表。如从徐邦达所著《历代书画流传年表》、刘九庵所著《宋元明清书画家传世作品年表》等,足以证明他们在接触实物方面的数量之大、用眼之勤。在这基础上,鉴定者便得以从一个时代、一个地区、一个作家、一个作家的某一时期的大量作品中,特别地提炼出某一件或几件作品,作为鉴定时参照比较的样本,通常称作"标准器"。当面对一件待鉴定的作品,它是某一时代、某一地区、某一作家、某一作家某一时期的,在鉴定者的脑海"信息库"中便立即涌现出该时代、该地区、该作家、该作家该时期的"标准器",并将待鉴定作品的笔墨风格与"标准器"的笔墨风格作比较,相符合的,就是真,不相符合的,就是伪。

然而,谢先生认为,如此的认识和鉴定方法,还是有相当局限的。因为,"鉴别的标准,是书画本身的各种性格,是它的本质,而不是某一作家的这一幅画或那一幅画"。特别是,当历史上不少著名的书画家根本就没有一件确切可靠的作品传世,自然也就谈不上"标准器"的确立。按照如上的方法,一旦有他的作品出现而有待鉴定,岂不成了束手无策?

因此,在谢先生,对笔墨风格的认识,就不只限于接触实物的经验,进而更依靠在创作实践中所取得的颖悟。这一鉴定的流派,可以称之为实践派,自然,这一派的鉴定家,同时也多为具有较高或很高造诣的书画家。作为代表性的人物,除谢先生外还有张大千、吴湖帆等先生。那么,这样说,是否意味着具有较高或很高造诣的书画家,就一定是出色的实践派鉴定家呢?并不是的,因为具有较高或很高造诣的书画家有三类:第一类即谢先生等,通过全面地比较、研究而后选择几种传统(主要是唐宋传统)加以继承、发扬的;第二类如黄宾虹、潘天寿、齐白石、吴昌硕等,一开始就认定某一种传统(主要是明清传统)加以继承、发扬的;第三类是反对继承传统,主张用西洋画改造中国画,或纯粹强调个性创意的,如吴冠中等。由于书画鉴定的对象主要是传统型的作品,因此这三类画家中,第三类不能成为鉴定家当然毫无疑义,就是第二类其实也是不能成为优秀鉴定家的,如黄宾虹先生在鉴定方面的出错率便非常之高。究其原因,是因为这两类画家的艺术造诣虽然很高,但他们对传统笔墨的认识都有很大的盲目性或局限性,这种局限性固然帮助了他们创作中个性笔墨风格的建树,但却限制了他们鉴定时对于他人笔墨风格的全面准确认识。

谢先生的书画,早年学陈老莲,包括他的花鸟画和小行书。青年后与张大千、徐悲鸿等交游,开始接触到各种画派及大量顶级的公私收藏,包括敦煌莫高窟的壁画。从此,对传统有了一个全面的认识,从陈老莲幡然改图,另立门户。人物学唐人,认为陈的迂怪个性是不足为训的;花鸟学宋人,包括院体和徐熙的落墨法;至于山水,则一开始就从宋人入手,巨然、李成、范宽、郭熙、王诜、燕文贵直到元代的王蒙,无不兼收博蓄,广为涉猎;而书法,则沉潜于张旭、怀素的草书。我们知道,明清的传统正是对晋唐宋元传统的"学一半,撇一半",因此,把握了明清并不意味着就能认识唐宋,而把握了唐宋则正意味着可能认识明清。由于谢先生对于所要传承的画派和不拟传承的画派,千般的笔墨,万种的风貌,都作过全面深入的比较、研究,所以对于各家的笔墨风格,自然也就取得了切身的体会,知道它们的特点在哪里、好在哪里、差在哪里、高在哪里、低在哪里,尤其是对于自己所传承的一些画派,体会更加深刻入微。《老子》说:"一生二,二生三,三生万物。"谢先生对传统的实践认识,从一家一派开始,扩展到两家两派、三家三派……举一尚且可以反三,何况他所深入投入过的,不仅用眼、用心,更用手所延续过的经典画派有十数家。因此,千家万派,包括他画过的,看过的,没有画过的,没有看过的,自然都能深入它们的三昧。俗话说:"读书百遍,不如抄书一遍。"由动手画过的可以加深看过的印象,由看过的又可以帮助认识没有见过的作品。他所画过的经典传统有十数家、上百件,所看过的历代书画有数万件,则即使遇到没有见到过的画家和作品,自然也就能见微知著地洞悉它的真伪了。

上文提到,经验派鉴定时用作笔墨风格比较的依据,是他们用眼观看、用心提炼出来的非常具体的"标准器"。那么,像谢先生这样的实践派,鉴定时用作笔墨风格比较的依据又是什么呢?我们不妨称之为"标准水平",它是鉴定家用眼观看、用手临习、进而用心提炼出来的。它不是一件具体的作品,而是一个抽象的、只可意会不可目识的"档次"。"标准水平"的认识,包含了对于"标准器"的认识,但"标准器"的认识却不能包含对于"标准水平"的认识。当一件待鉴定的作品是某一时代、某一地区、某一作家、某一作家某一时期的,但该时代、该地区、该作家、该作家该时期的"标准器"储存"信息库"中却没有这样笔墨风格的信息,在经验派的鉴定家,他便无能为力。然而,在实践派的鉴定家,凭借自己在创作实践中的颖悟,此时便在脑海中涌现出该时代、该地区、该作家、该作家该时期的"标准水平",两相比较,相符合的,便是真,不相符合的,便是伪。举其实例,上海博物馆所藏有赵孟頫题诗的《洞庭东山图》轴,明清以来一直被作为赵氏的真迹。但由于在赵氏的传世作品中已被确认的各种笔墨风格的"标准器"中,无一与此图相符,因此,80年代,有的鉴定家提出它不是赵氏所画,而是一件赵题元画。而谢先生则指出:"在元代,除了赵孟頫,又有哪一个画家的创作能达到这样的水平?"此图作为赵氏真迹遂成定论。又如同为上博所藏的佚名《雪竹图》轴,经谢先生鉴定,认为是五代北宋初的徐熙所作,至少也是徐熙"落墨法"的传派。按徐熙的作品,从"标准器"的立场,是一个空白、一个盲点,没有可供比较的依据。正因为此,徐邦达先生认为此图并非徐熙或徐派的,而是"早不过南宋,晚可以到元、明之间"的画家所画。而谢先生则依据了对于"标准水平"的认识,认为"绘画之至者是风格,所以形成风格是一幅画的整体,所以形成画的整体的是技法,所以形成技法的是笔墨。因而,不能认识历代的绘画,就不能认识一代的绘画。何以故?一代有一代的各种风格,汇而为一代的时代风格,可以看出这一代的绘画,不能为那一代所有;那一代的绘画,也不能为这一代所有,每一时代的风格有别。不明白这个道理,就可以任意把这一时代的画看成那一时代的画,可以把近的看成远的,远的看成近的,这就是要理解历代的绘画,才能理解一代的绘画。否则就可以把一幅画,早可以看到南宋,晚可以到元、明之间,把一幅画的风格跨越了三个时代,还有什么时代风格可言呢?"尽管像《雪竹图》这样的笔墨风格,无法以"标准器"为依据按图索骥地来确认它的时代和作者,然而以"标准水平"为依据,它正是五代宋初时代多种风格中的一种,正是画史上失传的盲点——徐熙的"落墨"画派。

论到对"历代的绘画"的全面认识,则进入了美术史的研究,它与书画鉴定的研究有着一种一般与个别的相辅相成的关系。在大多数的美术史家,乃是遵循了"进化论"的思维,认为从上古而晋唐宋元,而明清,由画家画而文人画,是一个不断地由"落后"向"先进"、由"先进"向"更先进"的发展过程。由此,大多数的鉴定家、画家对于传统的认识,也就都是执着于明清,而忽视甚至贬斥了唐宋。然而,谢先生对于美术史的认识,并不拘囿于"进化论"。他始终认为,艺术不同于科学,它并不一定沿着时间的推移而不断地进步,而也有可能是衰落的,就像明清的诗并不比唐代的李杜更"先进"一样。明清的书画,尽管它也有新的创意和成就,但相比于晋唐宋元,在总体上,它是衰落了,而绝不是更"先进"了。专以中国画的传统而论,它的"先进典范",不是明清,而是唐宋,明清不过是在唐宋"先进典范"的形式上作了一些整合、变通,却远离了它之所以成为"先进典范"的精神。

全面地研究、认识传统,不仅仅是为了取得对于鉴定工作所必需的"标准水平"的认识,更是为了取得对于书画创作继承传统时所必需的借鉴的认识。因为,在谢先生看来,在艺术多元化的今天,通过借鉴来继承、弘扬传统,应该是必要且重要的一元。而要想借鉴,就必须弄清:其一,什么是传统的精华?什么是传统的糟粕?我们应该借鉴的是传统的精华,而不是糟粕。其二,什么是今天条件下我们有可能继承、弘扬的精华?什么是今天条件下我们基本上没有可能继承、弘扬的精华？我们应该借鉴的是今天条件下有可能继承、弘扬的精华，而不是基本上没有可能继承、弘扬的精华。其三，什么是在专业的圈子内具有普遍推广价值的精华？什么是仅具特殊意义的精华？我们应该普遍推广的当然是具有普遍意义的精华，而不是仅具特殊意义的精华。比如说，宋代张择端的《清明上河图》为什么画得这么好？画得这么好，需要画家具备怎样的条件？张择端具备了这样的条件，今天的画家是否也能普遍地具备这样的条件？八大山人的花鸟画、吴昌硕的花卉画，为什么画得这么好？画得这么好，需要八大、吴昌硕具备怎样的条件？八大、吴昌硕具备了这样的条件，今天的画家是否也能普遍地具备这样的条件？不弄清这些问题，借鉴难免成为东施效颦。而为了弄清这些问题，对于美术史的研究、评价，又不能不依据通过创作实践所获得的颖悟和体会。由于大多数美术史家都是为美术史而美术史，一方面，他们缺少创作实践的体悟，另一方面，他们的目的也不是把美术史的研究服务于创作实践的借鉴。因此，他们的美术史研究成果，无论在历史定位的准确性方面，还是在现实参照的价值性方面，无不存在着缺憾。而谢先生就不一样了，由于他在书画创作方面的高深造诣，对于历史上不同的风格流派，不论他用手画过的，还是没有用手画过的，都能清晰地知道哪一些是格调高的、哪一些是格调低的、哪一些是在今天的条件下有可能传承的、哪一些是在今天的条件下难以传承的、哪一些是具有普遍意义的、哪一些是仅具特殊意义的。这样，通过美术史的研究，他不仅给出了历史上各家各派的准确定位，同时也指明了不同的传统在创新中传承的不同的可能性。

我们可以举一个例子。比如对郭熙的评价，在俞剑华等先生的《中国绘画史》中是这样说的："善山水寒林，得名于时，初以巧赡致工，既久，又益精深，稍稍取李成之法，布置愈造妙处，然后多所自得。至摅发胸臆，则于高堂素壁，放手作长松巨木，回溪断崖，岩岫巉绝，峰峦秀起，云烟变灭，淹霭之间,千态万状。"这段话,其一,完全是从《图画见闻志》《宣和画谱》中抄拼而成;其二,它对于郭熙艺术风格特点的描述,显得笼统而不具体。而谢先生则通过把郭熙与王诜作比较,指出两人虽然都是学的李成,但"郭的用笔,是壮健,气势雄厚。它的特征是圆笔中锋而富于凝重。王的用笔,是爽利,气格俊俏,特别显露着圆笔尖锋的特性。这是两人的根本分野,至于辅陈习性和描绘形体以及墨法这些方面,两人不免有相通之处。……郭熙的画笔,不是爽劲俊俏而是温和的情调。而王诜的笔势,真所谓'毫锋颖脱'。在总的看来,王诜之于李成,较之郭熙似更要亲切些"。这就把郭熙的笔墨风格特点深刻而形象地揭示了出来,证之于《早春图》《幽谷图》等传世的郭熙真迹,显得异常地贴切。应该说,俞剑华等美术史家,肯定也是反复地观摩过《早春图》等实物的,在这方面,谢先生并不比他们具备更多的优势。但由于他们在绘画实践方面的欠缺,使得他们面对着郭熙的真迹时,对于郭熙笔墨风格的认识不能深入骨髓,而只能停留在《宣和画谱》的评语。而在谢先生,当他面对郭熙真迹时,帮助他认识郭熙笔墨风格特点的,主要的绝不是《宣和画谱》的评语,而是他在创作实践中所获得的对于用笔用墨的切身体会。这是从美术史的研究对于各家历史定位的准确性而言,有没有书画创作的实践体会,其结论会是如此大相径庭。

至于从美术史的研究对于现实借鉴的引导而言,实践体会的重要性更显而易见,却又为大多数人所视而不见。

明代的董其昌曾有一段名言:"以径之奇怪论,画不如山水,以笔墨之精妙论,山水决不如画。"扩展到所有的题材,也就是:"以形象之丰富论,画不如生活,以笔墨之精妙论,生活决不如画。"这一段话,引导了整个明清绘画的发展,注重于笔墨的所谓"独立审美价值",而忽略了形象的塑造,忽略了"生活是艺术创作唯一源泉"的普遍真理性。我们知道,唐宋的绘画讲究"外师造化,中得心源",坚持"生活是艺术创作的唯一源泉",所以,不仅笔墨的精妙,生活不如画,形象的丰富,画尤高于生活。明清传统固然是从晋唐宋元传统一脉相承而来,但它所承袭的不过是晋唐宋元的笔墨,而抛弃了对于形象塑造的关注和对于造化生活的沉潜。然而,根据"进化论"的偏见,大多数美术史家认为这就是艺术由"落后"向"先进"的"进步";根据美术史家们的引导,大多数画家又认为中国画的传统就是明清文人画的笔墨,它,不仅区别于唐宋的画家画,同时还区别于外来的西洋画。而致力于疏离生活、疏离形象塑造的笔墨的努力,结果却不仅没有能有效地弘扬传统,反而早从1935年便形成了如傅抱石先生"痛心疾首"地指出的"吴昌硕风漫画坛,中国画荒谬绝伦"的局面。

然而,根据长期创作实践的体会,谢先生并不是如此地来认识传统。在他的心目中,笔墨、形象并高于生活,比之只是笔墨高于生活、形象却不如生活,绝不是各有千秋、可以同日而语的,当然更不是前者"落后"、后者"先进"。所以,明清文人画的笔墨仅仅只是中国画传统的一部分,而且是特殊真理的部分,唐宋的画家画才是具有普遍意义的"传统先进典范"。中国画的传统应该是以"生活是艺术创作唯一源泉"的"外师造化,中得心源"。这一传统,包含了两个前提,大前提是形象塑造的丰富性,小前提是笔墨表现的精妙性。作为中国画,毫无疑问,不能不讲究笔墨;但中国画既是绘画,既是艺术,同样毫无疑问的是,它不能不讲究形象,不能不讲究生活。笔墨服务于形象的塑造,形象提炼于生活的真实。而学习传统,传承传统,借鉴传统,弘扬传统,根本的正在传统"外师造化,中得心源"的精神,而不能仅在传统表面的笔墨形式上用功夫。以笔墨为传统,往往导致可以不要形象,不要生活;而以生活为传统,则必然兼顾形象和笔墨。这是一个主次本末源流的关系问题,纲举则目张;如果本末倒置,源流混淆,则难免顾此失彼,因小遗大。

因此,面对大多数美术史家对中国画创作实践的引导,除笔墨的"独立审美价值"之外,还有诸如诗书画印的"三绝""四全",画法全是书法,功

第三讲　中国画的先进文化方向——谢稚柳先生的传统观

夫在画外,游戏翰墨等,谢先生始终认为,中国画既然作为绘画,其自身的价值、要求、标准是第一位的,各种画外的修养固然重要,但再重要也不能取代其自身的规定。这就像要想成为一名优秀的足球运动员,当然需要他长跑跑得快,但我们决不能用长跑的要求、标准来训练、评价足球运动员。而要想成为一名围棋的高手,棋外功夫、以棋会友、以棋为乐、胜固可喜败亦欣然等高论,也业已被无情的事实成百上千次地证明是弊大于利的。以这样的理论来引导实践,要想振兴围棋,已经基本上没有可能;要想振兴中国画,又有多少可能呢?

无论唐宋的传统还是明清的传统,画家画的传统还是文人画的传统,十全十美的事情是没有的,关键的是要看它们在今天的条件下,传承的可能性和传承的前景究竟是利大于弊还是弊大于利。平心而论,谢先生各方面的修养,比之那些大倡画外功夫的史论家和画家,不知要高明多少,但他通过自己的创作实践,通过对美术史演变的研究,所致力于向人们推介的,却不是功夫在画外的明清文人画,而是强调生活、强调绘画基本功、强调以形象塑造为大前提、笔墨表现为小前提的唐宋画家画。从敦煌石室的丹青千壁,到两宋名家的卷轴全集,在同时代的美术史研究中,其中流砥柱、力挽狂澜的苦心孤诣,通过如他所反复强调的"生活、借鉴、实践"的序列,成功地把历史的研究转化成了现实的动力。我们只要注意一下80年代的新华书店中铺天盖地的"怎样画中国画"技法书,诸如"葫芦""葡萄""梅花""小鸡"等,无不是明清文人画的形式和皮毛;而今天,则涌现出大批唐宋画家画的经典解析。正本清源,谢先生的学术艺术思想居功至伟。

对于谢先生来说,书画鉴定、美术史研究、创作实践,三者之间是一种互动的三赢关系。他在创作实践方面的成就和造诣,固然帮助了他在书画鉴定和美术史研究领域卓越的贡献和建树,为一般的鉴定家和史论家所难以企及。他在书画鉴定和美术史研究领域的贡献和建树,同样也帮助了他在创作实践方面的成就和造诣,使他成为多元化中最重要的一元——晋唐宋元书画传统的继承和弘扬者中最杰出的代表。他对张旭《古诗四帖》和柳公权《蒙诏帖》的鉴定和研究,促成了他70年代书风的转变,由陈老莲娟秀的小行书,一变而为波澜壮阔、大气磅礴的狂草书,从单个的结字到总体的布局,郁勃的生命张力中依稀可以看出对于张旭和柳公权的胎息。他对敦煌壁画的研究促成了他的人物画,远离了明清的迂怪情调和笔墨趣味的玩弄,而使唐人的雍容恢弘焕发出新的风华绝世。他对徐熙"落墨法"和宋人院体花鸟的鉴定和研究,促成了他的花鸟画由陈老莲改弦易辙,而更加注重写生,注重师法造化,以精妙生动的笔墨、高华典雅的色彩,配合形神兼备、气度堂皇的形象塑造,真态生意,一派天工清新。他对李成、郭熙、王诜山水画的鉴定和研究,促成了他的山水画从一开始便取法乎上,千岩万壑,重峦叠嶂,大山大水,高深平远,壮丽之致映带无尽。而他对八大、石涛的鉴定和研究又促成了他在画家画的基础上,汲取文人写意之长而舍其短,偶作逸笔阔墨,草草处不离法度,纵心所欲而不逾矩。

　　谢先生的一生,知行合一,实事求是,永远学而不厌,学而不知足。因此,他的学术和艺术思想固然是一以贯之的,但具体的观点却绝不是一成不变的,而始终是伴随着岁月的推移和经历的增长不断地发展、深化乃至转变。例如,收在本书中的研究石涛的几篇论文,关于石涛生卒年的认识,从《关于石涛的几个问题》到《谈石涛二事》,时隔二十多年,便有着新的引申。又如对于董源、巨然的认识,收在本书中的论文其实并不代表他的最后观点,大约在1995年前后,对于传世的董源《潇湘图》《夏山图》《夏景山口待渡图》以及巨然的《层崖丛树图》等,他已有了新的看法,认为并非董巨真笔,欲作论证而天不假年。

　　说到1995年,那是一个令我们扼腕的年头。从这一年的夏天,直到1996年的夏天,谢先生最关心的便是"要准备后事"。他的所谓"后事",也就是把他一生的著述尽可能完整地结集出版。这一迫切的心情,也许是因为他已预感到属于自己的时间已经不多,但除此之外,至少还有如下三方面的原因:

第一,他对自己的著述成果是非常看重的,因为他自信自己的思想观点不是凭空而谈的无的放矢,而是有着切实的价值,但在特殊的背景和形势下,这一切都未能引起人们应有的关注,尤其伴随着岁月的推移,他的不少著述在社会上已难以觅得,更使他的思想观点为人们所淡忘。

第二,他深信并已经看到,经过实践的检验,书画界形势的发展正在证实着他的思想观点的正确性,因此,因势利导,将过去的著述重新结集出版恰当其时——果然,在先生身后不久,"晋唐宋元书画国宝展""《淳化秘阁法帖》回归展"等等,无不有力地印证了先生的思想和观点。

第三,在他的晚年,有些署他姓名的著述并非出于他的亲笔,而是由友朋门生捉刀代笔,他表示,为了不"掠人之美",在新的结集中一律不收入这些文字,庶几加以分别,免得后人的误解。

当时,先生命我参与著述的结集出版事宜,根据先生的意图分为三部,第一部是《敦煌艺术叙录》的重版,第二部是《鉴余杂稿(增定本)》的整理,第三部是《壮暮堂诗钞》的整理。至1995年12月,《壮暮堂诗钞》正式出版;1996年6月,《敦煌艺术叙录》新版正式出版;而《鉴余杂稿(增定本)》也已发排,至同年12月正式出版。所以,1996年的夏天,先生的心情特别舒畅,认为自己的"后事"已经全部做好了,可以"放心"了。所以还特地为我班组的学生作了一次关于如何研究美术史的讲座。而我们,在一开始的时候便不同意"后事"的说法,并一再委婉地加以劝阻,要他换一种说法;现在,当然更不同意"后事"做好、可以"放心"的话。因为,就在《诗钞》《杂稿》出版、付排之后,我又陆续收集到好几篇诗文并向先生求证,以为先生的事业欣逢盛世,正如日中天,不存在"后事",更不存在已经全部做好、可以"放心"之说。不仅著述文字的编集还需要补遗拾缺,思想观点的推广更任重道远,不可能毕其功于一役。

可是,又有谁能料到,先生的一语竟成了谶兆。当年的8月,先生被查出胃癌晚期,至1997年6月去世,我们一直无能为力地期待着奇迹的出现;嗣后,又有整整一年多,沉浸在天丧斯文、木坏山崩的悲痛中。这期间,也就根本顾不上继续为先生整理文字、传播思想的事情。直到1999年以后,我才重新振作精神,把继承、弘扬先生的学术和艺术,继承、弘扬晋唐宋元的书画传统,作为自己后半生的主要目标。学术为公,薪尽而火传,则先生不朽,传统亦不朽。

今天,复旦大学出版社推出"名家专题精讲"丛书,而在书画专题方面则选中了谢稚柳先生,并委托我代为编选入书的篇目及图版。恰好,先生的哲嗣谢定琨兄和我,正在为推介先生的学术和艺术策划着一系列的计划,自然,对出版社的雅意,对促成此事并责编此书的陈麦青兄,应该表示十分的感激并作出积极的配合。

本书的编选过程,对我来说是一个再次学习谢先生学术、艺术思想的机缘。几十年来,谢先生的著述,总使我学而不倦,常学常新。如上所述,正是我新的学习心得和体会,现在把它作为绪言附于书前,庶与此书和谢先生其他著述的广大读者,尤其是年轻一代的读者共勉。

(2004年)

04 第四讲
谢稚柳的学术艺术成就

谢稚柳的名字,是与中国画的传统联系在一起的。但是,什么是中国画的传统?对这一问题的认识,从明代隆万之后便进入了一个误区;20世纪,因多种主客观的原因,更扩大了这一误区。早在1930年,吴湖帆便曾在不公开的日记中震惊地指出,在一些并世的号称"传统"的大家中,对中国画传统的认识竟有着惊人的无知和误读!1980年之后,在学术界所提出的以吴昌硕、齐白石、黄宾虹、潘天寿为"传统四大家"的口号,便是由一批"并未全面、深刻地研究、理解传统的传统学者"所提出来的。这一口号的实质,是以"吴、齐、黄、潘"所由来的明清文人画野逸派的徐渭、四僧、八怪为传统的唯一代表,至少是最优秀的代表。那么,唐宋的画家画,吴道子、张萱、李成、范宽、郭熙、王希孟、张择端、南宋四大家、武宗元、李公麟、黄筌、赵昌、崔白、李迪,还有敦煌的壁画,两宋的院画,算不算传统呢?以元四家、明四家、董其昌、清六家为代表的文人画正统派,算不算传统呢?

显然,以文人画,尤其是文人画野逸派为传统的唯一代表,是对于博大精深的中国画传统的非常片面的认识。而正是基于这样片面的认识,便把唐宋画家画传统贬作了再现的、落后的艺术,把文人画正统派传统贬作了保守的艺术。两者同时又都是封建性的艺术,而文人画野逸派传统则被认为是唯一的、表现的、先进的、创新的,而且是人民性、民族性的艺术。所以,我们今天要想继承传统,弘扬传统,就只能继承、弘扬文人画野逸派的传统。

然而,谢稚柳并不是如此片面地、简单化地认识传统。他是通过对包括明清文人画野逸派在内的整个中国绘画史的全面、深刻的研究来认识传统,并明确指出了在今天的时代背景下继承、弘扬传统的方向。他明确地反复指出,晋唐宋的绘画及其所代表的画家画传统,是中国绘画史上浩瀚的"江海",是"传统的先进典范",元代时则开始走下坡路,至明清的文人画(包括正统派和野逸派)则萎缩成了"池沼的一角""萎靡地拖延了五六百年",尽管有石涛、八大等成就辉映千古,但从整体上看,却是"如水流花谢,春事都休"。

谢氏之所以会有如此的传统观,主要有如下几点原因:

第一,绘画之所以为绘画而区别于其他艺术形式,在于它的绘画性也即平面上的造型性,所以形象造型是第一位的大前提,笔墨是服从并服务于形象塑造的小前提。这就要求画家"外师造化,中得心源",以生活作为艺术创造的唯一源泉。而明清的文人画则把这种关系倒转了过来。如董其昌所说:"以径之奇怪论,画不如山水;以笔墨之精妙论,则山水决不如画。"笔墨成了第一位的大前提,形象则成了服从并服务于笔墨抒写的小前提。从此,艺术也就疏远了与生活之源的关系。源泉枯竭,流布自然不可能广远。

第二,绘画之所以为绘画,其训练的标准和评价的标准,就应该有其自身的原则,即古人所谓的"画之本法"。绘画即使汲取姐妹艺术之长,即古人所谓的"画外功夫",也只有在"画之本法"的基础上才有其意义。把"画外功夫"置于"画之本法"之上,甚至用以取代、否定"画之本法",即使在特殊的情况下有其价值,也不可作为普遍性来推广。这不仅因为如此做法可能导致淡化乃至取消绘画之所以为绘画的自身原则,而且因为这"画外功夫"的修养,对于大多数绘画圈子内的"画家"(行家)而不是"票友"(利家)是难以具备的。例如,作为中国画家最重要的"画外功夫"书法和诗文修养,"书画同源"也好,"诗画一律"也好,与作为中国画家之所以是画家的最重要的"画之本法"即造型,两者的关系,自晋唐宋而元,由元而明清,由画家画而文人画,由文人画正统派而文人画野逸派,是绝不可简单化地一刀切的。

第三,以上是从理论上来分析,反映在实践中,唐宋的绘画遵循了以"外师造化,中得心源"和"画之本法"为主的原则,所以从一流的大师到众多二三流的名家乃至籍籍无名之辈,吴道子、李唐、李公麟、郭熙、黄筌、卢楞伽、张择端、王希孟、李迪、李嵩、佚名的莫高窟画工、两宋图画院众史,无不能画出优秀的作品,无非是优秀的程度有所不同,只有极少数才是画得较差的。而明清的绘画,尤是野逸派的绘画,除徐渭、四僧等少数第一流的大师能画出优秀的作品,八怪等二三流的画家,其作品已经显得粗疏酸颓,大批"风靡画坛"的四五流画家,虽然同样是遵循了以"画外功夫"为主的原则,但由于事实上他们并未真正具备"画外功夫",而仅仅是在表面上仿效着"画外功夫"的画风,其创作是难以满足大雅的鉴赏心目的。

如上所述,唐宋画家画和明清文人画,尤其是野逸派,其实是代表了中国画的两种不同传统。前者强调的是中国画之所以作为"绘画"的专业要求,"画以画传",如莫高窟和两宋画院的佚名画,"人以画传",如吴道子、李唐、范宽、郭熙、张择端、王希孟;后者强调的是中国画之所以作为"中国"画的综合要求,"画以人传",如徐渭、四僧、八怪,至于文人画正统派的传统,在形式上相对接近于画家画,而在精神内涵上则相对接近野逸派。因此,对于传统的认识,立足于专业性和非专业性,与立足于再现和表现,保守和创新,落后和先进,封建性和人民性、民主性,其结论会是如此的不同。

这样,根据谢稚柳的传统观,中国画的传统是应该而且能够被作为普遍性而推广的,是"画以画传""人以画传"的唐宋画家画传统,即所谓"传统的先进典范";而"画以人传"的明清文人画传统,尤其是野逸派传统,则应看作是特殊的一脉,从精神上汲取它们的内涵和形式,这一传统观,与张大千、吴湖帆、傅抱石等大体上是相符合的。张大千就说:由晋唐宋元而明清的"一部中国绘画史,简直就是一部中华民族精神活力的衰退史","石涛的野逸"固然风神绝世,但不适宜大多数人去学习推广,唐宋的"画家画"才是值得学习推广的"正宗大路"。吴湖帆也说,石涛的画风,"后学者风靡从之,堕入魔道,不可问矣"。傅抱石则说:"吴昌硕风靡画坛,中国画荒谬绝伦!"他们既高度评价野逸派中个别大师的成就,又明确指出切切不可盲目推广他们的个别大师作风,正所谓"以我之不可,学柳下惠之可",这标志着对于传统,包括野逸派传统的全面深刻的认识和对传统的真正弘扬。这样的认识不仅适合作为对历史的评价,同时还适合作为现实的借鉴。而根据学术界所众口一词地认定并推广到了全社会认识的传统观,中国画的传统唯一并应该而且可能作普遍推广的,是"宁可画以人传,不可人以画传"的明清文人画野逸派传统,而"画以画传""人以画传"的唐宋画家画传统,则是被排斥在传统之外的,至多被作为传统中不好的一脉。直到1990年,从专业的中国画名家到全社会的"中国画热",从学术的研究到铺天盖地的"怎样画葡萄、小鸡、牵牛、牡丹"等的中国画技法书,撇开了"三绝""四全"中的诗、书、印,而单学其中的画,或者口头上、理论上强调"三绝""四全"中的诗、书、画,而行动上、实践上只学其中的画,掀起了一股空前的继承、弘扬传统的热潮。其结果,越是加大弘扬传统的力度,却越是加快传统衰落的速度。尽管目前中国画"空前繁荣",但大师级的中国画家在今天似乎还看不到苗子。归根到底,这与对传统的简单化、片面化的认识密切相关。人谓"根正苗红",现传统之根既已不正,那么,传统的大师之苗又怎能绽红呢?

画家画传统观,不仅认可文人画传统观,同时也认可中西融合的艺术观。立足于绘画之所以为绘画的形象塑造大前提,张大千则表示:"中西绘画不应有太大距离。"而徐悲鸿在主持南京中央大学美术系工作时,也与张大千、谢稚柳互为艺术知己,并聘张、谢为专职教授。而文人画传统观,不仅抵制、贬斥画家画传统观,同时也抵制、贬斥中西融合的艺术观。立足于中国画之所以为"中国"画的笔墨抒写小前提,潘天寿表示:"中西绘画应该拉大距离。"而徐悲鸿的艺术主张,在新中国成立前后受到北京"三教授"(传承文人画正统派)和潘天寿等不遗余力的批评。

综观谢稚柳的著述和创作,我们可以总结谢氏的传统观和艺术观如下:

第一,唐宋的画家画是"传统的先进典范",整个地创造了高华的艺术价值并对后世具有普遍的推广价值。

第二,明清的文人画包括野逸派是传统中的一朵奇葩,其中个别大师的创造精神值得引起我们高度评价和借鉴,但其总体的发展成就是萎靡不振的,即使个别大师的成就也是后世所不可普遍推广的。

第三,中西融合的画派应该作为发展传统、弘扬传统的一个参考,我们既不应抛弃传统,也不应拒绝、排斥西方艺术。

遗憾的是,这样的传统观并未获得应有的正视,由于种种原因,一批简单化、片面化的传统研究者控制了传统的话语权,传统成了文人画野逸派的一家眷属,它不仅排斥画家画,而且排斥西洋画。结果,导致了今天传统的衰落局面,又归咎于西化派的反传统。固然,文人画曾经成功地贬斥了画家画,野逸派曾经成功地贬斥了正统派,它所走的是一条"否定其他,发展自己"的道路,牺牲了千千万万画家的成功,最终成功的只是屈指可数的几位大师。今天,再想用同样的方式来应付西洋画,究竟又有多少可行性呢?如谢氏的传统观,所走的是一条"包容其他,发展自己"的道路,通过"专业性"的高标准、严要求,达到红花托绿叶、众星拱明月的群体成功,唐宋的画史证明了它的可行性,今天的现实,理所当然也完全有可能证明它的可行性。

当片面的传统观被奉为传统的圭臬,而深刻全面的"传统"观却不被"传统"的弘扬者所认可,那么,传统的衰落是不可避免的。所谓"灭六国者,非秦也,六国也",造成传统衰落局面的也并非反传统之咎,而是"弘扬传统"之咎。学术界对传统的认识既已如此根深蒂固,那么,传统的衰落看来也是无可挽回的了。这种情形,很自然地使我们联想到李白在《古风》诗中所慨叹的那样"大雅久不作,吾衰竟谁陈""正声何微茫,哀怨起骚人"和"希圣如有立,绝笔于获麟"。

然而,正是在这样的形势下,学术在"振兴传统"的良好愿望下加速着传统的衰落。从1990年开始,市场并没有以"振兴传统"为宗旨,而只是以"推动经济体制和艺术体制的转轨"为宗旨,无意中,却有力地拯救了传统,撇开那些研究传统的专家论,它向人们昭示了更加全面的"什么是中国画的传统"的认识,并获得了全社会的广泛认可和接受。有了全面的认识,也就有可能确立起弘扬传统的正确方向,有了正确的方向,传统的弘扬也就有可能达到预期的目的。

我们可以比较一下在学术的展览中所弘扬的传统和在市场的展示、流通中所追捧的传统,两者有何等不同!

今天的学术展览中,五花八门的前卫艺术、装置艺术、观念艺术、行为艺术等自不必提了,就"传统中国画"而言,最有代表性的无疑是所谓的"新文人画",它所昭示的"中国画的传统"正是明清文人画野逸派的一家眷属,只是这些"新文人画家"画着"三绝""四全"的文人画的传统画风,其实并没有"三绝""四全"的文人画的传统文化修养。

今天的市场展示和流通中,前卫艺术等的市场份额和前景显然是比较小的,如90年代初,现代水墨的作品还被偶尔拍卖,今天则基本为买家所拒绝。就"中国画"而言,中西融合的画派,仅有徐悲鸿、林风眠等大名头的作品居高不下;就"传统中国画"而言,文人画,尤其是野逸派,吴昌硕、齐白石、潘天寿、黄宾虹等大名头的作品固然广受追捧,十分走红,王震、赵云壑等中名头已相对势弱,但毕竟还有一定的市场,而小名头的作品,其人既不足以传世,其画当然也不被看好;然而,画家画的大、中、小名头却均有不同程度的市场业绩,张大千、吴湖帆、陆俨少、溥儒、谢稚柳的作品屡创数百万甚至数千万元的天价,冯超然、郑午昌、于非闇、刘旦宅、陈少梅、刘奎龄、田世光、吴琴木同样也被广泛地看好,甚至如顾伯龙、殷梓湘、戈湘岚、黄山寿、潘振镛,包括不为人知的殷小湘,都有不俗的价位。

学术是理论的争辩,市场是实践的检验。学术界所全面认可的传统仅为市场所部分认可,学术界所全面排斥,至多只是部分认可的传统,却为市场所全面认可。这就雄辩地证明,"一超直入如来地"的文人画传统,尤其是"无法而法"的野逸派传统,虽然可以让全社会广泛地参与,但却只有极少数人才能真正有所成就;而"积劫方成菩萨"的画家画传统,虽然只有受过专业训练者才可以介入,但一旦进入了专业圈,每一个人至少绝大多数人都能达到不同高度的成就。

谢稚柳反复强调,我们要想继承传统、弘扬传统,首先是全面、深刻地研究传统,然后理智地选择传统,也就是根据"为的是赋予现实的艺术创造所应汲取的艺术养料"来"辨析、取舍精华与糟粕",所可能汲取的精华和难以汲取的精华,而绝不是盲目地、无条件地继承和弘扬。

如果说,谢氏认为唐宋画家画是"传统的先进典范",而明清文人画,包括野逸派只是传统的一朵奇葩,是出于"历史"的客观评价,那么,他认为唐宋画家画的传统在今天应该被普遍地发扬,而明清文人画,尤其是野逸派的传统在今天只能被特殊地传承,正是出于对"现实"的客观选择。

因为,这两大奇正相生的传统本身并没有孰优孰劣的问题,但却都有怎样才能达到优、怎样只能成为劣所必须具备的条件。牵涉到今天的继承、弘扬传统,便在于怎样把某一传统画好。

要达到画家画的优秀传统的要求,以范宽、郭熙、黄筌等为例,在于"外师造化,中得心源",并以生活为艺术创造的唯一源泉,在于十水五石,严格地对待每一件具体作品的创作。凡此种种,都是属于必然性的条件,这些无疑是今天的大多数画家都可以具备的,在此基础上,如果还具备相对的天赋、修养,当然更好。而即使天资平平,修养欠缺,也不妨碍其有"十分功夫、一分成绩"的成就。这就是所谓"积劫方成菩萨"。

文人画的传统,尤其是野逸派的传统,若要达到优秀艺术家的要求,若以八大、石涛、吴昌硕等为例,在于胸中逸气的强烈情感冲动,在于以笔墨为大前提的"画外功夫",尤其是诗文、书法、篆刻的高度成就,在于"无法而法",随机生发地对待每一件具体作品的创作,凡此种种,都是属于偶然性的条件。这就是所谓"一超直入如来地"。无论在今天还是当时来看,并不是大多数画家所能具备的,而不具备这样的条件,即使大家都来画这一类的画风,又怎能真正地弘扬这一传统呢?

平心而论,谢稚柳的"画外功夫"和文化修养,要比许多倡导文人画传统的学者和画家深湛得多。他精鉴定、擅书法、工诗文、通词曲。张大千早年的一些题跋诗文,在谢玉岑去世之后,有不少便是由谢稚柳代笔的。以他的条件,有充分的理由倡导文人画,贬斥画家画,他偶作八大、石涛一路的逸笔,笔墨之精,格调之高,是有目共睹的。然而,他并不是仅仅从个人的条件出发,而是从现实中大多数人的情况考虑,从弘扬传统的普遍性、可能性考虑,所以选择了倡导画家画,包容文人画的弘扬传统方向。我曾经指出:"非常之人为非常之事则可,平常之人为非常之事则殆,非常之人为平常之事真无上功德,平常之人不为平常之事可乎?"同理,有文人的条件和修养画文人野逸的画风则可,无文人的条件和修养画文人野逸的画风则殆,有文人的条件和修养画画家画规整的画风,如李公麟、李成、赵孟頫、吴湖帆、谢稚柳真无上功德,无文人的条件和修养不画画家画的规整画风可乎?

从这一意义上,谢稚柳是传统的一部百科全书,其价值业已在市场上得到了充分的认可,也必然在学术上获得进一步的认可。

谢稚柳的艺术成就是多方面的,尤其在开山敦煌学、书画鉴定、书画史研究和书画创作等四个方面的贡献。在谢氏一生的艺术生涯中,这四方面始终是互动的,有机地联系在一起的。论他的书画鉴定,因为有了对书画史的全面研究,有了书画创作实践的深厚积累,因此形成并造就了其不同于其他鉴定家的不同鉴定方法和成就;论他的书画史研究,包括开山敦煌学,因为有了对书画鉴定的深刻认识,有了书画创作实践的心得体会,因此形成并造就了不同于其他史论家的不同观点和成就;论他的书画创作,因为有了对书画鉴定的慧眼独具,有了对书画史论的全面研究,由此而形成并造就了不同于其他书画家的不同风格和成就。

一、开山敦煌学

"敦煌学"是20世纪世界文化史上的一门显学。因1900年以后外国"探险队"对敦煌文物的大肆盗劫和国内学者的亟起抢救而逐渐形成,以敦煌的经卷遗书、石窟艺术、历史地理、文化交流和石窟保护为研究的对象。但早期的敦煌学研究,主要是在欧美和日本展开的,尤以英国的斯坦为国际敦煌学的开山鼻祖之一。1925年8月,日本石滨纯太郎首次使用了"敦煌学"一词;1930年,陈寅恪在为陈垣《敦煌劫余录》所作的序中,进一步概括了"敦煌学"的概念;在这前后,英文中也频繁地使用"Tunhuangology"这个新词。虽然1910年前后,罗振玉等致力于敦煌被掠及流散文物尤其是遗书的收集、整理、编目,被称作中国敦煌学的奠基人,但以未能深入实地,所做的工作还是十分粗疏的。相比于国外的研究成果,一时有"敦煌在中国,敦煌学在外国"的魔咒。

打破这一魔咒的,是张大千尤其是谢稚柳先生。

1941年春末,张大千率门人子侄西渡流沙,到敦煌莫高窟临摹壁画。本拟三个月至多半年即可完成工作,达成预想的目标,结果到第二年尚遥遥无期,遂致信谢稚柳,邀他前来相助。1942年初,谢稚柳应邀至敦煌,两人作了分工,由张率门人临摹壁画,谢则独力承担石窟艺术包括彩塑和壁画的叙录。工作进度于是大为加速,至1943年,张大千及其弟子共完成敦煌壁画的临摹数百幅,谢稚柳则独力完成了莫高窟共 309 窟(张大千编号)、西千佛洞共 19 窟、榆林窟共 29 窟、水峡口共 6 窟的艺术叙录和《敦煌石室记》。

当张、谢在敦煌研究石窟艺术之际,以及张大千的临摹本在内地展出之时,不少人"认为敦煌壁画是水陆道场工匠画,庸俗不堪,画家沾此气息便走入魔道,为大千惋惜"(见叶浅予《张大千临摹敦煌壁画画册序》);谢稚柳的"叙录",相比于《式古堂书画汇考》等的著录,当然也雅俗有别,等自郐下!倒是中国敦煌学的首倡者陈寅恪力排众议,认为:"自敦煌宝藏发见以来,吾国人研究此历劫仅存之国宝者,止局于文籍之考证,至艺术方面,则犹有待。大千先生临摹北朝唐五代之壁画,介绍于世人,使得窥此国宝之一斑,其成绩固已超出前研究之范围,何况其天才独具,虽是临摹之本,兼有创造之功,实能于吾民族艺术上别创一新境界,其为'敦煌学'领域中不朽之盛事,更无论矣。"而谢稚柳完整叙录石室艺术的著述,展现了国宝之全貌,其为"敦煌学"的开山,亦毋庸置疑。

虽然张、谢之后,尤其是新中国成立以后敦煌学在中国本土的发展突飞猛进,灿然而居于世界领先的地位。对石窟艺术的叙录,也比谢稚柳的著述更加详细而且具体,但《敦煌艺术叙录》的价值依然还是后出的叙录所不可取代的。我曾多次朝圣敦煌,拜访段文杰所(院)长、史苇湘先生和樊锦诗院长,读到今天中国敦煌学所取得的盛大辉煌的成就,虽对张大千"破坏"壁画的佚事不无微辞,但对谢稚柳筚路蓝缕开山敦煌学的贡献,无不满怀敬意!

我以为,谢稚柳开山敦煌学的贡献有六:

第一,超人的意志。古今中外,一切学术、艺术的成就,都需要学者、艺术家以殉道的精神、顽强的意志去从事之。而谢稚柳在敦煌学开山方面所表现出来的精神意志,不仅是顽强的,更是超人的!在敦煌的日子里,工作、生活条件之艰苦,非今人所能想象;之单调,尤非今人所能忍受。

据张大千所述："每天早晨吃一碗大麦炒熟磨粉加红糖,用开水冲成的面茶,随即入洞工作,一直要到下午出洞,才能吃饭。逐渐地由两餐改为三顿,由裹腹居然可以讲究口腹之欲了。"冬天的时候,由于当时的莫高窟都是没有窟门的,彻骨的寒风长驱直入,滴水成冰,冻得人难以招架,生活、工作在这里面,又是何等地"苦其心志,劳其筋骨,饿其体肤,空乏其身,行拂乱其所为"!更因为莫高窟的朝向是坐西朝东的,每天清晨八九点钟,太阳射进洞里,光线较好;一到过午之后,太阳往西南移动,光线就暗了。所以,谢稚柳每天上午,趁着太阳的光照进洞测量记录,下午回住处进行资料整理。日日如此,单调而且枯燥!他描述这单调的生活,"冲风成陈,茎草不滋,黄沙弥望,广漠几千",简直如无墙的人间炼狱!在汉唐"丝绸之路"的盛期,这里尚且是流放犯人的场所;在丝路中断之后,这里更沦为几无人烟的僻壤,也就可想而知了。能在这样的环境里坚守一年、两年,其殉道的精神绝不逊色于官方研究所成立之后的坚守十年、数十年乃至一辈子!

更难能可贵的是,谢稚柳在莫高窟的工作,所使用的工具既不是钢笔、铅笔,更不是电脑,而是一方砚、一壶水、一支毛笔!数十万字的草稿,变而为数十万字的正稿,都是用毛笔磨着墨写出来、誊出来的,这样的工作,前人从没有做过,后人更不可能去做!

第二,著录的详尽。《敦煌艺术叙录》的体系,据谢稚柳对笔者的自述,是从明清的各种书画著录书如《式古堂书画汇考》《大观录》等借鉴而来的。在此之前,无论国内还是国外,都还没有人做过这样体系的叙录。虽然在叙录的"后记"中,他表示:"由于窟内壁画,错综繁密,很不容易记。一铺铺'经变',记壁画的位置,还比较容易。至于碎一些的,就很觉难以明确。窟中的文字,如'发愿文''题记''题名'等等,大半隐约不清,抄录颇难,谨慎宁缺,仍恐不能无错。当时自己最不满意的是一些经变、佛经故事之类,由于我的不懂佛经,以及当时手中又无此类书籍,而对着这些题材的画,竟不知画的是哪一故事。因此,只能笼统地记一下'经变'或'佛传图'而已。"但在当时的条件下,他的叙录可以说已经做到"前无古人"的详尽完备了!至于如他自己所说的一些不足,当然由后继的敦煌学者作了更充分的完善。

第三,画风的梳理。谢稚柳的《敦煌艺术叙录》,绝不只是简单地著录壁画的内容和位置,更在于梳理出了中国画传统的画风流变。1944年张大千敦煌壁画临摹展在成都举行,谢稚柳为张代笔"序言"有云:"大千流连画选,倾慕古人,自宋元以来真迹,其播于人间者,尝窥其什九矣!欲求所谓六朝隋唐之作,世且笑为诞妄。独石室画壁,简册所不载,往哲所未闻,千堵丹青,遁光莫曜,灵踪既秘,颓波愈腾,盛衰之理,吁乎极矣!今者何幸,遍观所遗,上自元魏,下迄西夏,绵历万祀,杰构纷如,实六法之神皋,先民之桀襫。原其飙流,固堪略论:西魏疏冷,林野气多;隋风拙厚,窔奥渐启;驯至有唐一代,则磅礴万物,洋洋乎集大成矣;五代宋初,蹑步晚唐,迹渐芜近,亦世事之多故,人才之有穷也;西夏诸作,虽刻划极钝,颇不屑踏陈迹,然以较魏唐,则势在强弩矣。"这一对不同时代、不同时期、不同画风的梳理,其间一脉相承的变迁嬗递,散见于各洞窟的断代标记中;其判断的依据,不仅在有纪年的题记,更在画风的特点。今天看来,这一断代除极个别外,基本上都是准确的。

第四,画史的优劣。从晚明开始,长期以来,中国画界对于画史优劣的认识,始终是把形神兼备、严重恪勤的画家画作为"再现"的"与照相机争功"的"匠俗"之作,而把"不求形似""逸笔草草"的文人画作为"表现"的"与生活真实拉开距离"的"高雅"之品。甚至当张大千把临摹敦煌壁画的作品送到成都展出,还有不少人对之表示不屑。谢稚柳却表示:"当我到敦煌,经过了一短时期之后,我逐渐惊心于壁上的一切,逐渐发现个人平时熟习于一些明、清的以及少数宋、元绢或纸上的绘画,将这种眼光来看壁画,一下子是无法妥洽的。这正如池沼与江海之不同。平时所见的前代绘画,只是其中的一角而已。"颇有河伯望洋向若而兴叹的意思,而不此之见者,也就难免"长见笑于大方之家"了。

历来用"进化论"的眼光看待文艺史包括绘画史,以由"不能形似"而"形神兼备"为"落后"向"先进"的"进化",由"形神兼备"而"不求形似"为"先进"向"更先进"的"进化"。所谓"一代有一代之文章",所以,"李杜文章万口传,至今已觉不新鲜;江山代有才人出,各领风骚数百年"(赵翼),明清的文人画自然也"更先进"于唐宋的画家画或干脆贬称为"工匠画"了。可是,有了敦煌的见识,谢稚柳以及张大千对于文艺史包括绘画史的认识,便不再简单地持"发展"观,而是持"演变"观。张大千认为,从晋唐而明清,"一部绘画史,简直就是中华民族活力的衰退史",正是同样的意思。作为传统的先进文化方向,明清文人画虽有个别的杰出画家,但从总体的普遍性而论,它永远不可能取代唐宋的画家画,正如赵翼在诗园的地位永远不可能取代李杜。

第五,内外的互证。俗话说:"不入虎穴,焉得虎子。"但又说:"旁观者清,当局者迷。"任何学问,都需要内外的互证,而不能局限于某一固定的封闭立场。谢稚柳的《敦煌艺术叙录》既是其深入"虎穴"所得的真"虎子",但他当时便有迷惑不解之处。他说:"敦煌莫高窟壁画,直至隋开皇,始终与元魏的风规了无二致,而开皇以后至唐,突然改弦易辙与元魏绝缘……当年我在莫高窟,对隋唐之际的画风突变,如无源之水,看不出从何而来。渐次分析,认为:如顾恺之的《女史箴图》、南京西善桥南朝墓出土的砖刻画《竹林七贤图》这类体貌,到隋开皇以后,开始传到了莫高窟壁画上,从而脱离了元魏的画格,它的渊源应出于顾恺之。"

然而,当20世纪80年代,山西出土了北齐娄睿墓壁画,"比论莫高窟隋唐之际的壁画与娄睿墓壁画之间的异同,不在于形体风格而在于描写的繁简。北齐简而唐繁一些,花纹的表达,唐已不用屈曲的描绘而归于直线而圆转的用笔,不用夹锋。面部的线条加多了,至于马,也与唐的描写手法和风格一致。但如马头,则唐深刻,形神周到,描绘的手法加深了。总的艺术情调,北齐灵动,而唐凝重,北齐清高潇洒而唐敦穆,然而北齐的风貌是动人的……当娄睿墓壁画的风规所示,开始发现隋唐之际画风的突变,其与顾恺之的渊源,将不是直接的。直接的是北齐。"

第六,实践的创作。显然,在莫高窟的那段日子,张大千与谢稚柳是有分工的:张负责临摹壁画,谢负责叙录艺术。但事实上,张固然是全力以赴于临摹,谢则于叙录的余暇,也偶作临摹,更多地则是将敦煌的画法用之于自己的创作。

虽然谢稚柳早年的学画是从陈洪绶入手的,陈以人物、花鸟名世,但谢主要学他的花鸟而基本上不学他的人物。因为在谢看来,其头大身体小的"迂怪的个体表现,是不足为训的"。然而,当他看到了敦煌的壁画,那种雍容高华的形神,充实明快的线描,辉煌灿烂的色彩,便引起了他的心折,"真足以使人神往!"从而,也开始画起了人物,除佛菩萨像外,涉及高士、仕女,无不恢弘博大,气度风华,虽专门的人物画家也难以企及其境界。

如上六条,足证谢稚柳不仅仅只是敦煌学的开山,更有后世的敦煌学家所无法取代的贡献。

二、道德文章

邓椿《画继》有云:"画者,文之极也……其为人也多文,虽有不晓画者寡矣;其为人也无文,虽有晓画者寡矣。"自古至今,凡有成就的大画家,无不具有丰厚博洽的文化修养;包括张择端等宋代翰林图画院的画师,为后世的文人画家称为"没文化"的"工匠",他们也都在严格的考试制度下读了《诗》《礼》《周礼》《左传》《周易》《尚书》《公羊》《穀梁》《孟子》《列子》《庄子》《老子》等经典的文献著述。

作为画家必备修养的文化,用苏轼的话说,依次为"德""文""诗"。"德"者道德,又称器识,它涵养于经史的著述;"文"者文章,它涵养于"文选"的著述;"诗"者诗词,它涵养于性灵的著述。

讲到一个人的文化修养,我们通常所认识的只是才情横溢的诗,其实这是远远不够的。刘挚训子孙有云:"士当以器识为先,一号为文人,便不足观。""文人",用欧阳修的话便是"以文自名",也即以诗文炫耀才情的人;用司马光的话便是"止为文章",也即仅止于吟诗作文的人。而"士"者大儒,为"四民"之首,他可以工诗文,也可以不擅诗文,但一定要有"器识",也即"天下为公"的担当。

谢稚柳从小是在寄园中接受的教育,这一没有文凭的学历使他毕生以"期成大儒"自许而"志道游艺"。因此,他的文化修养首先便表现在经史的器识方面,"读二十四史如数家珍",《孟子》中的"仁者如射"等"金句"在平常的交谈中便脱口而出。

他对"文选"的学习,不止于《古文观止》,而是于《昭明文选》《古文辞类纂》等无所不涉。在寄园时,他的年纪比其他同学小,但他的作文却总是比其他同学更多地得到钱名山的表扬。进入社会后,他所接触的都是一些文化名人如于右任、沈尹默等,更以文采出众,被《中央日报》聘为编辑,监察院聘为秘书。张大千的画作上每需长题,则必请谢代笔。谢稚柳的文章,无论文言、白话皆佳,如行云流水,因风变态,随物赋形。他的文言题跋,不用草稿,提笔即写,一气呵成,不仅以文义为依据行于所当行、止于不可不止;而且能以待题的篇幅为依据行于不可不止、止于所当行却又不害文义!他的《水墨画》一书虽用白话写成,但文采的斐然,清新而又流丽,在历代绘画史、美术史著述中首屈一指!

他的诗词,早年时学李义山、李长吉,有光彩迷离、呕心沥血之美,堪与其兄谢玉岑相颉颃。抗战避兵重庆,与沈尹默比邻而居,沈劝他改学宋诗,于是一变而为"每于茶后、醒时、绘事余、行旅中,有意无意之间,若有所触,口自吟讽"的"不耐细究,故率多短什"。诗风则一改奇谲瑰丽而为朴实平易。就诗论诗,20世纪画坛上写诗能写到像他这样水平的不下于五六人,有的甚至更在他之上;但是,论"题画诗",则当推谢稚柳为第一人,即在整个中国"题画诗"史上,也有他的一席之地。

谢稚柳的题画诗大体上有三类:第一类当然是题他自己的创作;第二类是题别人的画作;第三类则是抒写他对画史、画论的感怀。这三类各有佳作,尤以《绘事十首》为众所周知而脍炙人口。相比于诗人的题画诗,由于他自己便是一位杰出的书画家、书画史家、书画鉴定家,所以对书画冷暖的认识之实在而且深入,自在"止为诗人"之上。我曾序《壮暮堂诗钞》,认为:"夫子……书读万卷,路行万里,画观万轴,尽识天下造化之灵奇,今古人文之神异,然后养胸中浩然之气,溢而为诗心,发而为画笙,视三唐两宋,如河水之过龙门,皆迂回而就范。"主要正是就其题画诗的成就而论。

综观20世纪的书画界,论道德文章的文化修养,与谢稚柳的成就可以相埒者,代不四五人;而论题画诗的成就,则只有启功的论书诗堪与媲美。而启功的论书诗,多有意为之;谢稚柳的题画诗,则是无意为之。

三、书画鉴定

传统的书画鉴定,所注意的是书画本身之外的"外围材料",包括印章、著录、纸绢、装裱等。这一方法,进入20世纪之后便越来越显示出它的局限和不足。于是,鉴定家们开始把眼光转移到了书画本身上来,并逐渐形成了与传统既有联系又有发展创新的三大风格流派。

第一大风格流派,可以称作"考订派",它所注重的是书画本身的非本质方面。如作品的图像中,其避讳的文字、建筑、服饰等形象的形制等,不同时代有不同的特点,从而可以据之以判定真伪。如一件"唐代"的作品中,所描绘的建筑物是宋代才出现的形制,便证明它不是唐,最早不会超过宋;一件"元代"的作品中出现了康熙帝玄烨避讳字,便证明它不是元,而是清。这一派的代表人物,有启功、傅熹年等,其对于鉴定家的要求,是深刻地认识历史文化的礼仪和典章文物的制度。但它的局限也是明显的。例如,当"唐代"作品的造假者依据了唐代的制度来描绘形象,就不免以伪为真;又如,当元代的作品中因笔误而出现了"清代康熙帝玄烨的避讳",又不免以真为伪。

第二大风格流派,可以称作"经验派",它开始注重到书画本身的本质方面——笔墨风格。然而,它对于笔墨风格的认识,乃是依靠鉴定家大量地接触实物所积累的经验,尽可能地比较同一时代、同一地区不同书画家的笔墨风格,同一书画家不同时期的笔墨风格,在此基础上,便得以从一个时代、一个地区、一个作家的大量作品中,特别地提炼出一件或几件具体的代表作品,作为时代风格、地区风格、个性风格的"标准器",作为鉴定时参照比较的样本。与之相符合的为真,不相符合的为伪。这一派的代表人物,有徐邦达、刘九庵等。但它同样有所局限。因为,历史上不少著名的书画家,根本就没有一件确切可靠的作品传世,自然也就谈不上"标准器"的建立。按照"经验派"的方法,一旦有他的作品出现而有待鉴定,岂不成了束手无策。

第三大风格流派,可以称作"实践派",以张大千、吴湖帆,尤其是谢稚柳为代表。它所注重的虽然也是笔墨风格,但对笔墨风格的认识,却不限于来自"标准器"的经验,更来自自己书画创作实践的颖悟和体会。换言之,"实践派"的鉴定家必为具有较高或很高造诣的书画家。那么,这是否意味着只要是具有较高或很高造诣的书画家,就一定是优秀的"实践派"的鉴定家呢?事实并非如此。因为具有较高或很高造诣的书画家有三类:第一类即谢稚柳等,通过全面地学习传统(主要是唐宋传统,其次是元明的文人画程式派传统)加以继承发扬的;第二类如黄宾虹、潘天寿、齐白石、吴昌硕等,主要是通过认定明清文人画野逸派的传统加以创新的;第三类是反对继承传统,强调向西方现代艺术看齐来发展个性创意的,如吴冠中等。这三类书画家中,第三类不能成为鉴定家当然毫无疑义,就是第二类,其实也是不能成为优秀鉴定家的。究其原因,是因为他们对于笔墨认识的盲目性和局限性,这种局限性固然帮助了他们创作中个性笔墨风格的建树,显得特别鲜明,但却限制了他们鉴定时对于他人笔墨风格的客观认识。

谢稚柳的书画,早年学陈老莲,包括他的花鸟画和小行书。青年后与张大千、徐悲鸿等交游,开始接触到各种画派及大量顶级的公私收藏,包括敦煌的壁画。从此便由陈老莲幡然改图,人物学唐人,山水学巨然、李成、范宽、郭熙、王诜、燕文贵直到元代的王蒙;花鸟学黄筌和宋院体,包括徐熙的落墨法;而书法,则沉潜于张旭和怀素。中国画的创作也好,鉴定也好,都讲究笔墨;讲笔墨必然讲传统;而讲传统,则有明清传统和晋唐宋元传统的对立统一。我们知道,明清传统是对唐宋传统的"学一半,抛一半"(郑板桥语),因此,把握了对明清的笔墨认识,并不意味着就能认识唐宋,就能认识传统的全部笔墨;而把握了对唐宋笔墨的认识,则正意味着可能认识明清,可能认识传统的全部笔墨。

鉴定的方法是比较,"没有比较就没有鉴别",这一点,三大流派是共同的。但具体的比较依据,则各不同。"考订派"的比较依据是图像,"经验派"的比较依据是"标准器",谢稚柳的"实践派"的比较依据则是"标准水平"。

所谓"标准水平",是鉴定家以书画家的实践用眼观看、用手临习,进而用心提炼出来的,它不是一件具体的作品,而是一个抽象的、只可意会不可目识的"档次"。"标准水平"的认识,包含了对于"标准器"的认识,但"标准器"的认识,却不能包含对于"标准水平"的认识。当一件待鉴定的作品是某一时代、某一作家的,但该时代、该作家的"标准器"储存"信息库"中却没有这样笔墨风格的信息,在"经验派"的鉴定家,他便无能为力。然而,"实践派"的鉴定家则凭借自己在创作实践中的颖悟,此时,脑海中便会涌现出该时代、该作家笔墨风格的"标准水平",两相比较,相符合的便是真,不相符合的便是伪。

相关实例，前文已有详述，此处不再赘言。谢氏所开创的鉴定流派，在书画鉴定史上及该学科建设中的意义，其成就之大，是远在其所完成的具体的鉴定工作之上的。

四、书画史研究

书画史研究的任务涉及两个方面，一是为历史作正确的定位，二是为现实的借鉴提供选择的分析。这两点，都必然牵涉到客观的和主观的价值判断。

有人认为，历史的研究不应该作价值的判断，更不应该与现实牵扯到一起。谢稚柳并不同意这样的观点。固然，历史研究中需要有这样一种"风格"，但绝不能以此为唯一的"风格"，立足于"理论联系实际"的研究方法，谢氏的书画史研究始终强调对历史上不同作家、流派的定位作出明确的价值判断，并对它们在今天的借鉴前景和可能性作出明确的价值判断。

以绘画史的研究而论，他的代表作也是整个中国画史研究的经典之作《水墨画》一书，无论对于历史的定位还是现实的借鉴，都作出了实事求是的、具有严密逻辑性的判断。通过对历史的研究，他旨在解决这样几个问题：其一，什么是传统的精华？什么是传统的糟粕？其二，什么是具有普遍价值的精华？什么是仅具特殊价值的精华？其三，什么是在今天条件下我们有可能继承、弘扬的精华？什么是在今天的条件下我们难以继承、弘扬的精华？

在这里，必须把某一画家个人的成就和他的风格区分开来。例如，石涛的个人成就是一回事，他所代表的风格又是一回事；鲁宗贵的个人成就是一回事，他所代表的风格又是一回事。

例如，在《水墨画》中，他把唐宋的画家画称作是"传统的先进典范"，并不意味着鲁宗贵个人应该在中国画史上占有最重要的地位；他高度评价石涛的创新精神及其所取得的成就，也不意味着应该以明清文人画野逸派取代唐宋画家画作为"传统的先进典范";而他对明清画走下坡路"萎靡地拖延了四五百年"的批评,更并不意味着应该否定石涛等个人在中国画史上的重要地位。

他的这种价值判断,并不是轻易得出的,而是通过实事求是的研究作出的,其中,尤其是书画鉴定和创作实践两方面的造诣,更保证了他的结论的正确性。

我们可以举一个例子,比如对于郭熙的认识,俞剑华等的《中国绘画史》中说"善山水寒林,得名于时,初以巧赡致工,既久又益精深,稍稍取李成之法,布置愈造妙处,然后多所自得。至掳发胸臆,则于高堂素壁,放手作长松巨木,回溪断崖,岩岫巉绝,峰峦秀起,云烟变灭,晻霭之间,千态万状"云云。这段话,完全是从《国画见闻志》《宣和画谱》中抄拼而成,对于郭氏艺术风格特点的描述,显得笼统而不具体,即使套到王诜的画上,也无不可,而谢稚柳则通过把郭熙和王诜作比较,指出两人虽然都是师承李成,但"郭的用笔是壮健,气势雄厚,它的特征是圆笔中锋而富有凝重,王的用笔是爽利,气格俊俏,特别显露着圆笔尖锋的特征。这是两人的根本分野,至于铺陈习性和描绘形体以及墨法这些方面,两人不免有相通之处……郭熙的画笔,不是爽劲俊俏而是温和的情调。而王诜的笔势,真所谓毫锋颖脱。在总的来看,王诜之于李成,较之郭熙似更要亲切些"。这就把郭熙的笔墨风格特点,深刻而形象地揭示了出来,以见证于《早春图》等郭氏真迹,显得十分贴切。应该说,俞剑华等美术史家,肯定也是反复观摩过《早春图》的。在这方面,谢稚柳比他们并不具备更多的优势。但由于他们在书画鉴定和创作实践方面的欠缺,使得他们虽然面对着郭熙的真迹,但对他的笔墨风格的认识,却不能深入它的骨髓,而只能停留在《宣和画谱》的评语。当然,谢稚柳面对郭熙真迹之时,帮助他认识郭氏笔墨风格特点的,主要的绝不是《宣和画谱》的评语,而是他在书画鉴定和创作实践中所获得的对于笔墨运用的切身体会。这是从书画史的研究对于历史定位的准确性而言,有没有鉴定和创作的实践体会,其结论将是如此的不同。

至于从书画史的研究对于现实借鉴的引导的方向性,有没有鉴定和创作实践的体会,结论更是大相径庭。

众所周知,大多数史论家根据"进化论"的教条偏见,认为由唐宋的画家画而明清的文人画,尤其是野逸派,由以形象为大前提,笔墨为小前提而以笔墨为大前提、形象为小前提,由以"画之本法"为重而以"画外功夫"为重,是中国画由"落后"走向"先进"的表征。因此,现实对于传统的借鉴,为了从"先进"走向"更先进",就应该风靡地追随文人画野逸派而疏远、摈弃画家画的传统。

然而,根据长期的实践体会,谢稚柳固然赞同文人画野逸派的创意,但自始至终坚持认为,中国画作为绘画应该是"写实"的。这就需要画家以生活为创作的唯一源泉,"外师造化、中得心源",需要画家具备坚实的形象塑造的基本功,包括形象本身的形神兼备、物我交融,以及配合形象塑造的笔墨的精妙生动。而这,就不能不以唐宋画家画作为现实借鉴的"传统先进典范"。

所谓"传统的先进典范",并不只是单独地指这一个或那一个作家,而是指整个的唐宋画家画而言;而所谓元明清走"下坡路",也绝不是单独地指这一个或那一个作家,而是指整个的文人画而言。我认为,这便是谢稚柳贡献于中国绘画史研究的一个最重要成果。它同我们常见的绘画史研究,将某一个作家的个人成就等同于他所代表的画风的整体成就,在逻辑的严密性方面是何等的不同。

五、绘画艺术

谢稚柳的绘画艺术成就是多方面的,于人物、道释、山水、鞍马、畜兽、花鸟,各种题材,无所不能;于细笔、粗笔、设色、水墨、青绿、白描,各种画法,无所不精。在中国现代画史上,像他这样全能的画家是非常罕见的,屈指数来,不过张大千等数人而已。

我们先从他的花鸟说起,因为他的绘画生涯最早正是由花鸟开始的。

谢稚柳在1975年时曾撰《绘事十首》诗,回顾数十年的绘画生涯,其中第一首云:"春红夏绿遣情多,欲剪烟花奈若何。忽漫赏心奇僻调,少时弄笔出章侯。"这里所说的"章侯",便是明末的畸人画家陈老莲,工画人物、花鸟。而谢氏在少年时所倾心摹习的,则是他的花鸟,其方法是通过变形的处理,用双钩的方法来传达孤冷凄清的情调,是即所谓"奇僻调"。陈老莲的花鸟真迹,他最早接触到的是他的老师钱名山所藏的一件梅花。后来他走出寄园之后,对陈老莲画风的钟爱一直伴随着他,所以,他的朋友张大千也常常为他收集陈氏花鸟的资料,每获得一件真迹,就借给他临摹,或者用透明纸拷贝下来之后送给他作为参考。

不过,谢氏创作陈老莲的画风,并不主张夸大他的"奇僻调"。因为个性的差异,谢稚柳更爱好的是堂堂正正的作风。所以,当他看到宋人的作品之后,便开始以宋代院体的作风融会、改造陈氏的画风。直到1949年之前,他的花鸟画的基本风格是陈老莲加宋院体,从而变陈的孤冷凄惨的情调为端庄雍容的格调。相比于陈老莲,他更多写生的意味;而相比于宋院体,又更多装饰的情趣。梅花、荷花、山茶、红叶、竹子等等,是他最喜欢的题材。而抗战避兵重庆期间,对居处竹林的写生体验,更使他画竹形成全新的个性面貌,清新潇洒,真实生动,甚至使张大千也敛衽无间。

自1950年至1960年,得益于写生的成功感,谢稚柳的花鸟画进一步疏远了陈老莲的"奇僻调",而以宋院体加写生为特色,论其笔墨设色的技法,虽然出之于院体,但论其形象的塑造,则完全来源于生活。我们可以分析他这一时期的作品,梅花也好,荷花也好,桃花也好,山茶也好,海棠也好,水仙也好,虽然多是古人画过的东西,但与古人的图式几乎完全没有关联,而全都是得之于深入生活的真实写生;至于山鹇、斑鸠、白掠鸟、红衣画眉、鹤鸰等禽鸟的形象，更是明白无误地源于生活，高于生活。而遵循以笔墨设色服务于形象塑造的原则，细细地探究他的技法，实际上也与院体只是一种精神上的契合，而不是皮毛的袭取。在总体上，它似乎是严谨精致、周密不苟的，但具体到每一笔，却都是率易疏松、潇洒清丽的。

在一般人的心目中，谢稚柳这一时期的作品，包括早期的花鸟，属于"工笔画"的范畴。但事实上，在谢氏本人，始终不用"工笔画"这个术语，也不同意自己的画风是什么"工笔画"的评价。所谓"工笔画"这个术语，是后世的文人画家为了贬斥画家画而发明出来的。直到北宋中期之前，无论人物、山水还是花鸟，在中国画的传统中其实并不存在后世所出现的那种"工笔画"法。谢稚柳、张大千把它称作"画家画"，也就是"绘画性绘画"的意思，以区别于后世文人画的"书法性绘画"。两者的区别，在于前者以形象为大前提，以笔墨为小前提而遵循了造型的原则，整个创作过程是"整体把握，逐步深入"的，并与西方的素描相通；而后者以笔墨为大前提，以形象为小前提而遵循了抒写的原则，整个创作过程是"局部完成，合成整体"的，并与书法的创作相通。"工笔画"当然也属于绘画性绘画的范畴，但它的缺陷却是照顾了形象的大前提而牺牲了笔墨的小前提，使笔墨沦于纤弱或刻板。而谢稚柳及其所遵循的北宋中期之前的院体画法，则属于"工笔意写"，其优点在于既配合了形象的大前提又不牺牲笔墨的小前提。"工笔意写"在表面上有些类似于后世"兼工带写"的小写意画法，但在本质上，前者属于"绘画性绘画"，而后者则是属于"书法性绘画"的，绝不可一概而论。我们不妨把谢氏这一时期的花鸟，同他的朋友于非闇的花鸟作一比较，便可以明了用"工笔画"来指称谢氏的画法和风格特色，是完全不能合拍的。

在这一时期，他偶尔也仿效徐渭、八大等的逸笔墨戏，粗放的形体，旨在表现笔墨的淋漓。这一情况，也许是如赵孟頫的"行家""利家"之辨：其一，专业的画家应该运用专业的"行家"画法，即注重绘画性、造型性的"画之本法";业余的爱好者不妨运用非专业的"利家"画法,即注重书法性、抒写性的"画外功夫"。其二,专业的画家进行正式的创作时应该运用专业的"行家"画法,进行消遣的游戏时不妨运用非专业的"利家"画法。赵氏在人物、道释、鞍马、山水、花鸟等正式创作的场合用"行家"法,在枯木、竹石等游戏遣兴的场合则用"利家"法,尽其纵横排宕。无疑,对谢稚柳的逸笔花鸟,我们也正可作如此的认识。而从他这一路风格的创作,由于他有着比之同时代许多逸笔画家更加丰富博洽的诗文、书法修养,所以格调高华而不落酸颓,显示了广阔的发展前景和空间。但是,他却并没有在这一画格中作大力的投入,归根到底,是因为如他所说:"即使作为'文人画家',首先也应该是'画家'!"

由此,我们足可以从理论和实践两方面,窥见谢稚柳与大多数画家对于中国画在强调"首先应该是'画家'"和"首先应该是'文人'","首先应该是'画之本法'"和"首先应该是'画外功夫'"等方面的两种不同的绘画观和传统观。

70年代,他的画风由院体转向了徐熙的"落墨法","易工整为放浪",以适应生活的条件,同时又适应因疏远了生活真实而引起的对于形象塑造的简略化、印象化和概念化处理。

所谓"落墨法",是文献记载中五代南唐徐熙所发明、擅长的一种画法。"落墨为格,杂彩副之,迹与色不相隐映也。"以区别于同时代西蜀黄筌、黄居寀父子"用笔极新细,殆不见墨迹,但以轻色染成"的富贵作风。但由于徐氏的画迹没有明确地传存下来,所以所谓"落墨法"究竟是怎样的一种画法,人们对它的认识始终无法落实到具体的方面。谢稚柳早从50年代开始,关注上博购藏的无款《雪竹图》,投入了大量的精力去研究,最后得出结论,认为"落墨法"就是先用浓淡不同的墨笔,连勾带染地画出花叶从轮廓到体面的全部形象,然后再在个别的地方约略地上一点彩色。它遵循了精微写实的原则,但却不是按部就班地刻板描绘,所以骨气丰神与造化之功不甚远也。而《雪竹图》应该正是徐熙或其传派仅存的硕果。

但谢氏的"落墨法"与徐熙的"落墨法",虽然同样遵循了"绘画性绘画"的原则,却有着"放浪"与"工整"的不同。

徐熙的"落墨法"也好,谢氏前一时期的画风也好,都是属于"工整"(不是"工笔",而是"工笔意写")的格调,笔墨是服从并服务于形象的塑造的。而谢氏此一时期的"落墨法",则属于"放浪"(不是"写意",而是"意笔工写")的格调,笔墨既是服从并服务于形象的塑造的,形象同时也是服从并服务于笔墨的抒写的。粗看之下,它与文人画野逸派的写意画法是十分接近了,简直只有一步之途。但本质上,它还是属于"整体把握,逐步深入"的绘画性画法,而不是属于"局部完成,合成整体"的书法性画法。

它的具体画法是这样的,先用浓淡的笔墨连勾带染地点垛出花外的整体形象;然后,或者趁湿,或者待干透之后,再用淡墨或深墨在个别地方加以补笔,使整体的形象更完美,或者要点的部分更明显。接着,染出大体的色彩效果;最后,或者趁湿,或者待干透后,再用淡色或深色在个别的地方加以补色,使整体的色彩更完美,或者关键的色彩更鲜明。在这里,每一步骤的用笔都不是上一步骤的叠加,而总是与上一步骤形成错位——这一技法,又是他从敦煌莫高窟的壁画中借鉴过来的,并早在前一时期的"工整"画风中有着成功的运用。

所谓"错位法",是指敦煌的壁画创作中对形象轮廓的界定,第一步骤的"起稿线"和第二步骤的色彩敷染,以及第三步骤的"定稿线",三者绝不是重合叠加的,而总是在大体相符的前提下约略有所错开。这种处理,使得"工整"的画法显得生动而绝去刻板。这一点,也正是谢稚柳前期的花鸟区别于一般"工笔画"的最大特点。不过,在这里,不同步骤的错位主要表现为线描与线描、线描与不见笔的设色之间的错位。而在他的"落墨法"中,则表现为墨或色的笔触之间的错位,其笔触的形态则可能是点,也可能是线,还可能是面,这就使得错位法的运用在"落墨法"中显得更加丰富多彩,出奇无穷,在"必然性"中蕴含了无数不可名状的"偶然性"的微妙。正是在这一意义上,貌似近于"写画"的谢氏"落墨法",比之明确以笔墨为胜的写意画,更体现了形象和笔墨双赢的特殊审美价值。

然而,如果就形象论形象,我们也不必讳言,他在这一时期的形象处理是存在着相当不足的。由于中断了生活真实的源头活水,他的形象塑造只能取之于以前的写生图式。而且,比之以前更加简单化了。即使有时也有新的题材充实进来,如芙蓉花,那也不过是得之于走马观花的体会,而不是深刻入微的写生。所以,同样显得有些概念化,经不起深入推敲。至于禽鸟,除了白鹰的创造,这一时期,他基本上不再有新的鲜活形象推出。而他的白鹰形象,同他前期的禽鸟相比,事实上也是经不起深入推敲的。当然,这样的形象,结合到他"落墨法"的"放浪"笔法,自然是足够的,充分地显示了内容与形式的统一性。

自80年代中期之后,谢稚柳的晚期花鸟基本上进入了衰颓期。这里不仅有年老体衰的生理上的原因,同时也与他在八年的古书画鉴定活动中应付大量的应酬画索求有着密切关系。对他这一时期绘画的评价,已经不再是"画以画重",而是"画以人重"了。花鸟画如此,山水画更是如此。这一点,连他自己也是不作讳言的。当有人恭维他晚年的创作"浑厚老辣,进入了一个新的境界"时,他总是明确表示不敢苟同,而自认为是"今不如昔"的。从这一点,足以说明晚年的谢稚柳对于艺术仍有着清醒的理智认识,只不过反映到自己的创作中,却已是力不从心了。

谢稚柳的山水画创作起步于二十岁以后,而且一开始就从宋人入手,不入一笔明清。当时的山水画坛上,所流行的是以"四王"为代表的正统派画风和以石涛为代表的野逸派画法。以谢稚柳堂皇的禀质,缺少生气的正统画风和过于狂放的野逸画风自然都不是他所追求的方向。以他坚持生活是艺术创作唯一源泉的艺术观,正统派一味模拟的画风,当然更不是他所追求的方向,以他坚持中国画作为"绘画"所以必须注重"画之本法"的艺术观,野逸派过于偏离"画之本法"而注重"画外功夫"的画风,同样不是他所追求的方向。他所要追求的方向,是源于生活,高于生活同时又以形象为大前提,笔墨为小前提的"写实"性。恰好此时,他一方面接触到了古今的大量名家名作,使他在唐宋与明清之间有了比较和选择的广阔空间;另一方面,他的朋友张大千也在此时由石涛而转向宋人,他的另一个朋友徐悲鸿则明确地对正统派的"模拟"和野逸派的"失其学术之独立地位"提出了严厉的抨击。所以,以他的禀性,他义无反顾地一头扎进了北宋山水的那种大山大水,千岩万壑,高深平远,气象雄杰的堂奥,一开始便是巨然、董源,而后又是范宽、李成。

直到1949年之前,他基本上没有对临过几件北宋的山水,但却通过心灵的颖悟吃透了各大名家的精神。一出手便是北宋大家的笔墨和境界,既森严整肃,又灵逸潇洒。大的结构似乎是一丝不苟,细节的笔墨则无不率意流丽,出新意于古趣之中,寓豪放于法度之外。

1950—1960年,他因王诜《烟江叠嶂图》的鉴定,对北宋山水传统的研究进一步深入到了李成、郭熙、王诜、燕文贵之中,同时又自觉地结合写生的体验,从而在笔墨、境界两方面开创出了新面貌,与他的花鸟画一样,在这一时期达到了最高峰。

我们可以比较他这时期的山水与他上一时期的不同特点,最鲜明的便是反映在山头的结构形态上。在此之前,他主要取法董巨的江南画派,所绘山峦"不为奇峭之笔",多是圆浑的馒头状、披麻皴;而从此之后,他主要取法李郭的北方画派,所绘山峦多是方硬峻嶒的奇崛形态。而所用的皴法,也夹杂了雨点、云头、横斧劈、直斧劈、雨淋墙头等多种笔法,使形象显得更加复杂幽深。而基于写生的实践,其作品的布局经营也呈现出不拘一格的丰富多样和真实生动。郭熙所说山水画应该具有"可望、可行、可游、可居"的境界,慢慢地隐退出了画坛;至新中国成立之后虽然因政府的提倡重新掀起了写生之风,但真实境界的描绘大多使用的是非传统的

"创新"方法。而谢稚柳却用传统的笔墨再次为人们展示了山河壮丽的真实境界！这正印证了他后来在《借鉴——绘画艺术的主要基础之一》一文中的观点："以观察体验的人与事物，山林，花鸟，来从事写生，为描绘提供素材，这是一面；而要达到艺术创作，还需要另一面，这就是借鉴，过去一切成果的借鉴。""借鉴，并不是无条件的，而是在善于辨析，取舍精华与糟粕。这样，它将丰富艺术的思想与感情，扩展艺术的境界，加强艺术的表现手段，使生活的感受，得到艺术的升华，使生活化为艺术创新的实力。"

谢稚柳对于传统借鉴的辨析与取舍，虽然倾向于宋人，但他并不拒斥明清，包括对石涛野逸派的逸笔，他虽然明确表示"平生不喜作石涛"，但仍偶尔有所"戏作"，别具笔墨的情趣。而且，正由于这路画风对于笔墨表现力的解放，为他嗣后落墨山水的创格作了预演。

70年代前期，他在运用徐熙"落墨法"作花鸟的同时，也尝试用它来创作山水。与笔墨形式相适应，其落墨山水的形象和境界更多地借鉴自南宋的院体。

以刘、李、马、夏为代表的南宋院体山水，一角半边，水墨苍劲，为后世的文人画家所极力反对，认为它猛气横发，有失温文尔雅，大斧劈皴横刮外强，缺少艺术所应有的蕴藉含蓄。更有甚者，干脆斥之为"残山剩水"。谢氏在很长一段时间内，基本上也是接受这一观点的。但此际，至少由于四方面的原因，使他改变了对于院体的偏见。一是他的夫人陈佩秋长期沉潜于院体的研究，认为它是对于山水画"近观之以取其质"的最完美的艺术描绘，笔墨与形象的高度契合。陈的实践和观点，给谢以一定的影响。二是经受了"文革"的冲击，他本人也有满腹块垒，需要有所发泄。无疑，相比于北宋山水的精严格局，院体淋漓苍劲的笔墨境界是更适合于这一需求的。三是从"落墨"的技法要求，院体的简括形象也是更适合于它的描绘对象。四是谢氏于此际正关注梁楷研究。梁的山水正是院体的一脉，所以通过对梁的研究，自然也引起了对于院体的重新认识。

谢氏此际的落墨山水，大体上有两种面貌：一种纯为水墨，近于"泼墨"法；另一种副以杂彩，近于"泼彩"法。两者的共通之处，在于取象布景，汲取了院体边角山水的特点，即使作全景的处理，也不再是像前一时期那样山重水复的映带无层，其景深要明显简略一些。所以，论其艺术的成就，以册页、手卷最为高华，而大幅的立轴则缺少一种气象繁复的雄伟效果。

其水墨之作，虽然墨韵氤氲，但它的墨并不是泼出来的，而是用笔落出来的，以粗阔的笔触，或用雨淋墙头，或用大斧劈，横刮直刷，尽其"放浪"。不足之处，再以勾笔来完形。竹树、屋舍、舟桥，则以精劲的细笔完成，使它与大块面的山石形成鲜明的对比，"放浪"之中不失"工整"的本色。

其敷色之作，重彩缤纷，秾丽灿烂，尤好用石青、石绿，缀以朱砂红树。但它的色彩并不是泼出来的，而同样是用笔涂染出来的。论其笔墨的性格，与水墨之作并无二致，但通过重彩的敷施却显得气象堂皇。

80年代中期之后，谢氏的晚期山水与他的晚期花鸟一样，不再有以前的风华绝世，而明显地显出因应酬而缺少灵气。进口颜料的使用，是他这一时期包括山水在内的绘画创作的一个重要特色，大青大绿，虽然色彩感比之传统的颜料更加鲜明，但其意境却有所不逮了。不过，雄伟崇高的构图章法、恢宏开阔的意境气象，却依然令人有仰止之感。

谢稚柳的人物创作，时间不长，大约从敦煌面壁之后起步到新中国成立之后就中止了。虽然他对于绘画的入门是从陈老莲开始的，而陈老莲又以人物、花鸟擅长，尤以人物的成就更高出于花鸟。但谢氏却动情于他的花鸟而不学他的人物，原因何在呢？我们知道，陈老莲是一个心灵扭曲、人格畸变的"畸人"，人品决定了他的画品，无论人物、花鸟皆表现为"奇僻"的变形风格，尤以人物更甚。而以谢氏的中庸禀性，崇尚的是堂皇端庄，他尽管也认同"奇僻"，但坚决反对把"奇僻"弄过头。因此，对于陈老莲大头小身体的"躯干伟岸",便明确地表示"其迂怪的形象,是不足为训的"。后来,他与张大千等交游,接触到明清如唐寅、仇英、改琦、费丹旭、任伯年笔下的人物,他也是不以为然的。因为,正如他所说:这种"小眉小眼尖削下巴,刻意在描绘弱不禁风的情调,显示了风格的弱小与庸俗",而"油滑的境界,则形成了格调的卑下与公式化"。自然,这一切,都是不能入他的鉴赏心目的。

谢氏对于绘画的要求,是从传统中来。而他所见到的人物画的传统,都是如此的作风,根据"取法乎上,适得其中"的原则。既然没有"上法"的传统可取,他就宁缺毋滥,干脆不作人物了。

然而,当他面壁敦煌以后,又陆续地看到了阎立本的《历代帝王图》等真迹,对于它们那种雍容博大的形象,"得心应手、游刃有余的技法",或者如鲁迅所总结的"空实明快的线条,辉煌灿烂的色彩",所焕发出来的"恢弘博大,显得气度高华",不禁心降气下,敛衽无间,由衷地表示了拳拳服膺。从此便开始了人物画的创作。

他的人物画主要描绘的题材有菩萨佛像、高士仕女。前者完全模拟敦煌莫高窟的壁画,宝相庄严,取法广大。后者则综合唐人、宋人,兼取陈老莲,自成温雅端丽的个性风貌。

新中国成立初期,他于人物还偶有创作,不久便完全彻底地告别了人物画坛。而恰恰正因为此,他所留存下来的人物画作品,几乎每一件都是精品,而不是像山水、花鸟那样到了晚年不免有力不从心的应酬之作传世。

六、书法艺术

谢稚柳自述没有在书法上下过什么功夫。这主要是从今天对于"书法"的学习要求而言。事实上,他从启蒙直到 60 年代,他的做作业也好,日常应用也好,都是用毛笔写字;甚至他闲来无事之时,竟然还用小楷抄录邓椿的《画继》、詹景凤的《书画旨》。试想，这又是何等的功夫。所以，事实上，他的书法艺术，其成就与他的绘画艺术是不分轩轾的。

这样说，并不是意味着他对于"书画同源"的认识，与文人画尤其是野逸派的"三绝""四全"是同调的。他当然认同书与画的关系，但却并不赞同绝对地认为"画法全是书法""书法全是画法"。他认为，书画固然相通，但书法有书法的法则，绘画有绘画的法则，各自的本质是绝不等同的。例如，在张彦远《历代名画记》中被作为"书画用笔同也"的典型来分析的顾恺之、陆探微、张僧繇、吴道子，作为晋唐绘画史上的大画家，却并没有兼为大书家。尤其是吴道子，对他生平的记载分明是跟从贺知章、张旭"学书不成，去而学画"。

当然，这样说同样也并不意味着作为一位画家就不应该写好书法。"只有先成为一个优秀的书家，然后才能成为一个优秀的画家"固然不可征信，"只有写不好书法，才能画好绘画"同样不足征信。

回过头来分析谢氏的书法艺术。由于他最早学画是从陈老莲入门，而陈的一手行楷小字写得风姿绰约。因此，尽管当时的少年练习写字，多是以状如版刻的《星录小楷》为范本，重在把握横平竖直的字形结构，而夙有艺术天赋的谢稚柳却心有灵犀般地投入到陈的书法，重在把握潇洒的风神和俊逸的点画。

直到60年代，谢稚柳的书法基本上都是一手陈老莲的行楷，且以小字形为主，约1厘米见方。但陈书内蕴的"奇僻""迂怪"的个性，在谢书中则转化为风华俊朗。这种转化，不是通过字形的变化，而主要是通过笔墨点画的气质变化而形成的。

可以说，直到1970年之前，谢稚柳虽然也偶尔为朋友创作一些"书法作品"，但他的重点，主要还是在于日常应用的写字，以求写出一手好字。真正在书法上用功夫，是从1970年开始的。当时，为了鉴定《古诗四帖》的作者究竟是否张旭，他把此帖勾摹了一本，并反复地模拟它的笔法。结果,当鉴定工作完成之后,他自己的书风也幡然进入了一个新的境界。再加上此时,他的画风开始倾向于阔笔"放浪"的"落墨法",这就使他更自觉地推动了这一路书风的发展。大量作为"书法作品"的创作,也从这一时期正式揭开序幕。而从此之后,日常应用的写字反倒很少再用毛笔书写了。

这一时期的书风特色是以狂草书为主,字形适中,约在 5 厘米见方,而且多采用手卷的形式,笔墨点线如龙蛇起舞,一波未平,一波又起,呈烟云满纸、波澜壮阔之致。

这一段谢氏书法生涯中的第二高峰时期,大约维持到 80 年代中期。此后,因全国古书画的鉴定工作和身体上的原因,这时期较为灵动的书风同他前期的画风一样,已难以表现出来了。他的绘画虽然渐入了衰退,但他的书法却并未因此而衰退,而是进入了又一个新的高峰。直到他去世时,在病榻上,还时有精彩的书作奉献给人们。

究其原因,是他的老师钱名山的书法对他的影响。在寄园时,少年谢稚柳并不喜爱老师的书风,直到 80 年代中期之前,他对老师的书法也还没有特别注意。然而,80 年代中期之后,谢稚柳在书画界的名声开始大振,爱好他书画作品的人越来越多,其润格尽管在今天看来简直低得可怜,在当时却也显得数目不小。而此时,钱名山的书法则几乎没有什么市场。于是,不少人便去收购钱的书法,再用它来交换谢的书画。一开始的时候,谢氏是从尊重师道的角度收藏老师的遗墨,但不久即发现,老师书法凝蓄雄强的用笔,恰可借鉴过来为自己风腕后的书法作变法之用。由于钱的书法作品多为大字对联,从此,谢稚柳的书法也开始大量地创作大字的对联,每一个字在 20 厘米见方,结体端庄,用笔朴茂,精气内敛,呈富丽堂皇的气象。

综观谢稚柳一生的艺术生涯,他在书画鉴定、书画史研究、绘画创作、书法创作的每一个领域,都创造了他卓越的成就,可谓开宗立派。单就某一领域而论，抑或有与之相埒甚至略胜其一筹的人物；然综合地比较，则上下千年，纵横万里，能有他如此成就的，代不数人。由于他的成就在风格上不是以与众不同见长，而是以出类拔萃取胜，因此也就更具有如他所标示的"先进典范"的普遍推广价值。

（2004 年）

附：
分钗半钿尽生尘
——谢稚柳先生的艺术观

一

老友郭慰众兄雅好收藏近代海派名家的书画，数十年来所获颇丰并精。前不久，郭兄邀赏其近几年新得的佳作珍品，谢稚柳先生的一卷《梅竹双清图》给我留下了极其深刻的印象，并勾起我对二十五年前一段往事的记忆。

1995年的春夏之交，谢老突然冒出"准备后事"的念头，而且颇为迫切。他的所谓"后事"，也就是把他一生的著述尽可能完整地整理、结集出版。产生这一念头，也许是因为他预感到属于自己的时间已经不多；但除此之外，在与他的交谈中，我还了解到至少这三方面的原因：

第一，他对自己的著述成果非常看重，因为他坚信自己的思想观点绝不是"从文字到文字"的无的放矢，而是有着切实的意义和价值。但在特殊的背景和形势下，长期以来未能引起学界应有的关注，尤其是伴随着岁月的推移，他的不少文字在社会上已经难以觅得，更使他的观点未能在继承、弘扬优秀传统的实践中产生应有的作用。

第二，他深信并已经看到，经过实践的检验，书画界形势的发展正在证实着他思想观点的价值，因此，因势利导，将过去的著述重新整理并结集出版恰当其时——果然,在先生身后不久,"晋唐宋元书画国宝展"、《宋画全集》,等等,谢老所倡导的传统观获得空前的肯定和推赞,优秀传统文化的复兴势不可当。

第三,在他的晚年,有些署他姓名的著述并非出于他的亲笔,而是由友朋、门生捉刀。尽管所体现的是他的思想,但他表示,为了不"掠人之美",在新的结集中一律不收入这类文字,以免后人误传。

当时,先生嘱我参与其著述的编辑出版事宜。我根据先生的意图分为三部:《敦煌石窟叙录》的再版;《鉴余杂稿》(增订本)的整理,主要是加入《水墨画》;《壮暮堂诗钞》的收集整理。最后一种是在1984年香港赵汉钟《壮暮堂诗词》的基础上再增加一倍的内容,基本上是从1993年开始,由大家分头搜集供稿,再由谢老亲自确认誊抄而得。在紧锣密鼓中,1995年12月,《壮暮堂诗钞》率先正式出版;翌年6月,《敦煌石窟叙录》的新版又正式推出,《鉴余杂稿》(增订本)也已发排,定于同年12月出版。所以,1996年的夏天,先生的心情特别舒畅,认为自己的"后事"已经全部办妥,可以"放心"了。其间,还特地为我班级的同学作了一次关于美术史研究的讲座,时间长近两个小时;后来由王彬同学根据录音整理成文,发表在2000年出版的《朵云》第五十二集上。

就在"诗钞"出版不久,我又发现了好几首失收的诗作。我们从一开始便不同意"后事"的说法,现在,当然更不同意"后事"做好、可以"放心"的话头。可是,又有谁能料到,一语成谶,木崩山坏,天丧斯文!7月的某日,我们高高兴兴地准备送先生去美国休养,临行前一小时,突然有客人上门索书对联二十副。我们正要拒绝,先生却摊开早已收起的笔砚说:"给他写!"于是,我们便帮助折纸、拉纸、收起、钤印,三分钟一副。客人乘兴而来,满意而归;先生却不免稍显倦色。一个月后,先生在美国查出胃癌晚期并手术,至1997年初回沪继续治疗,仅半年的时间,便真的离我们而去了。

二

回过头来说"诗钞"佚诗的搜集。从 1995 年 12 月正式出版到 1996 年 7 月谢老赴美之前,我陆续从画册、拍卖图录和公私收藏的原迹上找到二十余首谢老未入集的诗作,并一一请先生过目、确认。其中尤以 1993 年出版的香港《名家翰墨》"谢稚柳特集"所刊的《梅竹双清图》卷(即今慰众兄所有者)题诗最称精彩:

裁冰铸雪了无因,空里天花不著身;
一自逋仙沉梦后,分钗(一作衩)半(一作寸、残)钿尽生尘。

林逋梅诗数百年来为人所乐道,则善矣。予以为梅妻鹤子,不免可笑耳。苦篁斋并记。

熟悉谢老的朋友都知道,谢老的诗渊源于李长吉、李义山。但长吉诗的呕心沥血、石破天惊,义山诗的朦胧冷艳、缠绵深至,在谢老的诗中却几乎不见影响。谢老表示,这是因为他三十岁时认识了沈尹默先生,同住重庆陶园,仅两间之隔,朝夕相见,谈诗论书。见谢老的诗仿长吉、义山体,沈先生便告诫他:"不要专学长吉、义山,还要研究一些宋人的诗。"谢老自述这一告诫使自己"获益匪浅",所以嗣后的诗风便倾向于宋人的自然平实,以"真切感受"的说理明事为旨,尤其是论说画理。而就我所见到过的谢老题画诗、论画诗,包括"诗钞"所收入的和失收的,这首《题梅竹双清图》堪称第一;所以"诗钞"的失收实在是非常遗憾的,责任主要在我的疏忽。

题诗未落年款,但从画风看当作于 20 世纪 50 年代。而从诗意来分析,又与新中国所倡导的文艺思想相合拍。因为印刷品甚小,所以我就把它抄下来并画册一起拿给谢老求教。谢老明确表示,画作于 1955 年,卷后拖尾上还有他 1990 年在香港见到此画后应藏家之请所作的题跋。诗则是他三十岁上下时写的,表明他对于中国画传统审美的认识,开始由早年的倾慕明清文人画转向唐宋的画家画。

首句讲梅花在三九严寒时的绽放,完全是当然如此的自然现象,而绝非历代文人自命清高地认作是因为遭到群芳的妒忌迫害,或为了嘲弄众香的趋炎附势。如陆游的"无意苦争春,一任群芳妒。零落成泥碾作尘,只有香如故",王冕的"冰雪林中著此身,不同桃李混芳尘",或李方膺的"清香传得天心在,未许寻常草木知"。

第二句借用了《维摩诘经》中"天女散花"的典故,意谓心无俗念则花不沾身,而孤芳自赏恰恰是最大的其俗入骨。亦即黄庭坚所说的"平居无异俗人,此不俗人也;平居大异于俗人,此真俗人也"。

最后两句则由附注点明:林逋的"疏影横斜水清浅,暗香浮动月黄昏"当然是千古传唱的咏梅名句;但"梅妻鹤子"的风雅标榜实属亵渎人情物理的画蛇添足,不值一哂!

青原惟信禅师云:"老衲三十年前未参禅时,见山是山,见水是水;及至后来亲见知识,有个入处,见山不是山,见水不是水;而今得个休歇处,依然见山是山,见水是水。"英国文艺批评家罗斯金(Ruskin)则说:"我们有三种人,第一种见识真确却没有感情,对于他,樱草花是十足的樱草花;第二种人感情用事,所以见识错误,对于他,樱草花就不是樱草花,而是一颗星或一位被遗弃的少女;第三种人见识真确又有丰富的感情,对于他,樱草花永远是它本身那么一件东西,一枝小花,从它简明的连茎带叶的事实认识出来,不管有多少联想和情绪纷纷围着它。"——结论:"这三种人的身份高低大致可以这样定下:第一种完全不是诗人,第二种是二流诗人,第三种是一流诗人。"

准此,在中国文化包括中国画的比兴传统中,对于梅花乃至一切自然造物的审美,撇开纯粹实用的图谱不论,明清文人画家便属于"第二种人"。梅花到了他们的笔下,被愤世嫉俗、高自标置到曲折支离,实际上物本无与,全是文人的一厢情愿。常州学派的代表人物之一龚自珍曾为此专门撰写了一篇《病梅馆记》,认为梅花的自然本性是正、直、密的,但当时"文人画士"的"孤僻之隐"偏偏以此为俗,而以欹、曲、疏为雅,乃"斫其正,锄其直,删其密""遏其生气",遂使天下之梅,尽为"病梅","文人画士之祸之烈,至此哉!"

"忽漫赏心奇僻调,少时弄笔出章侯。"谢老的绘画是从梅花开始的,而他的画梅则是从陈老莲(章侯)开始的。陈氏的梅花恰恰是明清文人画"病梅"的典型:粗干细枝,盘郁残缺,坎坎坷坷,节节疤疤,伤痕累累,冰心点点。谢老的画笔,直到三十岁前后,无论梅花还是其他花卉,包括书法,几乎全出章侯一脉。他对章侯的推崇和痴迷,尤其可以从他二十五岁所撰的《陈老莲》一文看出,"固以天胜,然各有法",简直集古今之大成,无与伦比!当时,张大千知道他痴迷章侯,所以每见到陈氏真迹,便拷贝一份白描供他借鉴。这批张摹陈老莲的白描稿,谢老曾给我欣赏过六七件。因为上面没有钤印,而大千弟子顾福佑手里保存有部分乃师的早年印章,顾去世后归其女婿马燮文所有,而马与我相熟,所以还曾拿去马家加盖了大千的印鉴。

1937年清明后一日,日寇侵华,形势严峻。谢老在南京吊明孝陵,"念离伤乱,其心实悲",赋《瑞鹤仙》一阕(亦"诗钞"失收),末有句云:"土花凝碧,南枝破寂。疏影荡,玉箫咽。怕澹妆轻委,分钗残钿,流怨裁冰笔。休唤醒,沉梦逋仙,旧情总别。"翌年寓重庆,作陈氏画风的梅花一帧并题此词。到1941年作《杂画册》,还是陈氏画风,其中梅花一开上所题,即《梅竹双清图》上的那首,但无注,证明谢老回忆诗作于三十岁前后是完全准确的;同时也说明从此时开始,谢老对陈氏的孤僻画风已经有所反思,由"见山不是山,见水不是水"逐渐转向唐宋画"粉饰大化,文明天下,观众目,协和气"的"见山还是山,见水还是水"。所以,从三十岁到四十岁之间,谢老的画笔中,老莲体和唐宋风是并存的。直到四十岁之后,才最终告别了老莲体,但书法的老莲体一直保持到六十岁前后究心张旭《古诗四帖》之前。且看其此际所撰《水墨画》一书中对陈氏的评价:"他对于一些形象所须强调的动态和神情,在他的脑子里又是怎样的一种幻觉啊!""他的这种迂怪的个性表现,是不足为训的。"他对梅花的欣赏,便由陈老莲为代表的"第二种人"的"病梅",彻底转向了"第三种人"的健梅。扩展到整个中国文艺包括绘画审美的认识,便是以唐宋画为中国画优秀传统总体上的"先进典范""先进方向",而明清画纵有个别的天才杰出,整体上却"已如水流花谢,春事都休了"!

三

展开见证谢老画学思想转捩的《梅竹双清图》画卷,引首是陈佩秋先生的题耑:"梅竹双清。高花阁健碧。"虽未署年,从书风看应为1990年前后与谢老同赴香港时所题。

画心上,谢老题款的书风虽然仍是老莲体,但画风却从老莲的迂怪幡然改图,归于平正。行干出枝,长条挺拔,刚健婀娜,梢头更见弹性,似微微颤动;盛开欲放的花朵、花蕾,疏疏密密、正反转侧地点缀在枝头,与宋人扬无咎的画风若合符契,而更得之于生活真实物理、物性、物态的观察剪裁。一种疏影横斜、暗香浮动散发着大自然的清新,夺造化而移精神,绝去文人画屈曲贫病的愤世嫉俗、怨天尤人。

"德不孤,必有邻。"相比于其早年同样题有此诗的梅花图,不仅形象、骨气、用笔由陈老莲的"病梅"转向了宋人的"健梅",更在梅香的后面撒出了一片娟娟净秀的竹影;画法一变明清文人画个字、分字、介字的程式化、符号化,学宋人徐熙、文同的"胸有成竹"而源于生活、高于生活。

抗战期间,谢老寄寓重庆江北苍坪街,屋后一片竹林,吟风筛月,露涵雨洗,天天耳濡其声,目染其形,心悟其神,于画竹之道竟一超直入,秀出千林。龙须半剪,凤膺微涨,月明风嫋,潇洒出尘,致使张大千先生也惊叹为"(画竹)无人能及!"此卷中的竹子虽非画面的主体而只是陪衬,但行竿、出枝、撇叶、勾节,无不"论形象之优美,画高于真实;论笔墨之精妙,真实绝不如画"。尤其是竹叶的撇出,有在淡墨的梅干之后的,竟能至梅干的边缘戛然而止却又笔势不断。这在一般的情况下,简直是不可思议。但谢老曾对我讲起过,在重庆时见到徐悲鸿画修竹仕女,仕女背倚在毛竹竿上,竹竿一笔而下却没有污掩到人背上,令他诧异莫名。徐便对他说,这很容易的,只要按仕女的背影剪一块薄纸板覆盖其上,撇竹竿便能既纵其笔势又不污人背了。此图的竹影梅干不相掩映,很可能也是借鉴了纸板之法。

抗战胜利后,谢老由重庆回沪,对竹子的一往情深几不可一日无。但在溧阳路寓所的小园里栽竹,多不能成活,遂颜其居曰"苦篁斋"。题款"苦篁斋并记"及押角"苦篁斋"章,便来源于此。后来迁居乌鲁木齐路、巨鹿路,艺盆竹、栽林竹,便又郁郁葱葱了。

拖尾先是谢老的题跋:

> 此三十五年前所作,顷过香港重见及之。衰老日甚,垂暮之年不复能为此矣。庚午岁暮壮暮翁稚柳八十有一。

接着是陈老师的题跋:

> 风梢落墨摇清影,难得画梅出好枝。夏绿春红行饫眼,双清又照满头丝。右壮暮双清图卷并梅竹诗,作于一九五五年,为其盛年时期最精之笔。壬辰岁阑健碧榝玉轩中识。

陈老师在这里所录的梅竹诗,即"诗钞"中所收的《为客写梅竹二图即题卷后》,应该是谢老70年代之后所作。

赏画读诗,二十五年前拿着《名家翰墨》向谢老问学请教的情形历历在目,而谢老离开我们竟有二十三年了!在谢老身后,我依然用力于搜集"诗钞"外的佚诗,加上谢老生前所确认的,得五六十首。2003年,与定琨兄一起编选谢老《中国古代书画研究十论》(复旦大学出版社 2004 年版)时还商定,到谢老百岁诞辰(2010 年)时再出一本更完整的《壮暮堂诗钞》以为纪念。但痛心的是,后来不知什么原因,翻箱倒柜也找不到那些以十五年心力搜集到的佚诗。由于我不思上进,竟至连手机、电脑也不会用,没能及时将佚诗录入存档,至为可惜!

"春红夏绿遣情多,欲剪烟花奈若何。"(谢老诗句)值此谢老冥诞一百一十周年,可以告慰先生的是:他倾注了毕生心血所倡导的中国画优秀传统的"先进方向",在坚定文化自信的今天赢得了广泛的认同,并正由年轻一代孜孜矻矻地在实现它的创造性转化和创新性发展。

(2020 年)

05 第五讲
谢家宝树

因为长期追随谢稚柳先生学习的关系,对常州钱谢风雅包括谢伯子先生的故事一直是有所关注和了解的。记得在谢老的壮暮堂中见过伯子先生几次,但均未暇交流。后来专程去伯子先生十子街的府上拜访过几次,有了较深入的笔谈;又在常州工人文化宫的画廊中偶遇过几次,每次都被他热情地拉着坐下作短暂的交流。再后来伯子先生去世,其哲嗣建红兄致力于研究乃祖玉岑先生,在与建红的多次交谈中更加深了对伯子先生的认识。如今,建红的《谢伯子评传》即将付梓,嘱我为序。以我对常州学派和钱谢风雅的倾心,自然当仁不让。

伯子先生是"谢家宝树",但却天生聋哑。或以为天妒英才,他本人却向我表示是因为父母的近亲联姻所致。

原来,儒家以孝道为"修身齐家治国平天下"的根本。《论语·学而》有子曰:"其为人也孝弟,而好犯上者,鲜矣;不好犯上而好作乱者,未之有也。君子务本,本立而道生。孝弟也者,其为仁之本与!"百善以孝道为先,而不孝以无后为大。所以,子子孙孙永无穷尽的血脉传承为最大的孝;自然,子子孙孙其永保之的文脉传承为最大的仁。进而,也就有了将文脉注入血脉中去,使之合而为一的传统。从孔子到韩愈,从朱熹到庄存与,几乎都把自己的女儿许配给最优秀的学生,在女儿"不够"婚配的情况下,更以侄女许配之。江南大儒钱名山在这方面的表现更加积极,几位优秀的弟子,谢玉岑、程沧波成了他的女婿,王春渠、唐玉虬则成了他的侄女婿。在一般的师生而翁婿关系中,这种亲上加亲的做法当然不存在问题。但钱谢联姻已有两代。因此,玉岑先生和素蕖夫人的姻缘实已埋下了近亲的隐患:这一隐患可以降落于下一代,也可以不降落;可以降落在这一人,也可以降落在那一人。不幸的是,它降落到了伯子先生的身上!

俗话说:"盲瞽者敏于音声,聋哑者敏于形色。"所以,古今中外的残疾人教育对盲瞽者的培养,通常向音乐的方向发展;而对聋哑人的培养,通常是向书画的方向发展。伯子先生从小就表现出形象辨识方面的天赋,绘画自然是家长们对他有意识培养的方向,何况父亲的朋友中有的是当代画坛的高手大家,如张大千、郑午昌等等。但诗词必须讲究四声韵律,按常理说,绝非一个聋哑人所能涉事。我们可以找到不少盲瞽而成就音乐的例证,如师旷;但鲜难找到聋哑而成就诗词的例证——后天的聋哑自当别论。

但他的外祖父名山先生也许意识到近亲联姻对外孙的伤害,所以竟抱定"人定胜天"的意志,一对一地亲自教授他平仄音韵!终于,少年谢伯子到了十多岁便已诗名鹊起,一时有"伯子颖悟过人,确实属于遗传性的先天优秀,只可惜幼年便成聋哑,读书识字当然大难。但他未曾进过聋哑学校却能无师自通,居然能把书本默诵强记,不特识字还能知诗。真是奇迹啊!"(1944年5月14日《平报》)

据伯子先生自述,他在1937年之前"做过很多首诗,经过外公和舅父(钱叔平)的修改,积累成为诗稿,连同外公的讲稿一起放在寄园家塾,谁知抗战爆发后,全部散失了"。现在还可以见到的他的早期诗作,仅《十六字令·学词两阕》等极少的几首,举其一如下:

> 词。缀玉联珠绝妙辞。
> 迷人处,风味寸心知。

略可窥其慧心。进入80年代以后,其诗作渐多,也更广为人知了。这里不再举例。

　　相比于诗词,伯子先生更为人所称道的是他的绘画。他既得张大千、郑午昌的亲炙,又以默如雷霆、凝神守志,于人物、山水、走兽、花鸟、工细、粗放、青绿、水墨无所不能。1944年5月,在上海八仙桥青年会青年画厅举办首次个人画展。作为当时在上海举办个人画展中最年轻的画家,共展出一百余件画作,又有与名书家合作的扇面画二百件。原定展期11至17日,不料作品被"定购一空,致后来有向隅之憾。兹特商请谢君续陈新作,展期四天(18至21日)"。情况之热烈,"为青年画厅历来画展所未有"。

　　钱名山先生《谢宝树题画》诗有云:

　　　　六法天开别有门,谢家宝树茁灵根。
　　　　平生不解师松雪,却有王蒙是外孙。

便是因外孙这次画展的一鸣惊人、大获成功而发。嗣后,伯子先生的画名益盛,卖画也一路顺畅。1947年5月,上海市文化运动委员会主办全国文化美术奖,又颁予其国画三等奖的荣誉——一等奖篆刻方介堪,二等奖雕塑张充仁等,三等奖国画谢伯子等——至此,作为一个职业画家的生涯,可以说已经水到渠成、前途光明。

　　然而,我们知道,寄园的教育,对弟子的培养旨在"期成大儒"而"游于艺",而绝不是"以文自名""止为文章"地"职于艺"。伯子先生的父执辈如此,伯子先生也不例外。名山先生有文《记外孙谢大》:"能作《左传》论,又好画。"《春秋》义例,于人生的选择,始终是以政事、教育、医疗为立身处世的次序,也即欧阳修所说的"士君子自当以功业行实光明于时,亦不一于立言(文艺)而垂不腐"。程沧波、郑曼青、谢稚柳如此,谢玉岑如此,唐玉虬如此,谢伯子当然也没有例外。就在他的画艺羽翼丰满,一飞冲天,未来成就未可限量,只待翱翔不息之时,成立于1942年8月的上海光震私立聋哑学校校长李定清向他发出了邀请，聘他担任学校的美术教师。

"老吾老，以及人之老；幼吾幼，以及人之幼"，则"聋哑吾聋哑，以及人之聋哑"，对于从小受《春秋》教育的伯子先生，自然当仁不让、义无反顾。但是，他不懂手语，也就无法与聋哑的师生进行教学的交流。为此，他停下画笔，苦练手语半年，终于于1947年成为该校的一名正式教师。1949年初，在武进聋哑学校倡办人戴目的多次邀请下，他又返回家乡，出任常州市聋哑学校校长之职。一个有着美好前程的画坛新秀，从此毅然终结了自己职业画家的生涯，为中国的特教事业作出了杰出的贡献，而绘画则成了他的"余事"。在长达三十年的聋哑教育职业生涯中，他提出了一整套具有中国特色、具有原创性的聋哑教育思想，他的铜像也在身后被安放进了中国特殊教育博物馆中。

苏轼《文与可画墨竹屏风赞一首》有云：

> 与可之文，其德之糟粕；与可之诗，其文之毫末。诗不能尽，溢而为书，变而为画，皆诗之余。其诗与文，好者益寡；有好其德如好其画者乎？悲夫！

则伯子先生之诗，知者益寡；有知其特殊教育之贡献如其绘画成就者乎？有之，请自建红兄的《谢伯子评传》始。

（2022年）

06 第六讲
玉树临风——陈佩秋艺术论

通常衡量一个女画家的艺术,往往带有某种降低一个档次的照顾性质。这也是不得已而为之,试看中外绘画史上,真正能与须眉一较短长的女画家能有几人?在中国,六朝三大家是男性,南宋四大家是男性,元四家是男性,明四家是男性,清六家还是男性,在西方,文艺复兴三杰是男性,贝拉斯克斯是男性,伦勃朗是男性,梵高是男性,毕加索是男性……女子能操翰弄墨、调朱砂粉,诚属难能可贵;评论家自然也就对之格外"施恩",放低标准。如清汤漱玉辑《玉台画史》卷一引《宣和画谱》:"宗妇曹氏,雅善丹青,所画皆非优柔软媚、取悦儿女子者,真若得于游览,见江湖山川间胜概,以集于毫端耳……然妇人女子能从事于此,岂易得哉!"迄止今天的各种画展,凡女性的作品,所贴标签的画家姓名后面都要加一个"(女)"字,原因正在于此。

然而,任何事情,有公例就会有例外。陈佩秋的艺术就是这方面的一个典型。

中国绘画史之有陈佩秋,有如中国文学史之有李清照。她绝不是以难能可贵的女画家的身份而引人注目,而真正是以自己的艺术睥睨画坛。她的艺术绝不是在作为一个女性画家档次之后以照顾的性质而得到承认的,而是在相当的程度上提高了传统绘画的一个档次。尤其立足于中国画由传统而进入现代的转折点上,陈佩秋及其艺术更具有特殊意义和价值。

所谓"睥睨画坛"也好,或者"提高了传统绘画的一个档次"也好,都是基于一种艺术的比较而得出的结论。艺术的比较标准,不像跳高、跳远或赛跑,高低、远近、快慢,可以划出一道机械的界限,而完全是凭一种感觉、一种妙悟,也就是西方美学家所称的"审美判断力",中国传统美学则以为内中的奥妙"可为知者道,难与俗人言"。例如,我们认为八大山人比罗牧画得好,龚贤比樊圻画得好,就都是基于这种"可为知者道,难与俗人言"的审美判断。有一种观点认为,艺术上的创造不可比较,各有各的长处,也各有各的不足——这种观点是我所难能苟同的。根据这种观点,大画家和一般画家也就无所区别而应该一视同仁,这样,一部绘画史岂不鱼龙混杂、珠目俱下?因此,真正的画家,在他的心目中总是横有一道无形的比较横杆,并念兹在兹地努力去超越它,提高它;而真正的评论家,也总是以这道无形的横杆为标准,去粗存精,去伪存真。

早在二十年前,陈佩秋尚未声名显赫,我有缘聆听到她关于艺术的见解,其精神不外乎二:一是创新,二是要有难度。"笔墨当随时代",中国画需要创新,自无可非议。但不少"创新"之作,不要传统,不讲笔墨,走捷径,抄近路,模压法、拓印法、揉纸法、墨纹法、抗水法……一味逞奇炫巧,无所不用其极,实际上降低了中国画的档次,显然并不可取。陈佩秋认为,衡量创新价值大小、成功与否的标志,不仅仅在于"新",更在于"难",如果你所开创的"新"风别人一学就会,这样的"新"实在并无太大的价值,更无法在艺术史上占有一席之地;只有当你的创新不仅新奇,而且这种新奇的境界是别人难以学会、难以企及的,你的创新才真正具有艺术史的意义。唐张彦远《历代名画记》曾论:"古人画云,未为臻妙,若能沾湿绡素,点缀轻粉,纵口吹之,谓之吹云,此得天理,虽曰妙解,不见笔踪,故不谓之画;如山水家有泼墨,亦不谓之画,不堪仿效。"又,朱景玄《唐朝名画录》亦记:"(王墨)每欲画图幛,先饮,醺酣之后,即以墨泼,或笑或吟,脚蹙手抹,或挥或扫,或浓或淡,随其形状,为山为石,为云为水,应手随意,倏若造化,图出云霞,染成风雨,宛若神巧,俯观不见其墨污之迹,皆谓奇异也。"但毕竟"非画之本法,故目之为逸品,盖前古未之有也"。诸如此类"盖前古未之有"的新奇画法,之所以没有能在画史上获得较高的评价,正是由于它们缺少艺术创作之"本法"所应有的难度的缘故,好比体育竞赛中的跳高,别人是严格地往上跳,你却别出心裁地往下跳,纵然具有一时的"新闻"价值,终究无法作为跳高的"本法"。"逸品"画格之成为正宗,正是宋代以后的文人画家对"本法"下了相当功夫所致。

康利夫在评论二次世界大战以后的美国作家时说:"他们要出名就得搞一个与众不同的'特征',要保住地位就得写出新奇的小说——不但要'新',而且要成为'新闻'。"这种心理,大概也可以用来诠释当代中国画坛某些急功近利的"革新派"画家的"创新"动机。应该承认,这些画家大都聪颖过人,也不乏艺术的才华,但由于舍难而求新,致使他们的"创新"都不敢在绘画的"本法"上用功夫,结果不过如昙花一现,无法承受时间的考验。试设想,那种把宣纸在搅拌了颜料的水面上拖来拖去的"墨纹法",由某甲来操作抑或由某乙来操作,所能获得的肌理构成效果以及蕴涵于此种效果中的力度和深度、神韵和意境,究竟会有怎样的区别呢?艺术上的这种"聪敏误",固然令人遗憾,但更令人感到担忧的还是导致这种"聪敏误"的庸俗的功利动机。

纯粹的艺术世界是功利社会中的一块净土。因此,艺术的创新,尤其是高难度的艺术创新需要虔诚的心境,它与庸俗的、虚伪的、矫饰的功利动机是水火不相容的。名利心一日不死,艺术心一刻不活。清代的盛大士早在《溪山卧游录》中就曾明确指出:"米之颠,倪之迂,黄之痴,此画家之真性情也。凡人多一分世故即多生一分机智,多一分机智即少却一分高雅。故颠而迂且痴者,其性情与画最近。"颠、迂、痴的说法不免过分,但与一般的"机智"者纷纷攘攘、逞奇炫巧地追名逐利相比,陈佩秋对于世故人情的生疏冷淡是显而易见的。"万籁都沉,月明中夜,心弥万里清如水",这就使她有可能守神专一,将全部的时间和精力投入到高难度的艺术创新之中。

说到聪颖,陈佩秋决不在那些"小聪敏"的"机智"者之下,作为曾经是西南联大的一名理工科学生,转而钟情于艺术,她是由冰雪聪明进而企达了大智若愚的境界。当一般画家忙于交际应酬以提高各自的社会知名度之时,她寂寞无言地耕耘在自己的艺术园地里;当一般画家致力于"创新"的终南捷径以提高各自的艺术知名度之时,她默默无闻地执着于传统的艺术追求中。这种近乎颠、迂、痴的性情,致使她的艺术直至进入80年代以后才脱颖而出。以她的冰雪聪明,她不是不能在更早的年代享有大名;然而,她不屑于此。对于高难度的艺术创新来说,她深知功夫、火候的重要性,深知时间积累的重要性。正如鲁迅曾经说过,宁可将长篇小说压成短篇,而决不将短篇小说拉成长篇。陈佩秋也是本着这种精神,以上智而作下愚的努力:凡是在二十年里可以达到的成就,她宁可用四十年的时间去取得它,而决不在十年的时间里搞"速成"。因此,她的脱颖而出比之时下某些"革新派"画家的脱颖而出也就大相径庭。以烧开水作比喻,"革新派"画家并不是在火候上用功夫,而是在压力或水量上动脑筋,通过减压或减少水量的办法迅速地烧出沸腾的开水,其实只有80℃,而且只有一小杯;而陈佩秋以纯青的炉火烧出的沸腾的开水,则是货真价实的100℃,而且是一大锅。

问题还不止于此。高难度的艺术创新是无止境的。一般的画家于功成名就之后往往不再用功,结果导致停滞不前、不进则退的局面。而陈佩秋则于享名后依然倦于酬应,专于艺术,这就使得她的创作永远地处于勇猛精进的状态之中,日日新,又常新,新新不已,层楼更上。以她的画荷为例,60年代的《白荷团扇》《红蕖湖面》等,亭亭净植,俨然宋人风规;70年代的《荷塘一角》,一变而为八大的情采;至90年代的《荷塘摇滟》,溟漾微茫,极妙参神,不脱传统的矩度而又无法用传统的任何一家一派去衡鉴,真所谓"无一笔是笔,无一笔非笔"。其他如兰竹、芙蓉、芭蕉、山水,大都也经过了千锤百炼,由繁入简,由绚烂入平淡,复又由简入繁,由平淡入绚烂,一日有一日之境界。我们很难预测陈佩秋今后的画风将是怎样的面貌。而根据她本人的看法,则认为自己的创新尚远未达到理想的境地,还需要不断地探索、探索、再探索,以致看到过去的作品,大有"悔其少作"之慨。

无疑,正是这种虔诚地、自强不息地追求高难度的艺术创新精神,造就了陈佩秋作为一代大家的卓然风范。

中国传统绘画历来有文人画、画工画之分。"大家画"的概念则是黄宾虹提出来的。这一概念并不是如今天所指的"大师""巨匠"之类的头衔,而主要是指一种风格追求而言。黄宾虹认为:"文人画者,常多诵习古人诗文杂著,遍观评论画家记录,笔墨之旨,闻之已稔,虽其辨别宗法,练习家数,具有条理,惟位置取舍,未即安详,而有识者已谅其浸淫书卷,嚣俗尽袪,气息深醇,题咏风雅,鉴赏之余,不忍斥弃……名家画者,深明宗派,学有师承,北宋多作气,南宋多士气,士气易于弱,作气易于俗,各有偏毗,二者不同。文人得笔墨之真传,遍览古今真迹,力久臻于深造。作家能与文士熏陶,观摩日益,亦成名家,其归一也。至于道尚贯通,学贵根柢,用长舍短,集其大成,如大家画者,识见既高,品诣尤至,阐明笔墨之奥,创造章法之真,兼文人、名家之画而有之,故能参赞造化,推陈出新,力矫时流,救其偏毗,学古而不泥古,上下千年,纵横万里,一代之中,曾不数人。"(《画法要旨》)黄宾虹在这里所指的"文人画"盖以才情胜,"名家画"则以功力胜——其中既有南宗文人,也有北宗画工;而"大家画"则"兼文人、名家之画而有之",也就是兼才情、功力而有之,"上下千年,纵横万里,一代之中,曾不数人"。这样的境界,显然不是一般的画家所敢梦见的。我不知道陈佩秋是否曾受黄宾虹这一思想的影响,抑或是与黄宾虹的不谋而合。总之,她的艺术追求确实是瞄准了"大家画"的境界的:既要有才情,又要有功力,既要创新,又要有难度。她深知,要想企达这样的境界绝不是单凭"小聪敏"的弄虚作假所可一蹴而就,而非以大智慧、大定力持之以恒地全力以赴不可。

中国传统绘画不徒为技术之事,更是一门"技而进乎道"的终生修养课业。而修养的途径则不外乎三:一是人品的涵养即"中得心源",二是传统的师承即"上法古人",三是生活的体验即"外师造化"。

"人品既已高矣,气韵不得不高,生动不得不至"(郭若虚),"人品不高,落墨无法"(文徵明),这些都是传统绘画史上的老生常谈。但是,历来对人品问题,总是作为一个道德伦理问题来看待,以特定政治运动中的善迹或恶行作为判断一个人人品高下的标准。于是,所谓"高"的人品,便被看作是某种善迹的表现,而所谓"下"的人品,则被看作是某种恶行的表现。这种观点并不可取。其实,人品的问题与道德伦理无与,它并不是一个政治概念,而主要是一个气度、气质的概念,它贯串并反映于一个人的纯粹行为态度之中,对于一个画家来说,也就是贯串于他的艺术态度包括师承传统的态度、体验生活的态度之中,而并不一定非在特定的政治功利行为中才得以显现出来。宋徽宗昏庸无能,以至于丧权辱国,仍不失为书画大家;赵孟𫖯大节有亏,以至于遗憾终生,仍无愧于艺坛盟主,盖皆气度大、气质雅使然。其他如元四家、清四僧等,关系其艺术成就的人品问题,同样不在于他们政治上不与统治者相合作的气节操守之类,而应该从他们博大的气度、高雅的气质中去找答案。在我的直觉印象中,陈佩秋与一般的画家是有着气度、气质上的根本不同的。从任伯年以还,"海派"绘画尽管作出了种种创造性的贡献,但其不足之处也是显而易见的,这便是气度上的"小"和气质上的"俗"。前文所述热衷于社交应酬、逞奇炫巧的种种急功近利现象,作为"海派"习气的遗传,正是小气和俗气的最好注脚。陈佩秋对应酬的冷淡,对名利的隔膜,反映到自己的创作之中,出笔便有天际真人想,而绝无一丝一息的小气、俗气,显得那样地本色,那样地清醇平和、事外有远致,观者或不识其人,观其画自不难识其品。

如果将人品问题纠缠于政治问题上颠来倒去,必然造成艺品评价的三番四复。作为一个画家,陈佩秋对于人品问题自有她自己的看法,这就是诚,诚以待人,诚以待艺。至于政治,她既不是积极地参与它,也不是消极地逃避它。她以超然的态度拥护清明的政治,但绝不是用艺术的形式来表述。陈佩秋的人品、艺品及其对于艺术创新的虔诚心境,完全是在世俗功利之外的,属于纯粹审美判断的范畴。如果没有这种超然的人品,满腹阿谀奉迎或牢骚块垒,而侈谈艺术的创新,那就正所谓"下士问道,如苍蝇声"(恽南田)了。

基于这种清醇平和、超然世俗的纯粹性格,陈佩秋将两宋的工笔设色画体作为自己艺术的起点。我们知道,两宋是工笔花鸟画史上最为辉煌的时期,元代以后,文人写意成为主流,工笔设色的画体不仅失去了昔日的光彩,更被视为"闾阎鄙贱"的工匠之事而不入大雅的鉴赏心目。这种观点当然有它相对正确的一面,试看明代边景昭、吕纪,清代蒋廷锡、邹一桂的作品,纵然画到绝顶,总难免刻板、僵硬的俗气而无复风雅之可言,工笔的画体似乎真的已经水流花谢、春事都尽了。然而,同为画院众工的手笔,两宋的工笔花鸟不仅不俗,而且极雅。这一点,即使是当时一些以高雅自命的文人士大夫如苏轼等,也是常有强调的。可见,雅俗之分并不在工笔还是写意、设色还是水墨,根本还在于艺术的表现本身。当然,无可否认的是,由于长期以来约定俗成的价值观念,以写意的表现博取雅的名声,比之工笔的表现要来得便易得多。因此,逮至近世,一般的画家视工笔为畏途,也就不能简单地仅仅看作是一个雅俗之分的审美观念在起着作用,其间或多或少还有着某种难易之别的投机心理在起着作用。陈佩秋既以高难度的艺术创新为己任,她的不甘于随波逐浪,而是敢于逆流而上、知难而进,也就在情理之中。更何况两宋工笔画体清醇平和的纯粹审美品格,又是那样地合乎她的人品性格。足足有二十多年的时间,她在两宋的作品中平心静气地揣摩临摹,而不管外面的"写意""创新"世界有多热闹,终于在艺术技巧和审美境界上,形成清新、明丽、洒脱、隽雅的特色,使工笔传统重放异彩。

于工笔设色画体心领神会之后,陈佩秋又回过头来转向水墨写意。水墨写意一路,近代大师辈出,如黄宾虹、张大千、潘天寿等,笔歌墨舞,各擅胜场;而江浙一带,尤以吴昌硕的画派最为风靡。一般的学者,大都以近代作为入门的起点,沿流讨源,不失为一条捷径。陈佩秋对于近代的各家各派当然是极其熟悉的,特别是潘天寿,当她还在国立艺专时便曾受其亲炙,按理来说,由此上溯,轻而易举。然而,她却偏偏不以近代为起点,而是把目标瞄准了八大、徐渭,直至宋元。这种舍近求远、直探本源、自上而下的功夫,在"聪明"人的眼里简直是违反常情常理的。但对于以高难度的艺术创新为己任的陈佩秋来说,非如此实不足以跳出时人的窠臼。古人云:"取法乎上,适得其中。"对艺术传统的远近问题,同样应作如是观。所谓"沿流讨源",实际上往往不可能追溯到艺术的源头,而只有"直探本源",纲举目张,才能居高临下地真正辨明源流之间的全部关系。古人所谓"得本不愁末",其实也正是这个意思。

试将陈佩秋的写意之作与徐渭、八大作一比较,徐渭那种狂肆放纵的笔墨同她是无缘的,她所注重吸取的是徐渭对于对象形神的高度提炼、概括,而在笔墨形式上则讲求清醇平和、内敛含蓄,这一点似乎与八大更为接近。然而,仔细品味,八大那种苦涩冷峻的情调,在她的笔下又一变而为温和热情。这种种变易,固然是她的人品性格使然,但也不能不考虑到她早先对工笔画体所获得的颖悟在其间所起到的调节作用。董其昌在《画禅室随笔》中曾说:"画家以神品为宗极,又有以逸品加于神品之上者,曰:失于自然而后神也。此诚笃论,恐护短者窜入其中。士大夫当穷工极妍,师友造化,能为摩诘,而后为王洽之泼墨,能为营丘,而后为二米之云山,乃足关画师之口,而供赏音之耳目也。"又说:"赵令穰、伯驹、承旨三家合并,虽妍而不甜;董源、米芾、高克恭三家合并,虽纵而有法,两家法门,如鸟双翼,吾将老焉。"正是道出了工笔与写意之间相互制约的有机关系,比之一般人将工、写视作水火不容,自不可同日而语。我不知道陈佩秋是否直接受董其昌这两段话的启发,但从她的艺术实践来看,她的认识无疑是与董氏相契合的。由此反映在她的写意之作中,比之一般的写意画家也就藩篱有别。不言而喻,写意画以"得意忘形"为极致,所谓"论画以形似,见与儿童邻"(苏轼),"意足不求颜色似,前身相马九方皋"(陈简斋),"逸笔草草,不求形似"(倪瓒),其上品之作,"妙在似与不似之间"(齐白石),而下等之作,则不免沦为"欺世盗名"(黄宾虹)者流。陈佩秋以常人难以企及的工笔功底,能"穷工极妍",而后为写意,以全面地把握笔墨形象作为高度地概括、提炼笔墨形象的基础,自然也就"纵而有法""乃足关画师之口,而供赏音之耳目"了。

工笔画变易了她写意画的面貌,同样,写意画也变易了她工笔画的情采。陈佩秋早期的工笔画,尽管情调清新、气格隽雅,但主要的还是以柔媚鲜华为有得,妙处正在于生意流动,若取之于骨法,则稍嫌不逮。然而,当她在写意画的领域满载而归,重新再作工笔设色,也就别是一番气象了。如她画竹,先以意笔行干撇叶,然后再双勾,显得矫健而有气势,"妍而不甜",这就不是那些不讲骨法、徒以渲染为能事的工笔画法所能奏效的了。

如上所述对于传统的孜孜矻矻,是 50—80 年代之前的事。如果进一步追溯,则早在国立艺专的学生时代,她就以执着的摹古功夫遭人非议。当时的画坛,创新的呼声很高,而摹古则被看作是艺术上没有出息的钻死胡同。然而,陈佩秋却坚持自己的艺术主张,一意孤行地浸淫在优秀的传统中与古人默契心印。当时,她以山水为专攻,从赵幹的《江行初雪》开始,由宋元而明清,不论寒暑,昼画夜思,一幅名作往往临摹不下十数遍,笔墨意境几可达到乱真。这样,从她的学生时代起,直到 80 年代之前,她在传统中足足摸索了近四十个年头,而且是山水、花鸟、工笔、写意,偶尔还涉事人物,无不穷其原委而后已,这在当代的画家中是罕有其例的。尤其值得称道的是,80年代以后,陈佩秋已经建立起个人的风格,但她依然不肯放松对于传统的临摹功夫,从董源、李成到王蒙,千岩万壑,一笔不懈,这在当代的画家中更是罕有其例的。这种在传统面前甘做小学生的精神,既是一种艺术的态度,更是一种人品的标志,充分地反映了陈佩秋坚毅而虔诚、自甘寂寞而不求闻达的清醇禀性。

在这里有一个问题需要提出来加以讨论,也就是创新与传统究竟是一种怎样的关系?对于那种认为传统是创新的绊脚石,因而创新必须撇开传统的观点,自不必加以理会。即使同样认为创新应该以继承传统为基础,但在具体的继承方法和方式上,其实也是存在着相当分歧的。比较容易为人所接受的一种观点是,继承传统应该是"师心不蹈迹""师其意不在迹象间",而坚决反对逼肖古人的所谓"皮毛袭取"。不能否认,这种看法自有它相对正确的一面。但问题是,传统的"心"也好,"意"也好,并不是空洞、抽象的东西,它是包含在具体的"迹象"包括笔墨的生死刚正、位置的疏密聚散之中的,正如客观物象的"神"是包含在它的"形"之中的。因此,"师心不蹈迹"的观点固然有功于针砭泥古不化之弊,但由此也导致了传统师承中浅尝辄止、不求甚解的现象,离开了"迹象",结果也就使传统"心意"的把握沦为一句自欺欺人的空话。有鉴于此,陈佩秋不仅坚持认为创新应该以继承传统为基础,而且坚持认为继承传统必须做到形神皆肖,也就是既要得其"心意",又要得其"迹象",而且是通过"迹象"得其"心意",而不是颠倒过来。根据"得心应手"的常识,她认为:传统的"心意"与"迹象"是一个不可分割的整体,只有一丝不爽地把握了它的"迹象",才能真正领悟它的"心意"之所在,进而更进一等,只有深刻入微地认识了它的"心意",才能真正地理解它的"迹象"之奥妙。如此循环反复,才可能吃透传统。这就不是仅靠浅尝辄止、不求甚解的态度所能办到了。

也许有人会提出,如此地执着于传统的"迹象",容易为传统所束缚而沦为泥古不化。这种可能性当然是存在的,不仅存在,而且比例相当之高。但从"继承传统是创新的基础"的立场来看,撇开传统的"迹象"而使"心意"的把握沦为自欺欺人,最终也就是使"继承传统"本身沦为自欺欺人的可能性之大,实在不在执着于传统的"迹象"而沦为泥古不化之下。相反,从成功的高度和难度来比较,形神俱肖地逼似古人无疑更在"师心不蹈迹"之上。

此外还需要提出的一个问题,是传统与生活的关系问题。陈佩秋认为,创新虽以继承传统为基础,但创新的实现却不是局限在传统的范围之中所能完成的,而必须投身到生活实践的体验之中。她之所以敢于提出形神俱肖地逼似古人的传统师承观而不怕沦于泥古不化,正因为她对传统与生活的关系问题始终有着清醒的认识。否则的话,即使"师心不蹈迹",恐怕也难以不为传统所束缚。陈佩秋对绘画史的看法,坚持以宋代的评价为最高,而对元代以后,则持"走下坡路"的观点。其理由正在于,宋代的绘画注重生活,而元代以后的绘画则明显地忽略了这方面的功夫。这不仅从传世的作品上可以明显地反映出来,也可以从大量的画史逸事、画论著述中看出。如易元吉入万守山百余里以觇獐猿,赵昌每晨起手调彩色对花写生,这种以万物为师的事迹,在元代以后便很少再有见到,足以说明画家对于生活热情的减退。不管对这种认识的评价如何,总之,基于这样的认识,陈佩秋对传统、主要是宋人传统的师承,始终是着眼于"生活"二字去理解其"心意"和"迹象"的关系,由此而将传统与生活的关系也统一了起来,而不是像一般从传统到传统或从生活到生活的画家那样,将两者截然割裂开来、对立起来。

当然,在传统的师承与生活的体验之间,还有一个孰先孰后的问题。陈佩秋十分注重生活体验,早在学生时代,她就坚持用毛笔画速写,后来更经常到山林、动物园、家禽饲养场去写生,她还自己养禽鸟,长期观察它们的生活习性,并借助于标本仔细地研究鸟的形体结构。但是,她并不提倡一上来就从生活下手,而坚持主张先从传统入门,以古人概括、提炼生活的有益经验作为体验生活的借鉴。例如,董源的披麻皴是从江南的真山真水中提炼出来的,李成的云头皴是从齐鲁的真山真水中提炼出来的,范宽的雨点皴是从关陕的真山真水中提炼出来的……当一个画家从古人的图式中学会了披麻皴、云头皴、雨点皴之后,再面对各地的真山真水,便不至于茫然无从下笔,进而举一反三,就可以从真山真水中提炼出古人所没有使用过的新的表现技法来。这种学习的程序,与董其昌在《画禅室随笔》中所指出的"先师古人,后师造化"一脉相通,同时也与贡布里希在《艺术与错觉》中所提出的"图式—修正"公式若合符契。根据贡氏的观点,绘画不是从视觉印象入手,而是从概念入手,没有对于传统的图式概念,就把握不住生活现象中千头万绪的母题。当一个画家师法造化之时,与其说发现了物象的外观如何应该归功于认真地观察自然,毋宁归功于传统图式在画家心理中的期待。由于传统图式的预先把握,使得画家在他所要描绘的景色中看到一些他能够描绘的方面,换言之,画家的倾向是看到他会画的东西,而不是画他所看到的东西。例如,面对同样一株梅花,学过西洋画的人与学过中国画的人所表现出来的情形大相径庭,学过工笔画的人与学过写意画的人所表现出来的情形也门户有别,原因盖在于此。因此,生活体验的过程也就是用传统的图式与自然物象不断比较、不断调整、不断修正的过程。而先古人、后造化的学习程序,正是提供了画家整理自然、规范自然的经验。只有当图式与自然格格不入时,他才矫正图式以重新应付自然,于是而有发前人所未发的新的图式创造出来。这样,通过先古人的学习,实际上培养了画家提炼、概括生活的先验能力;而通过后造化的学习,又可以反过来加深画家对于古人的"心意"与"迹象"辩证统一关系的理解,并提供了画家摆脱、超越古人的后天条件。陈佩秋的创作题材,有些是古人所曾反复描绘过的,如兰花、荷花、芭蕉、翠竹等等,有些则是传统的图式中无有先例的,如神仙鱼、仙人花、鹬鸟等等。由于经过了写生的观照,因此,出现在她的笔下,那些传统的题材明显地获得了一种发前人之所未发的新颖的表现形式;而由于经过了摹古的锻炼,因此,出现在她的笔下,那些新颖的题材也明显地获得了一种与古人貌离神合的传统的艺术处理。例如,她对于山水的描绘,常常于大斧劈之后再在刚健挺拔的皴纹上加点紧密的苔草,或辅以十数层的烘染;有时作牛毛皴,则于墨线之后再辅以不同色彩的"色皴";至于满山的打点,往往也是浓淡不一的墨点和色相不一的色点融为一体;有时又于斧劈之后将飞白的笔道延伸为披麻皴,如此等等,都是传统与生活相辅相成的创造性成果。这就证明,所谓"生活是艺术创作的唯一源泉"这一美学命题,只有把它摆在与传统的印证关系中才真正地具有实践的意义和价值。当然,反过来也是一样,所谓"传统是艺术创新的必要前提"这一美学命题,也只有把它摆在与生活的印证关系中才真正地具有实践的意义和价值。至于如何进一步超越传统、超越生活,则不仅决定于画家在传统、生活两方面所投下的功力,更决定于画家在艺术方面的天赋。长期以来,许多画家囿于传统与生活相割裂甚至相对立的艺术实践中,以致陷入了中国画"创新"的误区。陈佩秋的成功经验,则给了我们许多的启发。

一般说来,中得心源的人品涵养、上法古人的传统师承、外师造化的生活体验,这三方面的努力只要持之以恒并行之有效,对于成就一个大画家已经绰绰有余。然而,陈佩秋却并不以此为满足。她认为,当代中国画的发展已经处于一个开放的文化环境之中,因此,要想超越古人,以西洋绘画为参照系,扬中国画之长,避西洋画之短,取西洋画之长,补中国画之短,是时代赋予当代中国画家的历史使命。以表现技法而论,通过长期的自觉比较,包括与西方画坛的接触、交流,她得出了这样的结论:中国画的用笔是所长,以尖齐圆健的毛颖蘸了水墨在宣纸上写出的线条,具有刚柔、疾徐、枯湿、浓淡的丰富变化和节奏韵律,而用色则是所短,且不论水墨画的单纯，即使金碧重彩，亦远未达到完美表现对象质感和画家情感的理想效果。反之，西洋画的用笔是所短，以坚硬扁平的油刷蘸了油色在麻布上抹出的块面，相对地缺少抒情写意的审美意味，而用色则是所长，复杂的色阶、色相、色调、明亮度、饱和度的层次变化和生动表现力，远非中国画的"随类赋彩"所能奏功。因此，以骨法用笔为根本，如何融汇西洋画，尤其是印象派绘画的光色变幻之妙，成为她80年代前后艺术探索的一个重要课题。此外，在造型取象、经营位置诸方面，她对于西洋画的有意识汲取也是显而易见的。她坚决反对某些人的"中国画取消"论、"全盘西化"论，认为中国人即使穿上了西装，说一口流利的英语，但还是无法改变自己黑头发、黑眼睛、黄皮肤的人种特点。对于中国画的创新来说，立足于骨法用笔，正是坚持自己的人种特点，而色彩、造型、构图的借鉴，则不妨看作是脱下长袍马褂换上西装。当然，她在这方面的探索也不是一下子就获得成功的，其间经历了无数的艰辛，花费了大量的心血。以色彩而论，撇开其传统的工笔重彩和水墨写意不论，她一开始的办法是在水墨完成之后的基础上淡淡地罩染一层单纯的绿色，如作于1978年的《竹荫双禽》，作于1979年的《绿天锦蝶》《绿叶黄鹂》《柳荫鹭鸶》《荷塘一角》，作于1981年的《竹泉银雉》等等，传统的意味还比较浓；而作于1979年的《竹林鸳鸯》，则力求脱出传统，在渲染中使用了绿、蓝、黄、赭、红、紫多种色彩，但不免显得"花"而"乱"，不能认为是十分成功。如何在用色上既脱出传统，又不"花"不"乱"，确实是煞费了陈佩秋的苦心的。直至90年代前后，她终于一变过去色、墨相分离以及不同的色彩相分离的习惯，不再在完成的水墨画上染色，而是在未完成的水墨画上一层又一层地点染色彩，点染的色彩也不再局限于单一的绿色，而是绿中有蓝，蓝上加赭，同时把墨也作为色彩的一个有机因子，点染到底色上去。这样，不仅使色与墨完全融合在一个整体之中，不同的色彩也显得既变幻莫名又和谐统一，从而既脱出了传统又克服了"花""乱"之弊。此外，陈佩秋还对泼彩法作出了新的解释,她不是如张大千那样先泼彩,然后根据色彩渗化而成的形状再作勾勒加工,而是在基本上已经完成的画稿上根据需要在必要的地方泼以彩色,这就把以往讲求偶然性、随机性的泼彩画法纳入了理性的控制之中而别开生面。凡此种种都足以证明,她在西洋色彩的借鉴方面所作出的尝试都取得了可喜的成果,并赋予了自己的作品以极其鲜明的时代色彩。

基于如上的分析,现在,我们可以进而来研究、评价陈佩秋所创造的艺术风格。

读陈佩秋的作品,无论山水也好,花鸟也好,也无论工笔也好,写意也好,总给人一种玉树临风般的潇洒俊爽之感。无论取材、造型、章法,也无论用笔、落墨、设色,总是那样地温润晶莹,既不追求生僻艰奥的情调,也不尚慕艳冶都丽的风华。前文提到,陈佩秋的人品是清醇平和的,极其透明而真诚,没有一点虚伪矫饰——而这,也正可以看作是她的画品所在。

清醇平和是玉的品格。自古君子比德于玉,至后世更以玉作为褒扬女性才艺的专用词,如《玉台新咏》《玉台书史》《玉台画史》之类。但真正当得起这一称誉者,无论君子、女史,均罕有其人。所谓"清醇平和",不只是一般意义上的利落剔透、清新飘逸、娟媚雅洁、倩华妍净,而是一种至清、至醇、至平、至和的境界,细腻而不柔靡,坚韧而不粗野,纯静而不文弱,洁润而不轻薄,没有一丝一息的火气、燥气、霸气,也没有一丝一息的小气、媚气、俗气,所谓"藐姑射山之仙人",庶几似之。《玉台画史》中评女画家,多用"蒨华娟秀""清婉纤媚"一类的措辞,楚楚可怜,就未免唐突玉品了。陈佩秋的画品,尽管不出作为女性画家所独有的文秀一路的审美范畴,但却绝无一丁半点的怜意,而是落落大方,正正堂堂。正是这一点,使她的艺术真正取得了玉的品格,浩气清英,仙才卓莹,不与群芳同列,矫然地超越了一般的女画家,而足以与须眉颉颃并驾。

这种清醇平和的玉一般的审美品格,首先反映在她的笔性墨韵中。

我们知道,传统的笔墨,尤其是元以后的笔墨,比较侧重于一个"毛"字,以求老辣苍茫、浑厚遒劲的效果,例如清代王原祁所创造的"笔底金刚杵",便是开创了笔墨毛辣的很高境界。然而,陈佩秋的笔墨却反其道而行之,讲求一个"光"字。她很少用逆行滞进的战笔和厚重枯涩的渴墨,也很少用复笔和积墨,笔头的水分一般很饱满,墨色的控制也比较适度,从容不迫,干净利落地挥洒,使得笔线墨痕在宣纸上流走碰撞的迹象显得特别清晰晶莹、明净华滋,富于碧玉琉璃、玛瑙宝石一般的光泽感和透明感,真如燕舞飞花,揣摩不得,又如美人横渡微盼,光彩四射,观者神惊意骇,不知其所以然也。一般说来,毛的笔墨易见"厚"而能"留",光的笔墨易嫌"薄"而打"滑"。而"薄"和"滑",正是传统笔墨审美判断的两个大忌。陈佩秋出之以光的笔墨而没有"薄""滑"之弊,这一方面固然是数十年的功力积累使然,包括得益于她在书法,尤其是草书方面的素养,但更重要的还在于她对于笔墨功能的独到理解。她认为,笔墨的"小"趣味是可以"做"出来的,即使是毛辣的趣味,其实也不难在短时期内速成,然而,光洁的笔墨趣味要想达到一个较高的境界,就非投下千锤百炼的功夫不可。同时,她并不认为笔墨可以脱离为客观对象造型的目的而独立地存在,而必须严格地依据对象的质感、量感、运动感来控制其轻重快慢、枯湿浓淡的提按顿挫,这样的笔墨既是光洁的,但也必然是坚韧而结实的。此外,陈佩秋的人品特点,决定了她在笔墨的好尚方面不可能倾向于属于男性的老辣、苍茫、生涩、浑沦之类的品格靠拢。不过,无论如何,她所独擅风流的"笔底碧玉簪"的笔墨风格,是足以与传统的"笔底金刚杵"交相辉映的。

在用色方面,陈佩秋似乎特别地偏爱绿色:浓翠欲滴的芭蕉、柳荫,映衬着皎洁无瑕的荷花、鹭鸶,所酿成的静谧氛围,有如青玉或碧玉一样温馨动人;偶尔用红色和紫色:春水方生,细鳞焕彩,秋风乍起,文禽啼血,所幻出的神奇境界,又如玛瑙或宝石一样熠熠发光;满山遍野,层林尽染,白露横江,一碧如烟,绿中透蓝,蓝中泛黄,"夕阳紫翠忽成岚",恍如琉璃水晶世界。总而言之,她的用色,具有一种令人目迷心醉的魅力,这是传统的中国画中从来不曾有过的,而完全是借鉴西洋绘画的一个创造性成果。中国画的设色问题,向来被视作令人头疼的难题,所以历来有"事父母难,用色尤难"之说。恽南田《瓯香馆画跋》更以为:"画至著色,如入炉鞲,重加煅炼,火候稍差,前功尽弃,三折肱知为良医,画道亦如是矣。"古人所谓:"运墨而五色具,谓之得意,意在五色,则物象乖矣。""夫画道之中,水墨最为上"云云,固然值得称道,而且可以从哲学上解释得玄之又玄,但又何尝不可看作是因为视设色为畏途而别开的蹊径?在传统的设色画品中,浓涂厚抹虽然热烈响亮,却不免脂粉俗气;而轻施薄晕虽然色不碍墨,终究不足以展现色彩自身的魅力,这就是传统中国画在用色问题上的两难处境。这其间,即使偶有用色成功的例子,归根到底不过是在色、墨相对立的观念上较好地调节了两者的关系而已。然而,陈佩秋通过对印象派光色分解的特殊颖悟,则一变而从色、墨相统一的观念上来铺陈、展开色彩。在她的作品中,色彩的运用决不只是作为墨韵的一种外在补充,而毋宁说墨韵的处理成了色彩的一个有机层次。以客观形象的塑造为依据,一般在物象的背阴部位用墨,受光部位用色,而由于受光的强弱、角度不同,色彩的点染也有异,或冷或热,或纯净或斑斓,或水晕色章或墨色混点,但共同的一点是,一律轻清淡远而绝不作浓艳的堆砌,因此绝不掩去生死刚正的笔墨骨线;虽然轻清淡远,但由于墨与色、色与色、色与墨之间多层次的变幻交织,又自然而然地形成一种气韵生动、辉煌灿烂的效果。她所使用的颜料,不局限于中国传统的矿物质和植物质颜料,对于西方的化学颜料,她也大胆地加以引进。她的不少作品,尤其是山水作品,色彩的点染有时多达十数层次,有乘湿点染的,也有干后加点的,但一点也不腻不脏,这固然表征了画家对于色彩的运用之妙已经达到炉火纯青,但多少也与她所使用的西方化学颜料的性能不无关联。她在这方面所做出的中西合璧的尝试,比之某些油画家在宣纸上做油画的试验,显然要有价值得多。

陈佩秋的色彩运用之妙,更涵有两个前所未有的特殊功能,一是匹配了章法的结构,一是匹配了意境的传达,而且都收到了出人意料的晶莹效果。

传统中国画的章法,讲求"计白当黑"、删繁就简地于至疏处求至密。且不论折枝花卉、边角山水,即使作全景风光,也必须上留天之位、下留地之位,中间方立意定境。所谓"虚实相生,无画处皆成妙境",向来是为人所津津乐道的,被认为充满了东方的睿智和哲理。但是,由此也形成了一种偏见或极端,似乎满幅填塞的布局必然是"令人不快意,那得取赏于潇洒,见情于高大哉"。陈佩秋的作品,其章法固然有合于传统图式的,这当然是她长期浸淫传统的必然收获;但更多的、真正属于她个人创格的却明显地突破了传统的框架,"计黑当白"、避简趋繁地于至密处求至疏。特别是她的山水,近乎正方或超长的横幅,往往不循一层坡、二层树、三层山的开合套路,或一水横陈,丛林交柯,或上不留天,下不见地,足以使人从画面的丰富形象联想到画外更无限的风光。需要说明的是,这种章法不能用传统中的"密体"概念去诠释它。根据传统的章法概念,无论密体也好,还是疏体也好,都是基于画面形象自身完整性和独立性的一种处理方法。然而,陈佩秋的章法所考虑的,却不是画面形象的完整和独立,而是画面结构的完整和独立,其形象,毋宁说是非完整、非独立的。也就是说,画家并没有将形象从它实际所处的无限自然背景中抽离出来。有限的画面,既然不可能包容无限的自然,摄取到画幅上来的形象作为无限自然的一部分,当然也不可能取得绝对的完整性和独立性。陈佩秋的作品之所以总是给人以画外有画、溪山无尽的审美感受,原因正在于它的形象的非完整性和非独立性;而形象的这种非完整性和非独立性,又反过来赋予形象以生命的更广大性。

基于同样的结构原则,她的花鸟往往也不作主干仰、辅枝偃、苔草随的穿插程式,而是从四面八方出枝布叶,有时甚至与山水揉为一局,富于空间的进深感和生命的弥漫感,使人领略到画面形象之外的不尽之意。尤其引人注目的是,在"湘妃雨后来池看,碧玉盘中弄水晶""万顷琅玕压碧云,清风幽兴渺无垠"的浓枝密叶的掩映中,又往往留有一小块闪光的面积,其间点缀上一只白玉般的鹭鸶,一只翡翠般的蝴蝶或蜡嘴,作为画面的视觉中心,那种瑰丽的色彩,不只是普通的闪光属性,更使致密的章法产生出一种如石涛所说"混沌中放出光明"的灵性,而点缀于其间的花朵、禽鸟或草虫,由此也被赋予了某种精灵般的性格,富于象征和启示的意味。严格地说,以色彩的敷染匹配章法的结构原则,并不属于传统中国画的审美范畴,而是属于西洋画的审美范畴。最有典型性的一个例子便是伦勃朗。他的人物肖像画,大都将背景画成深黑,而使光照集中于人物的五官面部,通过这种清晰与朦胧的辩证处理所造成的明亮度,与空间定向之间有着一种有机的关系。这时的清晰不仅仅在于将一个物体直接暴露在照射光线之下,而是在于该物体所反射的色彩能否显露自然的光辉。不同的是,伦勃朗的作品,其所显露的自然光辉如金,而陈佩秋的作品,其所显露的自然光辉如玉。

陈佩秋的绘画意境是恬淡宁谧的,蝉噪林愈静,鸟鸣山更幽,空山新雨后,木叶尽晚秋,一种清醇平和的韵致,宛如宋人的词,又如王维的诗,足以令人涤除玄览,疏瀹而心,陶醉在大自然的闲适优美之中。静,属于传统的审美范畴;但陈佩秋的静却与传统的画品有所不同。传统画品中的静,大多带有某种消极的色彩,体现了画家主体与社会现实的功利性相扞格的失意和无奈。因此,表现在笔墨形象之间,或山居,或渔隐,或感时花溅泪,或恨别鸟惊心,宁静平淡的意境之中,交响着一片大音希声、非大地欢乐场中可得而拟议的哀弦急管。然而,摆脱了一切功利的羁绊,陈佩秋的静乃是一种基于"纯粹审美判断"的对大自然的热情向往,见花还是花,见鸟还是鸟,登山便观山,临水便观水。所谓"纯粹审美判断",是康德的一个美学思想。康氏依据"纯粹美"和"依存美"的二分法,认为:"每个人必须承认,一个关于美的判断,只要夹杂着极少的利害感在里面,就会有偏爱而不是纯粹的欣赏判断了。人必须完全不对这事物的存在存有偏爱,而是在这方面纯然淡漠,以便在欣赏中,能够做个评判者。"传统国画中,诸如将牡丹看作富贵的象征、将梅花看作节操的象征之类,正是出于一种夹杂着"利害感"的"偏爱"。事实上,富贵也好,节操也好,物本无与,因为画家有此感情,从而赋予了所描绘的对象以同样的感情。这种意境传达手法,也就是通常所说的"比兴"或"缘物抒情"。而即使从中西哲学的不同角度来看,这样的意境都不能算是美学上的最高层次,原因就是它不纯粹。

例如,英国文艺批评家拉斯金就坚决诋毁起于移情作用的诗,说它是"情感的错觉",因为第一流的诗人必能以理智控制情感,对外物作客观的观照,只有第二流诗人才为情感所动摇,失去纯粹判断的理智,于是以"在我"的情感误置于外物,使外物呈现一种错误的面目。他说:"我们有三种人:一种人见识真确,因为他不生情感,对于樱草花只是十足的樱草花,因为他不爱它;第二种人见识错误,因为他生情感,对于他,樱草花就不是樱草花,而是一颗星、一个太阳、一个仙人的护身盾或是一位被遗弃的少女;第三种人见识真确,虽然他也生情感,对于他樱草花永远是它本身那么一件东西,一枝小花,从它简明的连茎带叶的事实认识出来,不管有多少联想和情绪纷纷围着它。这三种人的身份高低大概可以这样定下:第一种完全不是诗人,第二种是第二流诗人,第三种是第一流诗人。"这一见解,与中国禅宗公案中青原惟信禅师的一段著名语录如出一辙:"老僧三十年前未参禅时,见山是山,见水是水;及至后来亲见知识,有个入处,见山不是山,见水不是水;而今得个体歇处,依然见山是山,见水是水。"

前文提到,陈佩秋对社会现实的功利性始终持超然的态度,这就保证了她在艺术创作上审美判断的纯粹性;对于花鸟、山水,她满怀挚爱的情感,但始终是把它们作为大自然的造物来欣赏、来表现,这又保证了她所创造的审美意境的纯粹性。因此,她的静也就相应地脱出了传统的范畴,既不是孤芳自赏,也不是歌功颂德,绝不染着任何消极或积极的功利色彩,而只是静静地启迪观者与大自然作心灵的对话。例如她画的荷花,亭亭翠盖,盈盈素靥,月影凄迷,露华零落,不污天真,绝似王沂孙的《水龙吟·白莲》词:"翠云遥拥环妃,夜深按彻霓裳舞。铅华净洗,涓涓出浴,盈盈解语。太液荒寒,海山依约,断魂何许。甚人间别有,冰肌雪艳,娇无奈,频相顾。三十六陂烟雨。旧凄凉、向谁堪诉。如今漫说,仙姿自洁,芳心更苦。罗袜初停,玉珰还解,早凌波去。试乘风一叶,重来月底,与修花谱。"需要指出的是,这种纯静的意境作为艺术的灵境,在相当程度上是借助于色彩,尤其是绿色的匹配而渲染出来的:绿色的荷塘、绿色的芭蕉、绿色的柳荫、绿色的竹林……歌德曾经指出,绿色能给人一种"真正的满足","因为当眼睛和心灵落到这片色彩上的时候,就能宁静下来,在这种宁静中,人们再也不想更多的东西,也不能再想更多的东西"。康定斯基也认为,绿色具有一种"人间的、自我满足的宁静,这种宁静具有一种庄重的、超自然的无穷奥妙","作为大自然中最宁静的色彩,它不向四方扩张,也不具有扩张的色彩所具有的那种感染力,不会引起欢乐、悲哀和激情,不提出任何要求"。这种绿色的宁静,是人类精神上的一种原初力量,现代文明愈是发达,我们也就愈是迫切地渴求回复到这种精神上的原初力量之中。否则的话,我们就有可能沦为自己所创造的物质财富的奴隶。正是在这一意义上,陈佩秋的艺术作品,今天正受到越来越多的国内外人士的普遍欢迎;而她本人的艺术之树,也因此而焕发出长绿的生命活力。

(1993 年)

附一：
国香无绝
——陈佩秋先生的画兰艺术

梅雨闷湿中，期盼着秋风送爽，桂子沁馥，秋兰涵露。位于青浦白鹤镇、吴淞江畔的鹤龙美术馆近期组织了一场小规模的雅集活动，邀请新知旧友七八人一同欣赏馆藏精品之一——陈佩秋先生的《兰馨蝶影图》。主办方要我担任讲解员，因与大家"好画共欣赏，美意相与析"，并逐一解答朋友们的提问而成此文。

问："秋分"（陈佩秋先生的"粉丝"）是书画爱好者和收藏圈中人数不少的一个群体，"秋分"中的人大多数爱好陈老师的兰花，请问是何原因？

答：我想，这里面有多方面原因。

第一，中国文化对自然造物的审美，更倾向于植物世界的和而不同，从而有别于西方更倾向于动物世界的弱肉强食。而在植物中，尤其是花卉多被比作美人，偶有比作君子的则弥足珍贵，如梅兰竹菊在中国绘画中便被称作"四君子"而受到格外的推重。至于美人而兼君子，似乎只有两种，即荷和兰。专讲兰花，不仅是"四君子"之一，更是"香草美人"的独一无二，甚至比荷花的美人还要美人；一如荷花虽不在"四君子"之列，却被周敦颐认作是君子的独一无二。

第二，便是陈老师的兰花画得实在好！不仅艺术水平高超，而且，其风格既有深厚的传统,又有鲜明的时尚。传统的画兰水平高的不少,时尚的画兰水平高的似乎还没有;既传统又时尚而且水平高超,依我之所见,陈老师应该是唯一。

第三,陈老师的其他题材画得也很好,"秋分"们同样也是十分喜爱的。但她的画风属于工整的一路,山水也好,牡丹也好,一画之成,十水五石,三矾九染,非常吃工夫。相对而言,其兰花,尤其是撇出的兰花,画起来就比较快,像这幅《兰馨蝶影图》,不算蝴蝶,一个小时左右即可完成。所以,喜欢陈老师画的人,不好意思求她画山水、牡丹,大多求她画兰花,也有这方面的原因。而并不是说她的兰花画得特别好、特别受欢迎,其他题材的好和受欢迎程度就不如兰花。

问:陈老师画兰的风格、技法有何独创的特色?

答:李仲宾说画竹有两大风格,其一为"画竹"即写生的竹,一般用双勾填色;其二为"墨竹"即写意的竹,一般用水墨撇出。画兰亦然,陈老师的画兰便属于"画兰",也即写生之兰,讲究以形写神、物我交融;郑板桥的画兰属于"墨兰",也即写意之兰,讲究遗形取神、借物写我。画兰多为双勾,如宋人、仇英等;墨兰多为撇出,但偶然也有双勾的,如金农、罗聘等。

陈老师的画兰,五六十年代时学宋人,多用双勾法写生。为了画好兰花,她不仅去植物园写生,还亲自动手在家莳养兰花。她仔细研究兰花的物理、物性,对不同的品种、叶态、花形,包括花瓣、鼻唇、梅瓣、荷瓣、奇花、蝶变、飞肩、落肩……的结构,都有认真地观察,达到无微不至,并在此基础上加以提炼剪裁,以完成艺术形象的创造。至今还可见到她当时所作的几幅徽州墨兰,不仅形神兼备,而且笔精墨妙、色彩清新,真似有沁香满纸。

70年代时,不限于兰花,陈老师开始致力于学习徐渭、八大的写意画法,多用点厾、撇出法。当时有一位画家见她在撇兰竹,便对她说,兰竹以郑板桥画得最好,你为什么不学他呢?陈老师笑笑而已,后来对我说:"郑板桥和扬州八怪的画,格调不高的。"与此同时,她还用大力气学习张旭、怀素的狂草,以提升撇出时的笔墨功力。但她用点虱法、撇出法所表现的,并不是不求形似的写意,而仍然是写生,使写生的兰花在艺术性的表现上比双勾更自然潇洒、飘逸灵动。

这一撇出的写生兰花,至 80 年代以后达到大成,有时还在撇出的基础上略作线条的勾勒提醒,使撇和勾的两种画法由本来的河井不犯达到水乳交融,其画兰的艺术就更臻于高超的境界了。70 年代末以后,陈老师常去北京画宾馆布置画,她的画兰进一步让广大同行画家惊艳。

问:白蕉有"兰王"之称,能否结合白蕉先生的兰花对陈老师的兰花作一对比的赏析?

答:白蕉先生是著名的书法家,书法之余在墨兰上下了很大的功夫,属于郑板桥一路的文人写意的风格,两者都是以书入画,以书法为画法。但他与郑板桥又有不同,郑板桥是以六分半书(近于碑学)入画,他是以"二王"(帖学)入画,所以他的审美取向不是怪异而是雅正。其次,郑板桥是不求形似而尚笔墨,他是以形写神而尚笔墨。当时还有一位女画家鲁藻,也是这一路画法,被称为"兰后"。

但我的看法,文人写意的墨兰还是以唐云先生为最佳。白蕉、唐云对文人墨兰的贡献,在以写意而向写生靠拢,正像陈老师的画兰,其成功在以写生而向写意靠拢。所以,艺术上的成功,不同的风格、技法,拉开距离而各尽极致可,互相融合而互为取鉴亦可。

问:画面上题诗"细叶舒冷翠,贞葩结青阳"是什么意思?

答:题诗是元代道士马臻《移兰》五言古诗中的两句。马臻是全真教的一位道士,当时蒙古族的统治者非常看重全真教,丘处机还被邀随忽必烈西征，金庸武侠小说《射雕英雄传》中便讲到过这一段史实。马臻也曾被征召到朝廷中，后来觉得不适应便告辞还山了。这首《移兰》诗讲的是，兰花本来长在深山中，却被移植到桃李园，虽荣华富贵、春风得意，但从此却"开花无清香"了。所以，我又把它移到了岩壑之中，种在松竹旁边，回归到它应该在的生态环境，于是"细叶舒冷翠，贞葩结青阳"，才恢复了它的本质之美。再回头去看那些"争芬芳"的荼蘼、桃李花，却都已经凋残"零落"了。所写的，显然是马臻自己的经历和志向。

但陈老师此画却只取诗中的两句而不涉其余。这与谢稚柳先生爱林和靖梅花诗的清新自然，而不喜其"梅妻鹤子"的乖僻，是同样的道理。我们既需要洁身自好的操守，但也要有关心世事的热情。

问：陈老师的名字、斋号大多与兰花有关，是这样的吗？

答：确实是这样的。如"佩秋"，出于《离骚》的"纫秋兰以为佩"。"健碧"，出于杨万里的咏兰诗："健碧缤缤叶，斑红浅浅芳。"意谓自己甘做陪衬红花的绿叶。还有一个斋号"高花阁"，出于李商隐的"高花"诗。但李诗写的并非兰花，陈老师却把它与兰花的物态联系了起来。兰花有一茎一朵的，也有一茎数朵的，像徽州墨兰，一茎在九朵左右。陈老师以自己养兰的观察所得，知道最下面的最早开，最上面的最晚开。一般第三至第六朵开放之际，吸引的观赏者最多；到最上面的花开放时，几乎就没有人再来观赏了。其用意当然还是谦逊、谦让。

问：这幅画的兰花和蝴蝶并不是同时画的（兰未署年款，应在八九十年代，蝶补于2005年），这种情况在绘画史上多不多？

答：一个画家，在自己之前的作品上再作添补、润色的情况，自古至今当然是有的，目的在使之更完美。像倪云林的《渔庄秋霁图》轴，系倪氏于"乙未岁"（1355）写于王云浦渔庄，十八年后再次见到此画，便在画面中部的湖心处补题了一首五律并说明缘起。但这类情况并不是太多。目前所知,就我所见,陈老师的作品中,这类情况相对而言是比较多的。这里有几方面的原因。

首先,陈老师这一代画家,对于书画爱好者的求索大多是有求必应以成人之美的,即所谓"应酬画"。而且,这类作品在题材上以兰竹、花卉为多。

其次,90年代初艺术品市场重新崛起,经过七八年的历练,在世纪之交前后逐渐形成这样一个市场意识:一件花卉题材的作品,其价格的高低决定于画面上有没有"活货"(指禽鸟、草虫)以及"活货"的多少。于是,早先大量流散于社会上的名家兰竹、花卉画,便被藏家请求名家本人,在名家已经去世的情况下则请求与该名家关系相熟或风格相近的另一名家,在其上添补"活货",庶几使作品大幅升值。

当然,这也要看此画的作者在"彼一时"变成"此一时"的情况下是否还愿意有求必应;即便愿意,还要看此画的风格是否适合添补;即使适合、还要看作者是否擅长这方面。而陈老师,恰恰是这三方面条件的兼备者,所以其早年的兰竹、花卉作品上,后期的补笔之多,不仅在同时代的名家中,即在整个画史上,也是罕见的。她不仅为自己的作品补笔,还常为谢老的作品补笔。而且,经过补笔之后的作品,比之未补笔之前,在艺术上往往焕然一新,升华到一个更高的境界。

问:在诗堂上,陈老师又题了"兰有幽香,蝶有霓裳"两句,对欣赏此画又有何帮助?

答:帮助太大了!《猗兰操》是古琴谱中的一支名曲,其中讲到孔子以"兰为王者香";《霓裳舞》则是大唐盛世的宫廷乐舞,这里以蝴蝶的翅膀喻舞动的霓裳。兰馨蝶影相掩映,清操和雍容,既清真雅正,又光辉充实。这就使高山流水涵有了黄钟大吕的堂皇,又使黄钟大吕内蕴了高山流水的幽清。

  画面上,两丛兰花一左一右,顾盼呼应。长条披拂,交错穿插,偃扬俯仰,转侧翻覆,恍若"吴带当风",历乱又有序。杂端庄于流丽、寓刚健于婀娜的长袖善舞,既是兰叶,又是提按顿挫、枯湿浓淡、粗细曲折、轻重疾徐的笔墨,组合为疏密聚散的构成。花茎三枝,每枝上十来朵不等地已放欲绽在泫露凝光中,巧笑浅颦,含羞带娇,高花尤怜。点与线、墨与色的和谐交响,"茎身朵脸叶衣裳,妙曼轻盈浅玉光;我有琴心听不得,谷风习习自生香",本已称得上是一曲无声而有形的《猗兰操》,只是近于素面的淡妆而已。而添加了两只蝴蝶,一飞一栖,彩影惊艳,便仿佛在原先素妆的舞队中穿梭无定地点缀了两只霓裳翩翩的精灵。这,在传统的画兰艺术中,无论是写生还是写意,都是不曾见过的。其实质,正是传统画兰艺术的创造性转化,天机无穷出清新。

(2020 年)

附二：
高花阁说诗

"诗画一律"是中国画由来已久的一个传统。特别是元代以降，文人画成为画坛的主流，画家是否能文工诗并在画面上题诗，几乎成为人品、画品雅俗的一个分水岭。这一传统一直延续到 20 世纪的老一辈，在我所接触过的名家中，几乎没有不能诗的，无非有些做诗热情高一点，有些则似乎不太有兴趣；即使"不为也"，大多也非"不能也"。

但知道高花阁陈佩秋先生会做诗，应该是 1993 年以后的事。其时，谢稚柳先生有慨于历年所编的《鱼饮诗稿》《甲丁诗词》《壮暮堂诗词》多有疏漏缺遗，要我们帮他关心、搜集散佚的诗稿，以编一部更全的《壮暮堂诗钞》。对我们来说，这当然是一个难得且极佳的学习机会。由于我在这方面所表现的积极性比较高，所以谢老为我作诗词的讲解便相对多一些。有时，陈老师便也参与进来，说他们那一代人，因为有《笠翁对韵》《千家诗》等的"第一口奶"，所以只要读到初中的程度，不管今后从事什么职业，一般都会做诗，至于做不做、好不好别论。她还从楼上拿下一本小册子给我看，上面记录了有几十上百首诗，作于六七十年代，大多是五绝、七绝，也有少量五律、七律。诗风近于王维、韦应物，内容则有感怀的，更多题画的。但她的题画诗一般并不题在自己的画上，而是抒发画了一幅画后的感想。她自己对这些诗的说法是"写得不好，见不得人，只能藏着，作自我反省"。但我感到实在是很不错的。

从那以后,我的朋友中有托我向陈老师求画的,我便乘机多求一幅,并"要求"她一定要题写自己的诗。如《溪桥策杖诗书画》卷的题诗:

> 山翁策杖小桥边,
> 好景如花似去年。
> 浅水遥峰千点色,
> 密林杂树几重烟。

风格清新大方,境界平远开阔,一点看不出女诗人作品中常见的闺秀气。这与她论画只分优劣好坏、不分性别男女的艺术观是完全一致的。我们看周錬霞、陈小翠等女画师的诗词,当然都写得很好,但一看就出诸玉台,蒨华婉约,楚楚可怜,论气局,与陈老师是不能相比的。

陈老师给我讲诗,主要在1993—1996年谢老被查出癌症之前;此后1997年6月1日谢老逝世,很长一段时间,她都处于焦虑忧患、悲恸伤痛之中。我们陪着她关注谢老的病情,料理谢老的后事,较少谈诗。到了1997年秋天,陪她去西安游览了法门寺、茂陵、乾陵、碑林、兵马俑、华山,她才走出伤痛的阴影,再次兴致勃勃地给我讲起诗来。

陈老师说诗,予我感受最深的,便是学诗可以从"剥体"入手,最为方便快捷。这一观点,我以前从未听说过。陈老师说,这一体会是自己从书画的临摹实践得来的。她说,中国书画有"以临摹为创作"的传统,其法有三:一是全部或局部的临摹,但不是复制,而是略参己意,如王铎的临《十七帖》,张大千的临敦煌壁画。二是局部的临摹加部分的自创,如张大千取孙位《高逸图》的一个人物而配以自创的芭蕉松石背景。三是把不同古人、不同作品中的不同形象综合地临摹为一幅新的构图,如宋人《出水芙蓉图》再加《晴春蛱蝶图》。而诗词杂体中的"剥体诗"类似于书画中的第一种临摹,"借句诗"类似于第二种,"集锦诗"相当于第三种。在诗词的创作中,以"集锦"为最难,王安石、文天祥等多所擅长;以"借句"为最妙,如李贺的"天若有情天亦老"、钱起的"曲终人不见"常为后人所借用;以"剥体"为最易,所以也最不受重视——但这是从创作的立场言,从学习的立场,实在是最值得重视并推广的。

　　陈老师的绘画,从宋画经典的临摹入手,这是大家都知道的。但直到三四十岁,她的书法总是写得不尽如人意,于是便向潘伯鹰请教。潘教她一个快速见效的方法,便是把纸蒙在褚遂良、倪云林的帖上描摹。以陈老师长期临摹宋画的实践,不出半年,她的书法便脱胎换骨,于褚、倪书的风神体态,若合符契!这一方法,施诸书画的学习既可,施诸诗词的学习当亦无不可。于是,"剥体"这一本是古人无聊的文字游戏,在陈老师便认为可以作为今人有用的学诗捷径。

　　陈老师的讲解,总是充沛着热情,而且常有具体的当场示范。所以,那一段时期,留下了不少这方面的资料,可惜保存在我手里的并不太多。如《青草池边图》上的题诗便剥自唐罗隐的《晚眺》:

　　　　凭古城边眺晚晴,
　　　　远村高树转分明。
　　　　天如镜面都来静,
　　　　地似人心总不平。
　　　　云向岭头闲不彻,
　　　　水流溪里太忙生。
　　　　谁人得及庄居老,
　　　　免被荣枯宠辱惊。

　　只是改第一句的"凭古城"为"青草池",第三句的"来静"为"春染",便把一首因面对古城荒芜的景象而发的人生落寞感慨,转换为因身临江南春早的景象而发的韶华易逝感叹。仿佛不是"我"去为古人的诗作"诗意画",而是古人来为"我"的画作"题画诗"!

又如唐张乔的《小松》诗:

> 松子落何年,纤枝长水边。
> 斫开深涧雪,移出远林烟。
> 带月栖幽鸟,兼花灌冷泉。
> 微风动清韵,闲听罢琴眠。

她取其首联而弃其颔联、颈联,再续以尾联,略改动数字为"绿竹种何年,细枝濯水边;微风动清韵,吟罢抱琴眠"。一首咏松诗,竟然变成了咏竹诗!但等到看出第二句孤平却没兴趣改了。

唐司空图的《独望》诗:

> 绿树连村暗,黄花出陌稀。
> 远陂春草绿,犹有水禽飞。

陈老师认为"绿"字两见不尽合宜,所以剥为"绿树连村暗,山花出陌稀。远陂春草渗,犹有水禽飞"。又觉得意境未有创新,所以再剥为"古木连村暗,山花临岸稀。高天春水阔,时有远人归",豁然开朗出一个全新的境界!陈老师的这些"剥体诗",平仄粘对、押韵合辙,俨然古人,置诸古人诗中,使人难辨今古;一如她的古画临摹,"下真迹一等"而能夺古人神韵。

不仅剥古人的诗信手拈来,反掌即成,有时她还剥自己的诗。1997 年 3 月,香港一客人拿了她几年前在美国洛杉矶作的《浅水遥山图》卷来求题跋。当时陈老师刚给我作了前述《溪桥策杖诗书画》小卷,便把前诗剥体后题到拖尾上:

> 密林杂树几重烟,
> 风景依稀似去年。
> 浅水遥山千点色,
> 家书远在洛城边。

盖此卷没有山翁溪桥策杖的形象，画面上唯朦胧的树影山光、茅屋云蒸，故删去首句"山翁策杖小桥边"，庶使更合画意。而"家书远在洛城边"一句，尤见陈老师当时沉重的心情。当年春节，在美国发现胃癌并切除后的谢老回到上海继续治疗，年夜饭安排在南京西路的锦沧文华大酒店，国外的子女也全部回家团聚，亲朋至友，共祝谢老康复。但过了春节，子女陆续回美国，谢老却又住进瑞金医院，诊断的结论是病情未有好转。"家书远在洛城边"，正是陈老师与美国的子女随时保持联系、通报谢老病情变化的心情之真实写照。我当时读到了不禁泪水盈眶。如果说前面所引的多首剥体不过体现了诗人对文字游戏的娴熟，是做诗所必要的技巧，那么这首剥体却远远超过了文字游戏的技巧，流露出了诗人的真情！

陈老师剥弄起古人的、自己的诗作来，简直像摆布七巧板一样，逆来顺往，旁见侧出，横斜平直，各相乘除，游刃有余，运斤成风，得自然之数，不差毫末，而能出新意于法度之中，寄妙理于格律之外。我曾论谢老的诗画："不知夫子之诗者，请观其画，知夫子之画者，益宜观其诗而已矣。"今天看来，这一认识，同样适合于陈老师的诗画。

（2021 年）

附三：
陈佩秋艺术集序

　　20世纪中期以来的中国画，由于各种各样的原因，传统的一路正走向急剧的衰颓，这是一个不容争议的事实。面对这样一个事实，传统中国画的前途究竟如何？作为中国画家又究竟应该作出怎样的应对？大体上有两种针锋相对的观点："前卫"的画家们认为传统已经穷途末路，只能被保存在博物馆里，中国画的创新应该向西方现代艺术看齐，"走向世界，接轨国际"；"保卫"的画家们则坚持认为创新必须以传统为根本，即使借鉴西方艺术的长处，也应该是洋为我用，而不是我为洋用。这两种观点无疑各有它们的道理。伴随着时代的进步，尤其是中西文化的大规模交融，一种不同于以往传统的新的中国画样式的出现，是任何力量所阻挡不了的，对此，我们应该允许"前卫"的画家们对未知的领域进行多方位的探索，只要不是搞精神污染，大可不必横加指责；但是，如果因此而认为传统中国画已经穷途末路，显然是简单化的。在世界绘画史上，甚至在世界文明史上，多多少少个民族的绘画传统、文明传统都已中断了，如古埃及文明、古巴比伦文明、古印度文明、古希腊文明、古罗马文明等等，唯有五千年中华文明至今还在持续地发展着。这就充分说明，包括中国画在内的传统文明有着生生不息的顽强生命力，它在中国落后挨打的昨天，还能不断地发展，在中国日益强大起来的今天和明天，必将具有更加光明的前景，任何崇洋媚外、妄自菲薄的观点，都是没有依据的。因此，在今天的形势下，创造一种不同于传统的新的中国画固然必要,而在传统的基础上进行创新、弘扬民族的文脉和精神,则显得更加重要。从这一意义上,"保卫"派的观点应该更值得引起我们的重视。

但问题是,保卫传统、继承传统、弘扬传统,首先需要认清什么是传统?或者说,什么是值得我们在今天去加以保卫、继承、弘扬的传统?事实上,对这一问题,在许多"保卫"派画家中的认识是模糊不清的。

中国画的传统,从大体上可以一分为二:一是晋唐宋元行家画的传统,也就是我所指称的正规画传统,或称绘画性绘画的传统;二是明清利家画的传统,也就是写意画传统,或称书法性绘画的传统。自晋唐宋元而明清,一部中国绘画史,有人认为是"一部中华民族活力的衰退史",如张大千就持这样的观点;而更多的人则认为是中国绘画艺术的进步史,如黄宾虹、刘海粟等就持这样的观点。早在陈佩秋求学国立艺专时,用功临摹赵幹《江行初雪图》卷,便被黄宾虹斥为工匠之事,不堪仿效。他指导陈佩秋去学翁同龢逸笔草草的木石墨戏,认为那才是至高无上的艺术。而其时,刘海粟也正撰文攻讦写实逼真的宋画,认为那不过是落后的"再现",是"匠事",真正的艺术家应该追求先进的"表现"和写意。如此等等,几乎形成为对传统认识的一边倒趋势陈佩秋早期在画院中,一度沉潜于宋人的花鸟,又有人提出批评,认为那是"包小脚",郑板桥的写意兰竹才是"天足"。

然而,正是在这样的形势下,陈佩秋坚持从高难度的要求砥柱中流,不为所动。她始终认为,宋代是中国画传统的最高峰时期,而从元代开始则逐渐走上了下坡路。尽管她对于明清的写意传统也曾下过功夫,但奠定了她一生艺术追求的基本方向的,则是对于宋人传统的自觉追求和弘扬。

在中国画界一直有这样一种观点:"宁可画以人传,不可人以画传。"从强调人品的角度,这一观点当然有它的道理,但如果因此而认为画不妨

第六讲 玉树临风——陈佩秋艺术论

画得差一点,显然又显得偏颇了。在陈佩秋的意识中,人品固然重要,但作为画家,更重要的是应该把画画好,宁可画以画传,如敦煌莫高窟的画工,宋朝翰林院的画工;宁可人以画传,如范宽、李唐、马远;而不可画以人传,如明清时期的杨龙友、翁同龢。这,同样也是一种人品。

那么,怎样才能把画画好呢?那便是宋人"外师造化,中得心源"的写生精神和"严重以肃,恪勤以周"的敬业精神。而由于长期以来对于传统的误识和写意画风的泛滥,所强调的是独立于客观形象之外而侧重于自我表现的游戏笔墨,这两种精神久矣乎与中国画家们的创作变得十分疏远了。在画院组织画家下工厂、下农村深入生活的那段时间里,有些人不过走马观花,至多不过勾上几张粗略的草稿,陈佩秋则每一次都是认认真真地对景写实,不得对象真意不足贵,务必形神兼备而后已。她学习宋人,不仅师其迹,而且师其心,这就有效地纠正了从来学习传统者或单摹其迹而不师其心、或单师其心而不蹈其迹的弊端。

今天,对于陈佩秋早年临仿的宋人山水、花鸟,人们开始交口称誉,而不再像当时那样横加指责。其实,她通过临仿,并不是要复制宋人,而是为了学得宋人"外师造化,中得心源"和"严重以肃,恪勤以周"的精神。至于她的数十册写生稿,同样也是学习宋人的成果,比之她的临仿之作,应该是更加值得我们赞赏的。有一种观点认为,逼真客观的对象,不过是照相机的能事,作为画家的描绘,应该以偏离客观的真实为尚,相比于形神兼备,不似才是真似。这种观点不值一驳。其一,摩托车的轮子要比人的两条腿跑得快,则奥运会的长跑竞技岂不变得毫无价值?其二,即使照相机的摄像,也绝不是客观对象的翻版,画家"中得心源"的写生写实,又怎么会是"与照相机争功"?不似可以是真似,形神兼备同样可以是真似。陈佩秋的写生稿,包括以写生素材为依据的创作,固然是写实的、逼真的,但它的真和实,不只是形的真实,更是神的真实,不只是客观的真实,更是主观的真实。例如,对于枝干的关节处、花瓣的转折点,她往往喜欢用较深的笔触作简略的刻画,或点在凸出处,如水仙、荷花的花瓣,或点在凹陷处,如芙蓉、牡丹的花瓣,所谓"传神阿堵""迁想妙得",这就不仅在真实的形似基础上提醒了神似,更在真实的客观描绘中移入了主观的情感。这样,通过写生的实践,她完美地解决了形和神的关系问题、客观和主观的关系问题,同时还加深了对于传统的理解,解决了师古人和师造化的关系问题。如上所述的写生处理方法,便是对宋人如钱选传统的继承和发展。她始终认为,传统和生活,不应该是割裂的,而应该是互为依托的。所谓"传统是创新的基础",只有把它与生活结合起来才有意义;而所谓"生活是艺术的源泉",也只有把它与传统结合起来才有价值。中国画的可持续发展,画家的心源作为动力,必须以传统和生活为双翼,才能升华飞扬起来。

与严肃认真、细致深刻的写生一样,陈佩秋的创作也多是十水五石、三矾九染而后成,殚精竭虑,惨淡经营,"顾其术亦近苦矣",这便是宋人的敬业精神。自写意之风兴,书法性的抒写取代了绘画性的描绘,大多数的中国画家认为这样的作风是"非吾曹所当学"的。然而,基于高难度的标准,陈佩秋明知这样的选择在短时间里是吃力不讨好的,却还要自讨苦吃,因为她知道艺术的追求要有"待五百年后人论定"的心理准备而不能急功近利。当然,艺术的创作毕竟不是工业产品的生产,敬业的精神不是唯一的条件,但却是必要的条件。基于这一精神,要想使自己的创作不致沦于刻板拘谨,就需要灵性,这一灵性源自天赋的禀质,而需要师古人、师造化的实践去激发。在她的创作中,她所下的苦功并不是平均分配的,而是有主次轻重之分的,般配了对象形神的描绘,何处该仔细刻画,何处该点到即止,何处密,何处疏,包括色彩的搭配等等,这一切无不有着颖悟的匠心安排。为了避免敬业精神所可能导致的刻板拘谨的弊端,她甚至用近十年的时间潜心于八大山人的写意传统,汲取其形象概括和笔墨抒写的率易之长,用之于自己的创作,最终形成"工笔意写"的风范,遥接了北宋中期之前的高华传统。

据邓椿的《画继》:"画之六法,难于兼全,独唐吴道子、本朝李伯时始能兼之耳。然吴笔豪放,不限长壁大轴,出奇无穷。伯时庸自裁损,只于澄心纸上运奇布巧,未见其大手笔,非不能也,盖实矫之,恐其或近众工之事。"这实际上标志着正规画的一个分界。北宋中期之前,多用工笔意写的方法而形成"大手笔",如莫高窟的壁画、徐熙的《雪竹图》、范宽的《溪山行旅图》、郭熙的《早春图》、崔白的《双喜图》等等,指不胜屈,无不皆然。而从北宋中期之后,多用工笔的方法而形成小趣味,如宣和和南宋的院体花鸟、人物。从北宋中期之后,真正称得上"大手笔"的,屈指可数,仅李唐的《万壑松风图》、沈周的《庐山高图》数件而已。

又据董其昌的《画禅室随笔》,仇英一路"顾其术亦近苦矣"、"积劫方成菩萨"的作风"非吾曹所当学","吾曹所当学"的应该是"以画为乐"、"一超直入如来地"的作风。这标志着中国画的又一个分界。明清之交之前,多为正规画的"苦"差使,无论"大手笔"还是小趣味皆然;明清之交之后,则演为程式画、写意画的赏心"乐"事。程式画的弊端,把绘画创作变为书法般的临帖,自不待论;写意画的泛滥,把绘画的创作变为书法般的抒写,则是利弊互见的,用陈师曾的说法,便是"形式欠缺,精神优美"。论个人的成就,正规画、写意画都不妨各有高手,如范宽、八大等;但作为一种推而广之的传统,前者反映在佚名的创作中也可以成就不凡,后者则即使反映在扬州八怪等名士的创作中也显得粗制滥造了。正是在这一意义上,傅抱石在1935年便痛心疾首地指出:"吴昌硕风漫画坛,中国画荒谬绝伦!"所谓"生于忧患,死于安乐",就是这个道理。正规画的"苦"差使当然也有它的"乐",它是以"苦"的过程来换得"乐"的结果;而写意画的赏心"乐"事,则恰恰是"乐"在它一吐为快的过程,最终,对于整个画史来说,就难免结成一个"家家昌硕,人人白石"的"苦"果。

陈佩秋立足于正规画的传统,却没有沿着它小趣味的路子走下去;她汲取写意画的优长,同样没有沿着它游戏笔墨的路子走下去。她用写意画的抒写性来反拨小趣味的谨小慎微,终于以"工笔写意"的风范重振了古典的高华和大雅正声。进而借鉴西方艺术如印象派的光色处理办法,更使传统的、水墨为上的形神兼备描绘,成为既是传统的,又是现代的、印象式的形神兼备描绘,这就进一步弘扬、发展了古典的高华和大雅正声。

如果说,作为书法性的绘画,写意画的创作过程所讲究的是"局部完成,合成整体",由此而追求笔墨在情感抒写过程中随机生发的偶然韵味,并因此而偏爱渗水的生宣纸材料,尤其是吴昌硕、齐白石一路的创作,更以生宣纸最能体现淋漓的墨韵和遒劲的笔力;那么,作为绘画性的绘画,正规画的创作过程所讲究的便是"整体把握,逐步深入",由此而追求笔墨在形象描绘过程中可以控制的必然效果,并因此而爱好择用多种多样的材料,以配合不同风格的笔墨创造。而由于长期以来写意画抒写性笔墨的独盛,生宣纸几乎压倒其他材料,成为中国画的唯一材料,不是画在生宣纸上,不是画的写意画,似乎就不能被称作"中国画",不能被看作是"笔墨"。又由于写意画创作的快速,造成生宣纸用量的激增,而作为其基本原料的檀树皮日渐短缺,于是以草料代皮料,粗制滥造,生宣纸本身的质量也每况愈下。这就不仅不利于中国画笔墨风格的多样化发展,甚至对于写意画笔墨风格的发展也是颇有影响的。

正如谢稚柳所说:"纸绢材料是笔墨所依托的生命线,笔和墨与纸和绢,是相依为命的。"所谓"工欲善其事,必先利其器",要想弘扬传统,首先需要弘扬笔墨,而要想弘扬笔墨,又怎能不讲究材料,包括工具、颜料等等?正是在这一意义上,早在清代,石涛便曾表示:"纸生墨漏,画家一厄。"而后来的徐悲鸿则认为:生宣纸对于中国画的创作"未能尽术尽艺"。吴湖帆则干脆主张:"生宣纸盛行而画学亡!"张大千等则不得不亲自参与到纸张工艺的改革流程中去。

同样,陈佩秋对于材料也是十分讲究的。她熟悉中国画材料的变迁史,从壁而绢,从绢而纸,从皮纸而宣纸,从熟纸而生纸……是怎样地配合了不同传统、不同笔墨风格的创造,由适合于"大手笔"而适合于小趣味,由适合于艰难困"苦"地殚精竭虑而适合于游戏寓"乐"地率意挥洒,一步一步地走过来的;包括纸绢的制作工艺,从原料到流程,又是怎样一步一步地发生变化的,其中既有工艺上的进步,更多的则是许多优秀的传统工艺的失传。她始终认为,中国画的笔墨风格应该是多样化的,因此,中国画的材料也就不应该只有生宣纸一种。为了多样化笔墨风格的创造,必须生产多种多样的材料,需要发掘传统的优秀工艺,借鉴国外的优秀工艺,同时还需要利用现代科技生产力的进步,创造发明出新的工艺。此外,她还是最早把进口颜料用于中国画创作的画家,改变了明清以来写意传统的中国画色彩风貌。

我们看陈佩秋的创作,笔墨和材料总是一种非常统一、非常协调的关系。她的工细的一路,多是画在精良的绢本和熟纸上的,她的粗放的一路,又是画在皮料含量很高的生宣纸上。前者使得笔墨的表现可以达到深刻入微,后者则使得笔墨的表现可以达到淋漓尽致。但她更喜欢的是使用泥金笺、半生半熟的旧皮纸和老宣纸,辅之以进口的颜料,来配合工笔意写的笔墨形象和色彩风格创造,将抒写性和描绘性如水乳交融般地糅于一局之中,骨气丰神,端庄流丽,初看之下十分现代,细细品味又内含着深厚的古典底蕴。

我一直认为,传统在今天的衰微,并不是反传统的"前卫"画家们所造成的,而是弘扬传统的"保卫"画家们所造成的。从各种各样的"中国画速成培训班",到铺天盖地的"怎样画"中国画技法书,所参与的对象,涉及男女老少社会各阶层,对于传统的弘扬力度之大,简直可以说是史无前例。但由于不明传统的精华和糟粕,不明哪一些精华在今天的条件下是可以加以弘扬的、哪一些精华在今天的条件下则是无法加以弘扬的,结果,所弘扬的恰恰不是传统的精华而是传统的糟粕,不是在今天条件下可以加以弘扬的精华而是在今天条件下无法加以弘扬的精华。这样，即使没有"前卫"派的反传统，传统的衰颓也是不待龟蓍而后知的事情了。而陈佩秋的艺术，正是在这样的背景下提供了我们多方面的有益启示：

第一，反传统的"前卫"画家要求探索不同于传统的新样式是值得称许的，但他们认为传统没有出路的断言则是不能被采信的。

第二，弘扬传统的"保卫"画家强调"继承是创新的基础"的观点是可取的，但如果对于所要继承的传统缺乏正确、清醒的认识，又未免南辕北辙，去道愈远了。

第三，传统的核心是笔墨，而笔墨则是为形象的描绘而服务的，它以"外师造化，中得心源"为依据，以敬业的精神为条件，又以相应而考究的材料为生命线。

第四，当我们坚定了对于传统可持续发展的信念和信心，又有了对于传统的正确认识，有了对于传统与笔墨、笔墨与材料关系的正确认识，传统的先进文化方向在现代必将焕发出新的生命光华，而自强、自立于世界文化艺术之林。

（2002年）

07 第七讲
传统之树长青
——谢稚柳、陈佩秋艺术的启示

在中国近现代书画史上，谢稚柳、陈佩秋夫妇的艺术具有多方面的意义，正引起越来越多人的关注。值此世纪之交，从包括书画在内的传统文化所面临的危机和机遇来分析，其意义更显突出。以下仅从四个方面谈一些个人的认识。

第一，从历史上看，夫妇同擅书画的虽然可以举出不少例子，但成就能并称卓著的却十分罕见，像谢、陈这样的更可以说是绝无仅有。

一般圈内人喜欢用"赵管遗韵"比喻谢、陈的风雅，其实，这仅仅只能是比喻而已。赵孟頫作为元代画坛的领袖人物，人物、鞍马、山水、花鸟无所不精，工笔、写意、水墨、设色无所不能，楷、行、草、篆、隶书无所不工，身体力行地将晋唐北宋的"古意"倡之于元，维系华夏的文脉，确乎功高千秋；但他的夫人管仲姬，实在只是妻以夫荣而已。就书画论书画，其未脱闺阁的气象，作品格调并不是太高的。所以，如果说以赵喻谢，善可仿佛，那么以管喻陈，就未足论了。

就谢、陈各人的情况而言，谢稚柳是融会贯通地集文博、收藏、鉴定、史论、诗文、词曲、书法、绘画诸多传统文化领域的突出成就于一身的宗师，正如陆俨少所曾评价的一样："像谢先生这样的人物，历史上几百年也出不了一个。"确实，在20世纪的书苑画坛，尽管名家辈出，高手如云，但如谢稚柳博洽精深者，真可称得上是无与伦比的。至于陈佩秋，则是有史以来第一个使得女性书画家以"书画家"的成就颉颃须眉、彪炳艺苑，而不只是以"女书画家"的原因被照顾性地认可。类似的例子,也许仅在文学史上有一个合适的类比,那便是宋代的李清照。

第二,从谢、陈的艺术传统渊源而论,两人既互有濡染又各立门户,谢是从北宋筑根基,陈是借南宋开生面。

关于学习古人的作品,究竟是对临好,还是意临好?陈佩秋曾对我谈起:"有人认为对临容易为古人所囿,意临则难得古人的精髓,这两种情况,在我和谢先生的身上,表现正好决然相反。谢先生基本上没有对临过一件古人作品,但他放笔而画,便是陈老莲、李成、郭熙、范宽、巨然、王蒙,形神逼肖,渊源所自,一目了然。而我对临了多多少少古人的作品,但放笔而画,没有任何一件作品中可以简单地说是哪一家古人的影子,你说这应该怎么解释?"我当时表示:"非常之人,自非常理所能范围。"具体而论,则是因为谢以其博洽高明的文化修养吞吐了北宋的精华,而陈更多的是以大量的写生实践以及对于西洋印象派画法的借鉴变化了南宋的体格。

但问题不仅止于此。谢、陈所处的 20 世纪,是明清写意画派包括海派风云惯势的发展而波澜壮阔的时代。由于晋唐宋元的画派或出于政教、宗教的目的,或出于宫廷画师、官僚士大夫的手笔,属于"封建性"的糟粕;而明清写意的画派或出于伤时感世的情绪,或出于下层失意文人的生计,属于"人民性""民主性"的精华,致使大多数画家对于传统的认识只能局限于徐渭、八大、石涛、郑板桥、吴昌硕等的粗放路子,并尊之为"革新"的典范,引申而为黄宾虹、齐白石粗枝大叶、一挥而就的风范。而晋唐宋元的"九朽一罢""十水五石""三矾九染"的传统则被视作不屑一顾的众工之事、刻画之制、"保守"之举。陈佩秋早在求学国立艺专之时,曾用功临摹五代赵幹的《江行初雪图》卷,有人便讥为众工之迹不堪仿效,并引导她以翁松禅的粗笔木石为宗;后来她又临摹南宋院体的工笔花鸟,更被贬为"包小脚",而以写意为"天足"。而谢稚柳的山水,在 50 年代同样被看作是"没有革新精神"。如此等等,足以看出写意画派的势头之大。这使人联想起王安石在《褒禅山记》中所说的一段话：

> 夫夷以近,则游者众,险以远,则至者少。而世之奇伟瑰怪非常之观,常在于险远,而人之所罕至焉。故非有志者,不能至也;有志矣,不随以止也,然力不足者,亦不能至焉;有志与力,而又不随以怠,至于幽暗昏惑而无物以相之,亦不能至也。

论中国画的传统,明清写意的画派正是"夷以近",而晋唐宋元的画派则是"险以远"。显然,20世纪的画坛,对于传统的选择之所以倾向于明清写意,除了惯势和偏见之外,还与好逸恶劳、喜近畏远、避难就易、急功近利等人的惰性有关。谢、陈对于传统都有着深刻的全面研究,他们立志取法乎上以求高雅之致,不随以怠,常相以物,尚友古人,身在十里洋场,却无一笔海派俗气。所以,当20世纪80年代以后,写意的画法泛滥成灾,每况愈下,乃至各地中国画培训班的教学、旅游点商品画陈列出现了几乎"家家昌硕、人人白石"现象,谢、陈的成就为传统的振兴起到了正本清源的作用。

明清的写意画派当然也有好的方面,但再好也好不过晋唐宋元,要想用写意画派来振兴传统,只是一种幻想;而写意画派对传统的破坏,则是一个事实。我曾同谢、陈谈起,"论画以形似,见与儿童邻",苏轼的这两句诗为写意画家奉为圭臬,但今天的少年儿童学画,几乎都是从齐白石入手,而没有从吴湖帆入手的,则苏轼的诗岂不应该颠倒过来说:"论画以不似,见与儿童邻。"事实上,早在明清的时候,因写意派的流行,已导致中国画正规画法的崩坏,宋郭熙《林泉高致》曾指出:

> 凡一景之画,不以大小多少,必须注精以一之,不精则神不专;必神与俱成之,神不与俱成,则精不明;必严重以肃之,不严则思不深;必恪勤以周之,不恪则景不完。故积惰气而强之者,其迹软懦而不决,此不注精之病也;积昏气而汩之者,其状黯猥而不爽,此神不与俱

成之病也;以轻心挑之者,其形脱略而不圆,此不严重之弊也;以慢心忽之者,其体疏率而不齐,此不恪勤之弊也。故不决,则失分解法,不爽,则失潇洒法,不圆,则失体裁法,不齐,则失紧慢法,此最作者之大病也,然可与明者道。

其子郭思为之注则说:

> 思平昔见先子作一二图,有一时委下不顾,动经一二十日不向,再三体之,是意不欲。意不欲者,岂非所谓惰气者乎?又每乘兴得意而作,则万事俱忘。及事汩志挠,外物有一,则亦委而不顾。委而不顾者,岂非所谓昏气者乎?凡落笔之日,必明窗净几,焚香左右,精笔妙墨,盥手涤砚,如见大宾;必神闲意定,然后为之,岂非所谓不敢以轻心挑之者乎?已营之,又彻之,已增之,又润之,一之可矣,又再之,再之可矣,又复之。每一图,必重复始终,如戒严敌,然后毕,此岂非所谓不敢以慢心忽之者乎?所谓天下之事,不论大小,例须如此而后有成。

这便是古人所谓的"用敬"之道,也就是今天所说的"敬业精神"。写意画法的要害,正在于严重地破坏了这种"天下之事,不论大小,例须如此"的敬业精神,并把它化为一种不负责任的游戏态度。但明清的写意画家,或因其不得不发的强烈感情冲动,或因其诗、书、画、印多方面修养的相辅相成,所以在他们手里,画法虽坏而画道未衰。逮至20世纪,尤其是50年代以后的大多数写意画家,"写意"仅仅被看作是一种便于入手、便于表演的形式,画道的凋敝终于无可挽回了。

针对中国画传统,其实只是写意画传统的式微,80年代以来"前卫"画家的观点总是摒弃传统。而谢、陈的观点则是上溯晋唐宋元的古典传统,笔墨不可丢,但却应"革生宣纸的命"。谢稚柳早在《水墨画》一书中便曾详细分析了绢与纸、熟纸与生纸的不同所引起的笔墨情调乃至画派的变迁,指出:"纸有两种性质。一种是不吸水的,水墨只停留在纸面上而不透过纸背去;元以前的纸,大都是如此。一种是吸水的,水墨要透过纸背的。透过纸背的墨色,一定会化开。因此,笔在纸上的运用方式又起了变化。元以前的画派,不可能在这种纸上表现。而明清的白阳、青藤、石涛、八大的画派,水墨不透过纸背的纸,也不适合他们的表现,这样的纸使他们无用武之地。""水墨不透过纸背的纸,一般称它为熟纸,是经过了胶与矾的加工制品。因为它本来能使水墨透过纸背的,由于胶和矾的凝结性,把纸的毛细孔堵没了。但元以前的纸,一般由于纸本身的纤维紧密,就无须再由胶矾的加制,而能不让水墨透过背面去。事实上,这一种纸要比胶矾加制的好,更适宜笔墨的发挥。""水墨透过纸背的纸,一般称它为生纸,明清以来,一般都是这种性质的纸。它适合了明清一部分画派的要求,支持了如白阳、青藤、石涛、八大等画派的发展。""宋以前用绢的画派,无从在纸上来表现;宋以后用纸的画派,也无法使绢来尽它的义务。""用熟纸的画派,不可能让生纸来担任;而用生纸的画派,也同样无法让熟纸来完成。"在20世纪的中国画坛,谢稚柳是最早对绘画材料做出深入研究的一位,另一位则是他的朋友于非闇。不过,于的研究着重于颜料,而谢的研究则侧重于绢纸。他之所以要如此重视绢纸的研究,目的便是针对写意画的泛滥,以复兴晋唐宋元的传统,加强笔墨对于形象描绘的深刻性。我们看谢的早期用纸,多是经过张大千专门监制的,但又不同于一般的胶矾熟纸,而是刷豆浆后再经砑磨而成,既不渗水,又吃得住笔,经得起反复地画。他们大多数经典之作,那种精密无闻的形象描绘,深刻入微的作风,耐人寻味的笔墨,几乎都是由这种纸来承担表现任务的。陈佩秋的情况稍有不同。她的早期工笔之作,多用绢和熟纸,极精微不苟之能事;中期一度转向粗笔写意,改用生纸;后期独创细笔写意的画风,则偏爱纤维紧密而不太渗水的纸,尤以金笺纸的表现最能尽术尽艺;她的书法,也以旧的蜡笺纸最为得心应手。概而言之,他们都明确地认识到生宣纸的弊端,而偏好不渗水、经得起画的纸。正因为此,尽管谢、陈的画风不同,但都是殚精竭虑的大格局,而不是游戏笔墨的小趣味。

谢和陈都十分讲究笔墨,这从他们的书法造诣尤其可以看得清楚。谢早期的小行楷书,潇洒而又俊逸,出于陈老莲的风范;中期的径寸狂草书,郁勃飞动,出于张旭的创意;晚期的盈尺大行楷书,则端庄凝重,迨有庙堂台阁气象。陈前期的小楷书,婉约清丽,出于褚遂良、倪云林的路数;后期的狂草书,则以旭、素与章草兼参,自成面目。在20世纪的书画界,像他们这样书画兼擅且均取得了突出成就,虽不能说是绝无仅见,至少也称得上是出类拔萃。就绘画论笔墨,谢稚柳认为,中国画的传统,讲到底便是笔墨二字,"传统的名作,它的地位正是从笔精墨妙而获致的。可以做一个试验,试把一幅名作照样摹写一本,就可以发现内容与笔墨之间的难易高下,因为内容易于相同而笔墨难于一致"。陈佩秋也多次指出,中西绘画各有短长,中国画的用笔是其所长,而赋色则是所短;西洋画的赋色是其所长,而用笔则是所短。但与一般的笔墨论者不同,他们并不过分强调笔墨的独立审美作用,而是始终强调笔墨应服从于形象的真实描绘;也并不过分强调笔墨的书法性,更不主张用书法来代替画法,而是强调书画用笔在理论上的相通,以避免描头画足的刻画细碎之弊;更不过分强调漫漶的水法在笔墨技法中的作用,而是始终强调以笔法、墨法为根本,水法仅具次要的意义。无疑,这样的笔精墨妙,是无法让生宣纸来承担的。

研究画史,我们可以发现,晋唐的绘画单讲笔法而不重墨法,宋元的绘画笔法和墨法并重,遂使形象的描绘和艺术的表现更加丰富而且深刻、结实;至明清写意画派,进而还讲求水法,这从表面上看似乎是进一步丰富了中国画的技法,增加了笔墨的趣味,实质上却冲淡了笔法和墨法,极大地影响了形象描绘的艺术表现的深刻性,遂成空疏、浮滑之弊。至于"前卫"画家提出"革笔墨的命",正是沿着水法对于笔法和墨法的淡化发展、演变而来。正因为此,写意派对于"前卫"派的反驳始终是软弱无力的,而"前卫"派的抽象水墨、现代水墨,往往也自认是对写意派的继承、发扬。

谢、陈都不屑于介入与反传统的"前卫"画家做"冷战"式的论争,他们致力于做好自己的事情来弘扬传统。而"革生宣纸的命",归根到底是光大这一传统。当然,这样说并不意味着漫渍的水法就绝对地不可取。任何事物都有它的两面性,夸大水法的作用,必然冲淡笔法、墨法的表现,进而导致画法根本的崩溃;坚持笔墨的主导性,适当地控制并利用水法,又确乎可以丰富笔墨技法的趣味和变化,主次本末,毫厘千里。我们看陈佩秋中期的粗笔写意画,后期的细笔写意画,配合了笔墨的表现,水法的运用之妙,给人以荡漾的淋漓之感,分明没有冲淡笔墨,而是烘托了笔墨。

第三,谢、陈取法乎上的努力,不仅有力地抵制了明清写意画派草率漫渍之风的流行,更有效地反驳了"前卫"画家的"创新"谬言。

这一谬言的根本之点,就是认为传统业已穷途末路,失去了继续发展的生命力,甚或认为传统从来就没有什么辉煌可言,所以,要想"创新",就必须抛弃传统的包袱,向西方现代艺术乞求拯救的灵丹妙药。"所谓破字当头,立也就在其中",属于一种破坏性的"创新"观。但它的结果,往往是玉石俱焚地破坏了传统,却并未能创立起什么真正的新东西。所谓"创新"不过是从西方现代艺术那里贩来的胡闹、不堪、奇怪等旧货色。这实际上证明,"继承传统是创新的基础"确实颠扑不破,不是继承中国的传统,不是继承优秀的传统,便是继承不良的传统,破除一切传统的"创新"是根本不存在的。但是,如前所述,写意派对于这一谬言的反驳是软弱无力的,因为一则它所继承的并不是最优秀的传统,二则这一传统到了它的手里,确乎已经江河日下。

那么,谢稚柳是怎样认识这一问题的呢?他曾在《借鉴——绘画艺术的主要基础之一》一文中指出:

第七讲 传统之树长青——谢稚柳、陈佩秋艺术的启示

从来的绘画，都有它的继承关系，所以要推陈出新。陈与新是相对而言的，没有陈就无所谓新，新正是从陈中出，新才能高妙；从陈中入，而不是抄袭，然后出新，这便不是无根之木，无源之水……继承不从这里，便从那里，不从近一些的，便从远一些的，不从狭隘的，便从广阔的。既然要继承，就产生了选择的问题，何者为艺术性高，何者为艺术性低，要在借鉴中求得一个比较；何者吸取，何者扬弃，这又有一个爱好的问题，爱好有时会有偏向，要端正自己的认识，仍然要在借鉴中求得正确的方向。这便是风格的高低。风格的要求，自然是要高而不是低。

所以"借鉴，并不是无条件的，而是善于辨析，取舍精华与糟粕。这样，它将丰富艺术的思想和感情，扩展艺术境界，加强艺术的表现手段，使生活的感受得到艺术的升华，使生活化为艺术创新的实力，它正是主要基础"。在这里，谢虽没有明言何者为传统的精华，应该扬弃，但从我与他的接触中、日常的言谈中，可以明确得知，前者正是指晋唐宋元的古典画派，后者则是指明清的写意画派。其次，就传统的借鉴与生活的感受而言，他更强调的是借鉴，而不是生活，但这并不是意味着他不要生活，而是因为在他看来，任何人都不能避免人与人、人与事物之间的接触，"百分之五十以上的人都欣赏过大自然的美，百分之百的人经常欣赏着花鸟之美"。然而，尽管有上述这么多的人，具有这么多的生活，又有多少人来把这些生活表现出来呢？关键所在，正在大多数的人徒有生活，却缺少描绘生活的能力；而缺少描绘生活的能力，又缘于缺少对于古人描绘生活的既有传统的借鉴。所以，只要真正继承了优秀的传统，生活便自然而然地发生作用，创新也就在其中了。谢稚柳阅尽天下名画，对于传统的认识，何者为精华，何者为糟粕，了如指掌，进而结合自己的爱好和生活，来完成自己的创作，遂成既是传统功力深厚的，又是个性面目鲜明的堂皇风貌。陈佩秋

对于新的观点，不在于从传统中来还是从生活中来，所强调的是不仅要"新"，更要"难"和"美"。早在20世纪70年代初，她便多次对我谈起，如果你能创的"新"是别人一学就会的，是丑的，这样的"新"其实并不真正具备"新"（new）的价值，而只是具备了"新闻"（news）的价值。只有当你所创的"新"，不仅是"新"的，而且是"难"的、"美"的，才真正称得上是"创新"。那么，何者为"难"的、"美"的、"新"的呢？中国古代的传统，尤其是晋唐宋元的传统正为我们提供了典范。西方的传统，尤其文艺复兴、古典主义、印象主义的传统，同样为我们提供了典范，值得我们认真借鉴。何者为"易"的、"丑"的、"新"的呢？中国古代被张彦远称为"不谓之画"的胡涂乱抹正为我们提供了反面的例证，西方被徐悲鸿称为"皆学之不济者""肆其诈骗"的颓废艺术同样为我们提供了反面的例证。鲁迅曾针对20世纪三四十年代某些"美术青年"的"胡闹"行为给予辛辣的讽刺，指出："特点"就是"与众不同"，但一个人头上生疮，脸上流脓，确乎很有"特点"，显得"与众不同"，我看还是不要这"特点"，同别人一样的好。陈佩秋则针对20世纪七八十年代某些急于寻求"创新"、走捷径的书法家予以反讽，认为：这很容易，比如写一横，人人都是左低右高，你便写成左高右低，人人都是从左往右写，你便从右往左写，这不就"与众不同"，"创新"成功了吗？

毋庸讳言，就借鉴的一面而言，陈所阅历过的名画绝没有谢来得多，但是，相对于谢的广博，她更讲求对于传统理解的精深。一幅名画经手，谢主要是用眼去看，而陈进而用手去临，这其间的体会自然是有所不同的。借了谢的光，陈比之一般的画家能够接触到更多的古画；而受陈的影响，谢也曾双勾廓填过张旭的《草书古诗四帖》。对于南宋院体工细精微和水墨苍劲的画风，自赵孟頫以后书画界一直持贬斥的观点，即以谢的巨眼也一度耿耿于怀，而陈则以对院体的心慕手追所得的感受力排众议，给予很高的评价，这一评价最终纠正了谢对院体的偏见。此外，谢对于生活的态度，如前所述是与大多数人处于同一层面的，陈则比之以生活置于传统之上的画家还要认真、投入，从自然博物馆的标本研究到动物园的动态写生，从自己动手养花养鸟到登山临水的搜妙创真，三四十年不间断地以造化为师，她的写生素材积累了数十册，不下几千幅。包括谢稚柳的不少创作，实际上也是以她的写生稿为粉本构思而成。她认为，通过临摹，可以从古人那里学得怎样描绘一枝梅花、一朵荷花的方法，进而再到生活中去写生，面对真的梅花、荷花，则易于加深对于古人画法的体会。所谓"先师古人，后师造化"，古人与造化，绝不是割裂的关系，而是互动的关系，在这基础上加以升腾变化，便自然而然形成自己的风格。所以，所谓"继承传统是创新的基础"，只有把它放到生活中去才真正具有意义，而所谓"生活是创作的唯一源泉"，也只有把它放到传统中去才真正具有价值。再加上对于西方绘画，尤其是印象派绘画光色之妙的有意识借鉴，尽管陈与谢一样，都是强调传统、强调借鉴的画家，但她的风格建树都是与谢迥然有别的，尤其是她的色彩运用，更为中国画的传统焕发了瑰丽的光彩。

第四，由谢、陈的成就和经验，进而还引发了我们对于中国画传统的继承、发扬，与美术学院教学关系问题的思考。

20世纪从西方引进的美术学院体制，在中国画的教学方面，基本上也是运用了西方的模式，即徐悲鸿所提出的"素描是一切造型艺术的基础"。这一体制确实行之有效，也培养出了如方增先、周思聪等一大批优秀的新中国画家，或称作"学院派"中国画家。它与"传统派"中国画显然是两个不同的概念，而不仅仅只是一般风格上的区别。但另一方面我们也看到，像谢稚柳，包括黄宾虹、齐白石、张大千、潘天寿、傅抱石、吴湖帆、贺天健、钱瘦铁、唐云、陆俨少、溥儒、于非闇、钱松嵒等传统派的中国画家，又没有一个是美术学院中培养出来的。陈佩秋虽然早年曾就读于国立艺专，但她后来的成功，与其说是得益于学院所授的新式教学，毋宁说是得益于与谢稚柳结婚后所受传统的熏染。

如何把传统的延续纳入美术学院的中国画教学体系之中？潘天寿曾做过艰巨的努力，但在实践中碍难推行，也无真正成功的例子。20世纪50年代，美术学院的中国画系一度改名为"彩墨画系"，后虽又重新回复到"中国画系"的名称，但它与传统中国画的不同性质并未改变。当时的中国画坛实际上有两个中心：一个是学院派，以中西融合为特色；另一个是画院派，以保留传统为特色。但从60年代以后，因学院派的毕业生不断地充实到画院之中，而画院派的老画家则陆续相继去世，传统派的力量也就越来越凋零不振了。90年代后，国家教委对美术学院的学科进行合并，正式取消"中国画系"，而与油画、版画等合称"绘画系"，传统派的前景就更岌岌可危，或如康有为的预言："中国画学，应遂灭绝。"

毋庸置疑，美术学院的教学，对于作为绘画的中国画的发展作出了十分重要的贡献；但同样毋庸置疑的是，作为传统文化的中国画的振兴，我们是不能寄希望于美术学院的。同样的问题也反映于古典文学，目前各大学的中文系对于古典文学的延续，亦未能起到积极的作用。

那么，传统中国画的方向又何在呢？谢稚柳、陈佩秋的经验，正提供了极其有益的启示。正是在这一意义上，对谢、陈以及吴湖帆、陆俨少、于非闇等传统派画家的艺术进行深入的研究，将是21世纪中国画学的一个重要课题。

由于种种原因，在20世纪下半叶的美术界，谢、陈的名头并不比其他一些画家来得响亮，这里面的各种因素，自非一语所能道尽。但在20世纪80年代以后重新崛起的艺术品市场上，谢、陈的名头远远超出了他们在美术界的影响。我们常说："实践是检验真理的唯一标准。"市场正是最实际的，它既是残酷的、无情的，又是公平的、公正的、公开的。有些画家在美术界有着很高的评价，但在市场上却并未赢得相应的评价；有些画家在美术界有着很高的评价，因此连带影响到市场上也对他们赋予了相应的评价;有些画家在美术界并没有赢得太高的评价,但在市场上却赢得了很高的评价。这里面究竟说明了什么问题,值得我们加以认真反思。毫无疑问,对于传统中国画的振兴,市场将是一个难得的机遇。

(2000 年)

08 第八讲
谢稚柳、陈佩秋艺术论

在近百年的中国画坛,谢稚柳、陈佩秋先生的艺术具有继往开来的历史性意义,正引起越来越多人的关注。尤其在今天,从包括书画在内的传统文化所面临的危机和机遇来分析,其意义更显突出。

他们的共同之点,是在认同中国画创新多元化探索的同时,坚持以继承传统作为根本的道路;在认同中国画传统多样性的同时,坚持以唐宋传统为"先进的典范""先进的流派""先进的方向"(《水墨画》)——从而,在传统的继承、弘扬方面,他们也就义无反顾地选择了将唐宋传统作为具有普遍意义的"正宗大道"(张大千语)。

然而,正是这一传统的"正宗大道",从董其昌以后,伴随着文人画的沛兴并成为中国画史的主流,它被斥为"刻画"的俗格;民国之后,伴随着"石涛"热的兴起,它又被斥为"再现"的"保守";新中国成立之后的相当一段时期,又被斥为"封建性、贵族性"的"糟粕"。于是,中国画的创新,便只剩下了两条道路:传统的继承,便是具有"民主性、人民性"精华的文人写意画派;西画的汲取,便是以徐悲鸿发轫的"笔墨(主要是文人写意画的笔墨)加素描"的中西融合画派。谢稚柳和陈佩秋并不否认这两大流派在中国画创新中的可行性,但他们却不能同意把唐宋传统排斥在中国画创新所应该继承、弘扬的传统之外。正是在这样的形势下,他们顶着"工匠之事""包小脚"的压力,几十年如一日地潜心于唐宋的传统,以"人一能之,己百之,人十能之,己千之"(《礼记》)的"积劫"精神,"业精于勤",创造出具有高难度和高标格的美的艺术。直到20世纪90年代前后，伴随着全社会思想的解放和二玄社复制品的引进，刷新了人们对于传统的认识，他们的艺术才获得人们高山仰止般的认同和追捧，并逐步扭转了画坛继承传统的方向，由局限转向全面，由表面转向深刻，尤其是中青年一辈中，更涌现出一大批以唐宋为师的学子。而谢稚柳和陈佩秋，正是年轻人所引为导师的先驱和典范。

他们的认识和实践，根本上缘于两人对中国绘画史长期不懈的全面、深刻研究。全面则无局限，深刻则不肤浅。论对画史的熟悉，对传统的理解，在20世纪的画坛，不仅以绘画创作为专职的画家中罕有人及，即使以画史、画论研究为专职的史论家中也罕有人及。更重要的是，他们不是为研究而研究，仅止于对文献的爬梳整理、实物的走马观花，而是深入到历代名家名作的真伪鉴定。谢稚柳多次向人讲过：自己不只是为鉴定而鉴定，为公私的收藏需要而鉴定，更是为自己画画的需要而鉴定。为了继承、弘扬传统，就必须弄清传统的精华和糟粕，包括优劣和真伪，去伪存真，用优舍劣，才能推陈出新。他在徐熙《雪竹图》、王诜《烟江叠嶂图》、李成《茂林远岫图》、周昉《簪花仕女图》、张旭《古诗四帖》等传世名迹方面所作出的分析，在中国书画鉴定史上具有举足轻重的意义。鉴定，帮助了他的创作，而创作，也正有力地支持了他的鉴定。陈佩秋则由临摹而走进鉴定，同样是为了画画的需要。她把大量的精力用于历代名作的临摹上，临摹不仅帮助了她的创作，更使她通过心摹手追而获得了对不同时代、不同流派、不同作家笔墨风格的感性认识，从而也就水到渠成地促成了她的鉴定。她对阎立本《步辇图》、董源《溪岸图》《潇湘图》《夏山图》《夏景山口待渡图》等传世名迹所作的分析，同样在中国书画的鉴定史上具有振聋发聩的价值。

具体而论，两家的艺术又各有不同。

谢稚柳的绘画，少年时是从陈老莲的花卉入手的，兼学明人陈白阳；

青年时代开始,直承三唐和北宋,山水画学董巨、李郭,兼取"元四家"中的王蒙,花鸟学赵佶,人物学敦煌壁画。——得其堂皇端庄、气象恢宏。新中国成立后,在深厚的传统基础上结合写生,更使传统的笔墨焕发出时代的精神活力。70年代前后,穷研徐熙"落墨法",不仅用以作花鸟,更拓展到山水,易"工整为放浪",墨彩辉映,别开生面。80年代以后,以老笔纷披作或严整、或粗简的挥洒,即便容有"出门不认货"(谢老对应酬画的自述)的倚马急就,仍不失整肃的法度森严。

其书法,早年出于陈老莲,一手蝇头小行楷,飘逸清丽,出新意于法度之中。中年致力于张旭狂草,作径寸之字如横扫千军,波推浪涌,寄妙理于豪放之外。晚年多作盈尺的行草大字,笔意在颜柳之间,"端庄杂流丽,刚健含婀娜",一派清庙明堂气象。

这里重点分析他的绘画作品。

谢稚柳的山水,以峰峦的耸拔轩豁、浑厚盘礴、偃蹇雄峻,水流的深静回环、滋肆周流、喷薄激射,草木的蓊翳丰茂、苍翠明净、融怡森秀,结境的清明高远、重叠幽深、缥缈冲澹为特色,其笔精墨妙,配合了形象的精神,勾、皴、点、刷、擢、擦、渲、染,"严重以肃""恪勤四周""注精以一""神与俱成"。所形成的境界,令观者"看此画生此意""起此心",有"可行、可望、可居、可游"而"如真在此山中""如真将即其处"之感。论丘壑之优美,画高于真山真水,论笔墨之精妙,真山真水绝不如画。他反复申说:"中国画是写实的。"这个"写实",绝不是客观再现,而是源于生活、高于生活、"以形写神"的艺术真实。其用意,绝不是主张"单单以相像为满足,以真实的再现为满足",而是在于反拨晚明以降"不求形似"的泛滥所导致的"不要形似"的解释,"就是画山不要像山,画树不要像树,画人不要像人,画像了就不成其为绘画"的偏见和误解(《水墨画》)。如同西方文艺复兴时期的巨匠拉斐尔所说的:他所画的"圣母"形象,是集现实生活中不同女性的不同部位之美,综合到一起,形成一个现实中所不可能存在的十全十美的形象。这样的艺术形象是"写实"的,但却不是写"现实"之美,而是写"现实的理想"之美。同理,谢稚柳的山水,包括他的花鸟和人物,所谓的"写实",也正在于写"现实的理想"。他要将历代名作中的、现实生活中的千山万水、川灵岳镇,历历罗列于胸中,又将营丘之颖秀,关仝之风骨,东南之明丽,关陇之壮阔,磊磊落落、杳杳漠漠地再造出一个完美无瑕的理想境界。

这就对笔墨提出了更严格的要求,"所谓笔法,并没有固定的形式,要配合所描绘的对象,笔的变化,就很复杂而需要变化,需要粗的、细的、狭的、阔的、横的、竖的、劲挺的与柔和的各种不同的变化,从个别的到总体的,所谓一切的技法,来适应各种不同的形态";"而墨法,也没有固定的步骤,它没有哪里一定要浓,哪里一定要淡,也没有哪里要浓到什么程度与淡到什么程度。真实的景,是许多形象,许多颜色的交织而成。而所谓墨法,它就要配合这许多形象,许多颜色,把它们分别开来,组合起来,不能让这些形象、这些颜色混乱了、模糊了"(《水墨画》)。

这一"写实"的艺术思想,同样也反映在他的花鸟画中。所作花光艳逸,活色生香,鸟声啁啾,触之欲飞;画法既周密不苟,又清新活泼,所谓"求于造化之先,凡赋形出象,发于生意,得之自然,待其见于胸中者,若花若叶,分布而出矣。然后发之于外,假之手而寄色焉,未尝求其似者而托意也"(董逌《广川画跋》),而绝非以"乱本失真"为能事。堪称是北宋"宣和体"的高华重光,足以"粉饰大化,文明天下,观众目而协和气"。尤其是他所画的荷花和竹子,更是近代花鸟画史上两大"以古人之规矩,开个性之面目"的创造性转化和创新性发展。其荷花,在传统借鉴上,由陈老莲而宋人,结合实践的观察写生和谦和端静的秉性,"罗盖轻翻翠,冰姿巧弄红",香色无边远益清,使观者伫立画前,不觉"衣露满身花气"。其竹子,尤其是丛密的细篯,得益于抗战期间避兵重庆时,寓所周边的琅玕翠溢,目识心会,形诸笔下,于宋人之外别开境界,即张大千先生也叹为敛衽无间。

如上所述谢稚柳的绘画,都是在宋人"工整"传统的基础上来完成个性的创造性转化和创新性发展的。相对于近代以来对这一路宋画传统的认识,大多归之为"工笔",或斥之,或承之,斥之者且不论,即以承之者而言,与谢稚柳的"工整"认识,又有何区别呢?简而言之,"工笔"的一切全在一个"工"字,工细、工谨;而"工整"的重点,则在"整"字,它是工细和粗简、工谨和率意的结合。而宋画的精神,正在于"工整"而不在于"工笔"。以"工笔"看待并学习宋画,难免沦于纤细萎靡、拘谨僵滞的工艺气,而以"工整"看待并学习宋画,则可得其形神兼备、笔精墨妙之天工清新、高华隽永。同一"写实",也因此而有雅俗之别,差之毫厘,失之千里。同样,谢稚柳于中年之后变化徐熙的"落墨法"而"易工整为放浪",这个"放浪",与画坛所流行的"写意"也有着本质的区别。"放浪"是以"写实"为基础的对笔墨的解放,而"写意"则是以"不求形似"为前提的对笔墨的解放。谢稚柳的"落墨法",无论山水也好,花鸟也好,虽然使用了粗阔的笔墨,但它依然还是"配合到描绘的对象",是"很复杂而需要变化""来适应各种不同的形态"的,而迥然有别于"写意"画似乎同样是粗阔的笔墨却完全独立于形象之外,反而需要将形象程式化、符号化、文字化来为之作配合的。尤其是他所画的荷花、牡丹、芙蓉等,"放浪"的笔墨、色彩,不仅没有使作品"论形象之优美,画不如生活",反而使艺术形象源于生活、高于生活的真实性,取得了一种有别于"工整"画风之清新明丽,"晔晔灼灼,使人目识炫耀",似乎笼罩在霞光露气、月影烟岚中的印象效果。

谢稚柳的人物画创作,主要集中于西渡流沙之后、五十岁之前。所描绘的题材,有菩萨佛像、高士、仕女,皆取法唐人的壁画和卷轴。以空实明快的线描、辉煌灿烂的用色,尤其对于面部、四肢和肌肉的把握,以及服饰的处理,都概括、扼要,生动而传神,显得恢弘博大、雍容高华,绝无卖弄风雅的酸颓和迂怪。布景的处理,则糅以个性的山水、花鸟,凸显出人物的典型性格。亦作鞍马、水牛,则全出于写生而用宋人的画法,于清新的时代生活气息中,焕发出"古意"的勃勃生机。

陈佩秋的绘画,从少年时便致力于宋人的山水,于南唐赵幹和南宋刘李马夏用功尤勤。青年后于山水之外,更倾心于宋人和钱选的花鸟,临摹几达到"下真迹一等";并全身心地投入到写生之中,苗圃、动物园是她古典名作之外的又一重要课堂,一生坚持不辍,积累素材不可计数。70年代前后又穷研八大山人的"大写意",并开始探索将西方印象派的光色技法与中国画的笔墨相结合,画风由早年的工整勾染转向阔笔的花树与精工的禽鸟、精妙的笔墨与印象的铺色相结合,一时刷新了人们的眼目,匡正了其被误作为花鸟画家的个人风格,以此为标志而达到定型。80年代后期,以游历西方的生活体验,所见风景皆缤纷烂漫、花团锦簇,于是豁然开朗,又开始了对印象派真迹原作的光色技法与传统笔墨相结合的全新探索,并把重点由花鸟转到了山水,至90年代中期而大成,为众所惊艳。嗣后,以丹青致优,山水、花鸟齐头并进,精力弥漫,层楼更上,若无穷尽。

其书法,早年时致力于倪云林的小楷,风神潇洒,有平淡天真之致。中年后溢为行草书,尤用功于张旭、怀素的大草,而结体糅以章草。所书形狂而神静,骨清而韵淡,牵丝映带,尤见内敛圆劲。

这里所要重点分析的,同样是她的绘画作品。

陈佩秋曾说:"对传统,谢先生一生没有完整地临摹过几幅古画,但他的创作,出笔便可以看出这一幅是董巨,那一幅是李郭,这一幅是范宽,那一幅是王蒙。我完整地临摹了大量的古画,但创作出笔,却看不出是哪一家、哪一派的路数。"这主要是因为两人对于传统的学习方法不同,从而引起个性的创作风貌的差异。谢稚柳是看画入骨髓,应目会心,所以,其创作侧重于用传统来实现创新的升华;陈佩秋是临画入骨髓,得心应手,所以,其创作侧重于以创新来体认传统的修养。她的创作,在80年代之前主要以花鸟驰誉,无论工整的勾染还是放浪的点厾,形象的优美、笔墨的精妙、色彩的明净,无不自然清新。以生活的真实为源泉,升华为艺术形象的真实,工整而不刻板拘滞,放浪而不漫漶脱略,如风行水上,自然成文,达形象之生动而已矣。对空间氛围的景深营造,更上接北宋全景花鸟的传统,创造性地转化并创新性地发展成为个性的典型风貌。或通过山水背景的布置,或通过雾气云光的渲染,使花竹和禽鸟真正成为融洽在真实环境三维景深中的花鸟,从而"典型地刻画出了典型环境中的典型性格"。她特别注意将禽鸟、蛱蝶等精灵,置于繁枝密叶、氛围渲染所形成的高光圈中,隐约混沌中放出光明,有画龙点睛的艺术效果,与西方伦勃朗的艺术匠心不无相通之处。尤其是她画的兰花,双勾的,撇出的,线条的精劲飘逸、穿插纷披,花枝的涵烟溅玉、浅笑送香,恍惚清风摇翠,凉露生春,于婀娜妩媚中透出刚健劲峭。这正是她通过几十年写生的实践,对兰蕙的物理、物性、物态,取得了移情的认知,深入地研究并综合了宋人"写实"的、明清"写意"的画兰传统,以其独具的草书功力所完成的艺术创格。画史以来,未之有也。兰竹世称双清,而谢竹陈兰,实开兰竹画以来的一个全新境界,两家所创造的艺术,形象的生动性和笔墨的丰富性、色彩的多样性,乃至意境的清高华赡,足以"夺造化而移精神"。这就再次证明,绘画艺术的追求,明清传统所倡导的"形象美不如生活,笔墨美高于生活",固然是一条可行之道,但唐宋传统所倡导的"形象美、笔墨美并高于生活",更是一条高难度艺术美的"正宗大道"。

她的山水,大成于 90 年代以后。深厚的传统借鉴,丰富的生活涵养之外,通过自觉地借鉴印象派的光色技法,包括直接使用西方的颜料,营造出一个光彩陆离的理想世界。在南宋"水墨刚劲"的笔墨基础和北宋大山大水的三远基础上,通过层层渲染、反复点簇,清淡的水色荡漾空明,浓酣的重彩乃至丙烯晶莹剔透,五彩斑斓,辉煌绚烂中光明澄怀、宁静致远。中国画本重丹青,连刘勰《文心雕龙》也用"以色范形"来定义绘画。但从元代以后,尤以明清为甚,独推"水墨为上",使中国画的传统缺失了对色彩的重视,这就极大地局限了它对于艺术形象塑造的表现力。在陈佩秋看来,笔墨和色彩,是中国画塑造形象的双翼。因此,以印象派为参照,"洋为中用",重振并创造性地发展中国画的色彩传统,便成为她一种自觉的责任和担当。《老子》说:"五色令人目盲。"其实,"不是风动,不是幡动,实为心动。"同样,目盲不以五色,而以心迷。心静,则五彩可使人目明;心迷,则水墨亦使人目盲。从陈佩秋的丹青致优,我们看到的似乎是没有一笔古人,而全是个性的独造,但其中所蕴含的精神却处处是传统,包括董源的平淡天真,李成的烟林清旷,范宽的峰峦浑厚,马夏的烟雨迷茫……山高水长,花繁林茂,洲渚掩映,景物粲然,于浓青碧绿、闹红流金的韬光揖影中,晦明向背,幽情远思,各臻通天尽人之理。

综观谢稚柳、陈佩秋的艺术,给我们的启迪是多方面的。如何认识、理解继承和创新的关系?他们认为,创新的道路是多元的,而继承优秀的传统正是实现创新的"主要基础之一"。如何认识、理解并继承、弘扬传统?他们认为唐宋的画家画和明清的文人画都是传统,决不能以后者否定前者,而唐宋的画家画更是一条值得我们普遍传承的"正宗大道"。如何认识、理解中国画笔墨和形象的关系?他们主张通过服从并服务于美的形象塑造,来推动笔墨高难度的创造,而不是仅止于用牺牲形象美来完成笔墨美的创造。如何认识、理解中国画和西洋画的关系?他们并不排斥"拉开距离"说,但更主张中西结合的"洋为中用",这一观点,在谢稚柳主要表现于他对徐悲鸿艺术的推重;在陈佩秋,更表现于她个人的探索实践所取得的成功。

我多次讲到,中国传统文化讲究"仁者乐山,智者乐水",中国传统绘画也以山水为大宗,其旨安在?盖山,大物也,安忍不动,万古不移,历劫不摧,所以喻原则性也;水,活物也,随物赋形,昼夜不息,川流不止,所以喻灵活性也。不此之旨,盲目地、急功近利地移山填海,废其原则性而塞其灵活性,难免导致文化生态的破坏。谢稚柳、陈佩秋的艺术,正形象地诠释了传统的精神和活力。山高气峻,源远流长,"周虽旧邦,其命维新",它们既是永恒不变的,又是生生不息的经典之树常青。

(2015 年)

09 第九讲
志道游艺和技进乎道
——谢稚柳、陈佩秋的人生与艺术

上海美术学院教授、上海市文史研究馆馆员徐建融先生与谢稚柳、陈佩秋二老相识数十年，不仅在美术史论研究、书画鉴定、艺术创作诸方面均与谢陈二老有着持久而深厚的师生交往，数十年日常生活往来中二老的学术涵养与艺术品格也让徐先生记忆深刻、受益良多，他认同谢稚柳先生秉承的"绚烂归平淡，真放本精微"的中国绘画传统观，更称许陈佩秋先生"外师造化，中得心源"的个性独创。为此，上海中国画院理论部编辑李玉（以下简称李）采访了徐建融先生（以下简称徐），请他谈谈对谢陈二老的人生与艺术有哪些认识与评价。

　　李：您与谢稚柳和陈佩秋两位先生的交往是如何开始的？有哪些事情让您印象深刻？

　　徐：20世纪60年代，我在中学念书时读到了谢稚柳先生的《水墨画》一书，这本书概述了中国水墨画发展演变的传统，我本身就非常爱好古典诗文，这本书虽然学术性很强，并且是用白话写成，但文字清丽潇洒，行云流水，很有唐宋散文的风采，引发了我强烈的共鸣，对我影响颇深，这也是谢老给我留下的最初印象。到了80年代我在浙江美术学院读研究生时，仍然对书中的观点、文字如数家珍，令其他同学感到诧异。

　　然而论及面对面相识，我还是先认识的陈佩秋先生，那是1973年。当时，我的一位老师叫姚有信，他调到上海中国画院任画师，我时常去他家里和画院向他请教书画,去画院的时候,他就带着我向一位位老画师拜访。当时画院是在汾阳路上的"小白楼",也就是今天上海越剧院所在。"小白楼"的一个车库被改造成了一间大画室,画院的老先生们就在这里创作。应野平、朱梅村的画案在一进门的位置,里面又隔了一个大房间,是唐云、孙祖勃两位先生并排的大画桌,后面一点就是陈佩秋先生的一个小画桌,再往里是胡若思、徐元清并排的小画桌。

陈老师非常热情、非常健谈,她特别喜欢向年轻人讲述自己的艺术观点,因此给我留下了深刻的印象。记得当时我问唐云先生,画竹子是文同的好还是郑板桥的好,唐先生认为各有各的好,不同风格不能比较。后来唐先生出去了,陈老师单独跟我讲,当然是文同画得好,扬州八怪画得并不好,她随即提出了"不同艺术风格是可以进行比较的""评价艺术高低的标准要看它是否有难度"的观点。我们上中学时候对扬州八怪都很推崇的,但陈老师却说他们不好,她的观点令我很吃惊。陈老师告诉我,不同风格的比较要看艺术创作的难度,郑板桥的竹子几笔就能画就,而文同的竹子结构很复杂,很难轻易画成。她还提出了"宋人的画艺术成就最高"的观点。陈老师的这些艺术观点,对我来说是相当新奇的,以前未曾听到过,且与我之前接受的对中国画传统的评价相差颇大,当时是没办法接受的。

宋人的画通常认为是写实的,而有了照相机之后,绘画的写实已经不再需要。陈师曾说:"仅拘拘于形似,而形式之外,别无可取,则照相之类也;人之技能又岂可与照相器具药水并论邪?"绘画不能求写实,要和生活真实拉开距离。刘海粟也曾经讲过:"(宋代)院体派的画千篇一律,好似刻板一样,有工艺的价值,而没有艺术的精神。""八大、石涛、石溪诸家的作品超越于自然的形象,是带着一种主观抽象的表现,有一种强烈的情感跃然纸上,他们从自己的笔墨里表现出他们狂热的情感和心灵,这就是他们的生命。"这些艺术观点在当时影响最为深广,与之相比,陈老师提出的艺术观点是颇为特立独行的。谢老当时很少表述自己的学术观点,80年代之后关系熟了才无话不谈。他们两人的性格一个耿直较真,一个敦厚随和。

李:谢稚柳先生在书画鉴藏、艺术理念方面有什么样的贡献与建树?

徐:刚才我谈到与他们深入交往的过程也是对他们艺术理念逐渐理解的过程。潘天寿先生曾经提出,中国画有两大传统——正与奇。"正"即恪守绘画性的造型原则"画之本法";"奇"则是注重书法性的抒写原则,注重"画外功夫",即兴挥洒。奇正相生,循环无穷,演绎了中国画多姿多彩的风格面貌。

在谢老看来,正的传统是根本,它强调法度、规则,奇则是强调人的天赋和性灵。写实的源头就是生活,生活是艺术创作的唯一源泉。在这个基础上,他们认为中国画的高峰当属唐宋时期。从谢老的《水墨画》一书对水墨画传统做了全面研究,更可以窥见他的这一传统观。谢老在《水墨画》中说的很重要的一句话就是"水墨画是写实的"。在书中多次使用"写实""现实主义"等术语,他所强调的写实,实际含义是指以形写神、形神兼备,真实地把握来自"外师造化,中得心源"的写生和生活,而它在绘画中的实现则在于精妙的笔墨。从他们的画中也不难看出他们的艺术理念,形象是非常丰满的,以形写神,形神兼备,物我交融。他们的认识和实践,根本上缘于两人对中国绘画史长期不懈的全面、深刻的研究。他们艺术理念的共同之处,是在认同中国画创新多元化探索的同时,坚持以继承传统作为根本道路,以唐宋传统作为普遍意义上传承的"正宗大道"。

谢老多次讲过,他的书画鉴定并不是为鉴定而鉴定,史论研究也不是为史论而史论,更是为了搞好书画创作的需要而研究鉴定、研究史论。他在徐熙《雪竹图》、王诜《烟江叠嶂图》、李成《茂林远岫图》、周昉《簪花仕女图》、张旭《古诗四帖》等传世名迹方面所作出的分析,在中国书画鉴定史上具有举足轻重的意义。通过鉴定和史论的研究,他对传统的真伪和优劣有了全面而深刻的认识,为他的创作奠定了坚实丰厚的基础;他在创作实践方面的体会和成就,也造就了他在鉴定和研究方面的真知灼见。

在书画鉴定方面,谢老曾说最根本的是要取得对"书画本身的认识",而所谓"书画本身",则是指笔墨,即书画的个性风格、时代风格、流派演变的特点等。谢老对笔墨风格的认识,不只限于接触书画实物的经验,更依靠在创作实践中所取得的颖悟。同时,谢老将在书画鉴定中领悟到的徐熙"落墨法"、张旭的草书,在敦煌莫高窟考察的壁画,都体现到了他自己的艺术创作中。他的借鉴是非常灵活的,摹写古人又变化成自己的风格,他把每一样鉴定都融合到了自己的绘画实践中。知行合一、学以致用,是谢老治学、治艺的最大特色。对谢老来说,书画鉴定、美术史研究、创作实践,三者之间是互动共赢的关系。他在创作实践方面的成就和造诣,帮助他在书画鉴定和美术史研究领域作出了贡献与建树,同时这些贡献与建树也帮助了他在创作实践方面的成就和造诣,更使他成为晋唐宋元传统继承弘扬者中最为杰出的代表。

李:谢稚柳先生少年时在寄园受教育,请问这段学习经历对他后来的人生艺术有何影响?

徐:"我是从寄园走出来的,我的人生是在寄园奠定的基础"——这是谢稚柳先生经常挂在嘴边的一句话,尤其是在我们学生辈面前,更使我们充分领略到谢老尊师重道的风范。

寄园的主人钱名山先生是谢老的老师,同时也是谢老哥哥的岳父,是常州学派的殿军。清代中期由庄存与、刘逢禄开山的常州学派,虽然只是清代学术史上的一支"别动队"(梁启超语),但到了龚自珍、魏源、康有为却逐渐闹出了大动作。尤以学以致用和志道游艺的精神,迥别于同时的乾嘉学派和浙东学派。谢老的艺术人生,既与常州学派有着渊源的直接关系,则其有别于同时代其他艺术家的最主要特色,自然也在这两大精神。

"我不是为当鉴定家而研究鉴定,我是为了画画才去研究鉴定"——这是谢老经常挂在嘴边的又一句话,尤其当有人称他是"鉴定家"时。

我们知道,进入 20 世纪,书画鉴定逐渐发展成为一门自成体系的独立学科。以徐邦达先生为代表的经验派和以启功先生为代表的文献派,无不以广搜深挖、博览抉微的功夫,在断续纷乱、茫然无绪的草蛇灰线、蛛丝马迹中,抽丝剥茧地侦缉、发现、比对、排除……最后串联成最大可能自圆其说的"完整的证据链",从而作出真伪的判断。一如乾嘉学派的开山阎百诗之考证古文《尚书》:"府君治书,每于无字句处精思独得,而辩才锋颖,证据出入无方,当之者辄失据……手一书至检数十书相证,侍侧者头目为眩,而府君精神涌溢,眼烂如电,一义未析,反复穷思,饥不食,渴不饮,寒不衣,热不扇,必得其解而后止。"(其子阎咏语)"古人之事,应无不可考者,纵无正文,亦隐在书缝中,要须细心人一搜出耳。"(阎百诗自述)今天的公安刑侦,基本上也是使用这样的方法,而在技术上运用了更先进的工具和手段。这,便是"为了当鉴定家而研究鉴定"者的风格路数。徐、启两位先生及以后的鉴定家们,无一不是走的这条路子,而且,借助于电脑、大数据、云计算的高科技,使传统的书画鉴定发展、提升到了一个新的阶段。

但谢老的鉴定,所走的则是董其昌等以书画实践的体会而"望气"的路子。论广搜深挖、博览抉微的侦缉功夫,除非顺手牵羊,他基本上是不下的。我们看他《鉴余杂稿》中的几篇经典文章,如《唐张旭草书〈古诗四帖〉》《徐熙落墨兼论〈雪竹图〉》《论李成〈茂林远岫图〉》等等,无不是"望气"而得的真知灼见,而绝无今人鉴定文章中必不可少的罗列不同作品中同类图像、文字所作的细节比对之类的"证据"。这一鉴定方法,更合于常州学派重在得"圣人之真言""辨古籍真伪,为术浅且近者也"(庄存与)和

"学问主文章义理之大者,不拘拘于训诂考据之微"(钱名山),而上接韩愈的"所志唯在其意义,至名数阴阳未尝一得门户"和孔子的"知之为知之,不知为不知""学而时习之"的学以致用传统。

"圣人之真言""文章义理之大者""意义""知之"的是什么呢？就是"观其大略"于"是不是千里马"。"古籍真伪""训诂考据""名数阴阳""不知"的是什么呢？就是"不求甚解"于"玄黄牝牡"。"学而时习之"又是什么呢？"学"就是得其真言、大者、意义而知之；"习"就是把所知用于自己的所事中去。

尽管谢老的书画鉴定,没有今天大多数鉴定家像刑事侦破那样殚精竭虑、抽丝剥茧地建立的"证据链",但他的每一次重要鉴定所得,都被用到了他自己的书画创作中极大地提升了艺术的境界。

他研究鉴定敦煌壁画,不仅完成了中国敦煌学的开山之作《敦煌艺术叙录》,而且把唐画"恢宏博大""气度高华""得心应手、游刃有余"的技法,"独到的观察力,独到的概括性"汲取到了自己的人物画创作中来,一洗明清人物画的酸颓,"真足以令人意消！"

他鉴定《烟江叠嶂图》,不仅把一件大家都看假的王诜精品,从冷摊上抢救到了国家的宝藏之中,更在自己《金华道中》的写生时,成功地移植了"烟"图中的丛树翕翳,使现实的生活洋溢着传统的清气照人。

他鉴定巨然的《万壑松风图》,从中借鉴了"退笔焦墨信手散点并用淡墨直点"的点苔法,用于自己江南山水的创作,苍茫华滋,别开生面。

他鉴定徐熙的《雪竹图》,穷究"落墨法",更完成了70年代后个性画风"以放荡易工整"的大转型。

他鉴定柳公权的《蒙诏帖》、张旭的《古诗四帖》,则推动了其书风由陈老莲的清逸,一变而为"在用笔上直立笔端逆折地使锋埋在笔画之中,波澜不平的提按,抑扬顿挫的转折,导致结体的动荡多变",如垂天鹏翼乘风回翔,长江浪涛汹涌澎湃。

第九讲　志道游艺和技进乎道——谢稚柳、陈佩秋的人生与艺术

陈佩秋老师多次对我谈及:"我对临了多少古画,但放手而画,全是自己的面貌,看不出出之哪一位古人;老头子从来没有完整地对临过一件古画,但放手而画,一看就是这个老莲,那个王蒙,这个郭熙,那个巨然。"我表示,这正是常州学派学以致用的传统在谢老"为画画而研究鉴定"中的充分反映啊!当代的几位大鉴定家,与谢老鉴定风格的不同,从这一点上可以看得尤其清楚。像启功、杨仁恺等先生,也都下过大功夫研究鉴定《古诗四帖》,但张旭的书风同他们的书法可以说毫无关系。

"我的专业工作是国家的文博事业,书法画画只是我个人的业余爱好"——这是谢老经常挂在嘴边的第三句话,尤其当有人称他是"书画家"时。

寄园的讲学,以《孟子》《春秋》和"二十四史"为主课。但不同于唐文治、章太炎在无锡、苏州的讲学专注于经史的义理训诂,钱名山对学生除了讲解经史的经世致用,更引导、启发学生在文艺方面的修养熏陶,包括诗词、书画、鉴赏等等。弟子中个个文艺才华出众,更不乏与并世第一流诗人、词客、书家、画师相轩轾者。致使"好色甚于好德"的人,误认为寄园是一所文艺学苑,以诗词书画为主课,专门培养文艺人才的。但事实上,志道游艺,寄园的道义高标,从来就没有为文艺名声所掩;而是由孔子而韩愈、欧阳修、钱名山及其弟子,一脉相承,器识为先,初衷不移!

孔子说:"志于道,据于德,依于仁,游于艺。"韩愈说:"文章岂不贵,经训乃菑畲。"欧阳修说:"文章止于润身,政事可以及物。"盖"大道之行,天下为公",据德依仁,莫外乎此。则"士者,事也"的所应"事",当然是"政事"也即国家政府所安排的工作"大一统"的"尊王室";艺术,在"工"固然可以专职,在"士",止可游之而不宜职之。所以,尽管以"期成大儒"为目标所培养出来的寄园弟子中多有文艺成就卓然者,但他们"志道"的工作选择,第一位的一定是进入国家政府部门;包括谢老,民国时便供职于于右任的监察院任秘书。其次则是教育、医疗,而没有一个是以文艺为专

职的。

　　新中国成立后，谢老全身心地投入到国家的文博事业中，征集、收藏、鉴定、研究，对上海博物馆建设的蔚为大观，实有筚路蓝缕的开创之功。1956年，周恩来总理提议在北京、上海两地各成立一个中国画院。谢老参与了上海中国画院的筹备工作，但1960年画院成立后，谢老还是回到了博物馆中，不做专业的画家。1962年，国务院授命国家文物局组建中国书画鉴定三人组，谢老为其中之一；至1966年工作未完成而中断。对此，谢老一直耿耿于怀，因"不能为国家摸清书画文物家底"而深感遗憾。直到20世纪80年代初，时机成熟，他便向国务院提议重启全国书画的巡回鉴定工作。

　　其时，谢老个人的书画创作以"落墨法"和"张旭风"为标志，正进入一个层楼更上的薄发期；而艺术市场也开始正式启动，谢老的作品被排在最高收购价之列。所以，当时不少人为他的此举感到不值，但他义无反顾地投入，从1985年到1992年整整八年。每到一地，除正常的文物鉴定工作之外，他还有繁重的额外任务，就是要完成一串长长名单的应酬画，都是为方便工作所必需的当地人情。谢老总是来者不拒，有求必应，见缝插针地挤出时间挥毫不辍，庶使皆大欢喜。甚至对宾馆、食堂的服务员也一视同仁。自然，这中间免不了大量"出门不认货"的草草急就。习惯成自然，八年下来，把全国的书画文物家底摸清了，可是，"自己的画从此画坏了"。幸好的是，书法的创作是不忌"急就"的，尤其是寄园的书风，更一贯地讲究"疾书"。所以，谢老的书法不仅没有写坏，而且由放荡的草书转入到端庄的行书，境界更显堂皇。包括谢老本人，于此际也经常表示："我喜欢写字，写字比画画更开心。"

　　后来，八年鉴定成果中的精品被编为《中国绘画全集》30卷，由文物出版社等彩印出版，谢老为全书作总序。谢老命我代笔，并为我详细地讲述了鉴定中的甘苦。我问他是不是为"自己的画从此画坏了"后悔？他表示不仅不后悔,而且很自豪。这不禁使我联想起欧阳修所说的"士君子自当以功业行实光明于世,亦不一于立言(文艺)而垂不腐"的志道游艺论。

李:陈佩秋先生在书画鉴定方面亦颇有建树,她的书画鉴定和艺术理念是怎样的?与谢稚柳先生有哪些相同和相异之处?

徐:20世纪初期的中国画坛,人们对传统的认识大多局限于明清写意画传统,直到辛亥革命后,清宫书画藏品逐步公开并照相制版印行,以及敦煌壁画的重新发现,让人们有了研究和学习晋唐宋元名迹的机会,但"中国画就是写意画"这一根深蒂固的偏见却不是轻易可以改变的。20世纪四五十年代,陈老师醉心于临摹赵幹的《江行初雪图》卷和宋人的花鸟画,不少老先生规劝她:"这些是工匠的画,是包小脚,文人写意画才是高雅的艺术,是天足。"并劝她临习翁同龢的《木石图》和郑板桥的《墨竹图》。可见当时陈老师所喜爱的画风是受到偏见歧视的。

书画鉴定对陈老师来说是绘画创作之余的事情,这一点上是与谢老不同的。陈老师是由临摹而走进鉴定。同样是为了画画的需要,她把大量的精力用于历代名作的临摹上。陈老师始终强调自己是一位专业的画家,鉴定是她的业余爱好。临摹不仅帮助了她的创作,更使她通过心摹手追而获得了对不同时代、不同流派、不同作家笔墨风格的感性认识,从而也就水到渠成地促成了她的鉴定。陈老师从少年时期就致力于宋人的山水,青年后又倾心于宋人和钱选的花鸟,像《花篮图》、钱选的《八花图卷》,她都是借到家里临摹,不仅临摹真迹,还临摹了很多古画的珂罗版和仿真的彩印本,临摹几乎达到了"下真迹一等"。陈老师临摹得多了才渐渐开始做书画鉴定,鉴定古画往往是为了弄清真伪,她对阎立本《步辇图》、董源《溪岸图》《潇湘图》《夏山图》《夏景山口待渡图》等传世名迹所作出的分析,在中国书画鉴定史上具有重要的价值。

前面讲到,陈老师曾谈道:"对传统,老头子一生没有完整地临摹过几幅古画,但他的创作,出笔便可以看出这一幅是董巨,那一幅是李郭,这一幅是范宽,那一幅是王蒙。我完整地临摹了大量的古画,但创作出笔,却看不出是哪一家、哪一派的路数。"这主要是因为两人对于传统的学习方法不同,从而引起个性创作风貌的差异。谢老是看画入骨髓,应目会心,所以其创作侧重于用传统来实现创新的升华;陈老师是临画入骨髓,得心应手,所以其创作侧重于以创新来体认传统的修养。

我们现在可以看到,陈老师留有非常多的写生画稿,她全身心地投入写生之中,苗圃、动物园是她古典名作之外的又一重要课堂,一生坚持不辍,积累素材不可计数。20世纪五六十年代,画院经常组织画师们外出写生,很多画师写生不过寥寥几笔,但陈老师写生却是认认真真地画上一整天,把对象的形状、结构,都要用毛笔仔细地画出,一整天时间才画出一张写生稿。为此还有人批评她,说她年纪轻轻,怎么一天才画了一张画。但实际上,这种写生画稿不是走马观花,而是耐心认真地应物象形,她要把写生对象的细节都弄得清清楚楚。正是有了这样的写生基础,陈老师创作出的艺术形象才极其丰富饱满。

李:20世纪40年代初,谢稚柳先生曾经和张大千一起赴敦煌考察石窟艺术,对敦煌莫高窟雕塑、壁画研究颇深并将此研究化用到自己的艺术创作实践之中,请您谈谈谢稚柳先生在敦煌学领域有怎样的贡献?

徐:在20世纪的中国画坛,成就卓著的书画家有不少;成就卓著的书画家而兼诗(词)人虽不多,但还有;成就卓著的书画家、诗(词)人而兼鉴定家则少之又少,世仅二三,谢稚柳先生正是其中之一;成就卓著的书画家、诗(词)人、鉴定家而兼敦煌学家,则前不见古人,后不见来者,仅谢老一人而已。而且,他不只是敦煌学成为显学以后的敦煌学家,而是敦煌学在中国还没有成显学之时筚路蓝缕使之成为敦煌学的开山。

敦煌学是20世纪世界文化史上的一门显学,以敦煌的经卷遗书、石窟艺术、历史地理和东西方的文化交流为研究的对象。但早期的敦煌学研究,主要在日本、英国、法国和俄国,所以有"敦煌在中国,敦煌学在外国"的魔咒。虽然1910年前后,罗振玉等致力于敦煌被掠、流散文物尤其是遗书的收集、整理、编目,被称作敦煌学的奠基人,但以未入虎穴,所做的工作还是很粗疏的。直到1941—1943年,张大千先生和谢老西渡流沙、面壁石室,张率弟子门人临摹壁画,谢则独力记录石室各窟内容成《敦煌石室记》《敦煌艺术叙录》,方始打破魔咒,使敦煌学回归中国。在这基础上,尤其是新中国成立后,敦煌学的研究就更蒸蒸日上、日新又新,敦乎其煌了。

1983年,我首次朝圣敦煌。当时的敦煌研究所,条件异常艰苦简陋。石窟的洞门基本都是敞开的,几个经典的洞窟也只有一米高的木栅栏上了锁;研究人员的住房都在石窟前的沙丘胡杨林中,像贫民窟一样;作为研究所"定海神针"的段文杰所长和史苇湘先生的住所略好一些,也不过一幢简易的连体"别墅"。我因谢老和王伯敏先生两位老师都与敦煌因缘殊胜的关系,所以在拜访段所长后得到特别的优待,交给我一把万能钥匙,无须工作人员的陪同,由我自由地打开、出入任一洞窟。我在莫高窟住了有半月之久,每天白日观洞,晚上或请教段所长,或问学史先生,听他们讲解、传授敦煌的文脉。对张大千"破坏"壁画的佚事虽不无微辞,但对谢老叙录石室艺术的贡献,都不约而同地给予高度的评价,认为敦煌学之能有今天的辉煌,谢老允有开山之功!而谈到工作、生活条件的艰苦,相比于谢老他们当年,实在已好上百倍。

1986年,我第二次朝圣敦煌。这次是"带"着天津工艺美校的袁林兄一起来"开眼界"的。敦煌研究所已改名敦煌研究院,条件也万象更新、今非昔比了!在几个国外财团和香港财团的资助下,每一个洞窟的门口都安装了铝合金门,封锁得严严实实。办公楼、图书馆,虽然楼层不高,但气派宛如大都市的写字楼。段院长和史先生的住房还在原处,但已经翻建成了勉强像样的连体别墅。据说,他们在市区还另有住宅,但为了工作方便,宁愿住在荒漠中。我们的参观再次受到优待,拿着编号的钥匙可以自己选择洞窟。晚间拜访两位前辈,在感慨敦煌学的研究条件、研究成果日新月异、"不堪回首"的同时,又多次听到他们对谢老开山敦煌学的评价和敬意。

2005年,我带着学生第三次朝圣敦煌。这时的敦煌研究院已经是不可思议、无比稀有的敦大庄严、辉煌灿烂了。研究人员基本上也不再生活在石窟边上,而是都住进了繁华的市区,每天专车接送或私车上下班。当天联系樊锦诗院长,恰好不在院内,便给她留了一张便条,希望她能为我们的同学作个讲座。傍晚,工作人员便通知我们,给我们安排参观的洞窟由通常的12个增加至40多个,包括好几个不对外的经典洞窟;樊院长明天下午三点可为我们作讲座。同学们闻讯都兴奋不已。两小时的讲座中,樊院长不仅热情地解答了同学们的提问,并再次提到谢老为敦煌学开山所作的贡献。同学们听后,无不为以能成为谢老文脉的传人而自豪。讲座结束后,我向樊院长打听段、史两位前辈的近况。说是史先生前两年去世了,段院长也得了病,为方便医疗,现住到兰州去了。不禁唏嘘不已。

我想,在书画界,大概很少有人知道谢老开山敦煌学的贡献;即使知道,也未必真正认识这贡献的价值和意义。然而,敦煌学的前辈专家们,却无不奉谢老为开山的功臣。固然,书画家不必非涉足敦煌学不可,但对这个问题却不能不作文化上的思考。

当时,敦煌研究院已专门开辟了一组仿真的"洞窟",把几个限止参观的洞窟,惟妙惟肖地复制出来,下真迹一等。不由我慨叹临摹的水平之高超,简直胜过张大千。同时又有研究院的专家们自己创作的书画展,全是学海派任伯年、吴昌硕或"笔墨加素描"新中国画风的,不见一丝敦煌的气息。我当时就问樊院长:今天敦煌学的研究,临摹也好,文献资料的梳理也好,已经远远超过了罗振玉、张大千包括谢老的《敦煌艺术叙录》;但张

第九讲 志道游艺和技进乎道——谢稚柳、陈佩秋的人生与艺术

大千和谢老对敦煌的研究,不仅表现为研究的成果,同时还反映在他们自己的创作实践中,包括其他如娄叡墓壁画的研究成果中。为什么今天的敦煌学研究,学术水平如此之高,在自己的创作实践中却没有一点反映呢?樊院长一时答不上来。

我后来反复思考过这个问题。原来谢老的敦煌学研究包括其他一切研究,都是"学而时习"、学以致用的;而今天的敦煌学研究包括其他一切研究,都是"为学术而学术"或称"纯学术"的。学习型的研究,好比为文化生态的建设耕织丰衣足食;学术型的研究,则好比为文化生态的建设淬炼点翠饰金。饥寒交迫之时,需要解决的是丰衣足食;衣食既足之后,需要解决的是点翠饰金——是所谓一代有一代之学问、一代有一代之研究。我们需要点翠饰金,但绝不能荒废丰衣足食。

谢老在《敦煌艺术叙录》后记中自述:"由于我的不懂佛经,以及当时手边又无此类书籍,面对着这些题材的画,竟不知道描写的是哪一故事。因此,只能笼统地记下'经变'或'佛传图'而已。这说明都是很不够的。"这些不足,当然已为今天的敦煌学专家们所攻克了、完善了。但谢老又说:"我逐渐惊心于壁上的一切,逐渐发现个人平时熟习于一些明、清的以及少数宋、元绢或纸的绘画,将这种眼光来看壁画……这正如池沼与江海之不同。平时所见的前代绘画,只是其中的一角而已。"这一见解,又有几人能认识到它的精义呢?更有几人能把它运用到自己的实践中去呢?

谢老开山敦煌学的时代,至少在中国画坛,对莫高窟壁画的认识不过是"工匠的水陆画",张大千的临摹更被认作是"行画"。而谢老本人,直到晚年的1995年,他亲自操办自己的"后事",第一件便是重版《敦煌艺术叙录》,第二件搜集、整理、出版《壮暮堂诗钞》,第三件重版《鉴余杂稿》并收入《水墨画》。

谢老,在敦煌学前辈专家眼中的地位如彼;敦煌,在谢老自己心中的

地位又如此。则重读谢老的《莫高窟题壁》，也就别有会心了：

　　色即是空空即因，东方过此几微尘；

　　三千清净诸天上，都是飘烟抱月身。

　　李：谢稚柳和陈佩秋两位先生在艺术的中西融合方面有怎样的见解？他们的见解又是如何在自己的艺术实践中体现的？

　　徐：在中西融合方面，陈老师是非常热情积极地将西方艺术吸收到她自己的艺术创作中的。当时画院里收藏了很多外国画册，陈老师经常借阅画册来看，尤其喜欢法国印象派的作品。她经常说，"中国画的笔墨，是西画不能比的，因为中国画用的毛笔是尖、齐、圆、健，西画的画笔是扁的，笔墨的变化不如中国画多。但是色彩方面，西画比中国画要好得多，色彩太丰富了。"

　　20世纪七八十年代，陈老师开始探索将西方印象派的光色技法与中国画的笔墨相结合，她的画风由早年的工整勾染转向阔笔的花树与精工的禽鸟、精妙的笔墨与印象的铺色相结合，一时刷新了人们的眼目，误认为其作为花鸟画家的个人风格，以此为标志已达到定型。但她的创造力却是源源不断的。20世纪80年代之前，陈老师主要以花鸟驰誉，其花鸟作品以生活的真实为源泉，升华为艺术形象的真实，她对空间氛围的景深营造，更上接北宋全景花鸟的传统，但通过借鉴西画尤其是印象派，创造性地转化并创新性地发展成为个性的典型风貌。或通过山水背景的布置，或通过雾气云光的渲染，使花竹和禽鸟真正成为融洽在真实环境三维景深中的花鸟，她特别注意将禽鸟、蛱蝶等"精灵"，置于繁枝密叶、氛围渲染所形成的高光圈中，隐约混沌中放出光明，有画龙点睛的艺术效果，她不仅是借用了任伯年的处理方法，同时也从伦勃朗的艺术作品中有所借鉴。80年代后期，陈老师去西方游历，在那里的生活体验、所见风景，皆缤纷烂漫、花团锦簇,又开始了对印象派真迹原作的光色技法与传统笔墨相结合的全新探索,并把重点由花鸟转到了山水。

20世纪90年代以后,陈老师的山水画创作自觉地借鉴印象派的光色技法,包括直接使用西方的颜料,营造出一个光彩陆离的理想世界。她认为,笔墨和色彩,是中国画塑造形象的双翼。因此,中国画的传统缺乏对色彩的重视,极大地局限了它对艺术形象塑造的表现力,她以印象派为参照,重振并创造性地发展中国画的色彩传统,通过层层渲染、反复点簇,清淡的水色荡漾空明,浓酣的重彩乃至丙烯颜料晶莹剔透、五彩斑斓,她的青绿山水作品也是在这一时期卓有成就的。

关于中西融合,谢老是这样评价的:中西融合的画派应该作为发展传统、弘扬传统的一个参考,我们既不应抛弃传统,也不应拒绝、排斥西方艺术。他曾说:"借鉴,并不是无条件的,而是在善于辨析、取舍精华与糟粕。"谢老在自己的创作实践里不搞中西融合,但他绝不排斥中西融合。谢老和徐悲鸿的关系很好,也很钦佩徐悲鸿搞中西融合。20世纪90年代初,上海成立了徐悲鸿艺术研究会,廖静文、徐庆平去拜访谢老,请他做上海徐悲鸿艺术研究会的会长。他们走后,我问谢老:"有人说中国画搞不好,中国画的传统衰落,要怪徐悲鸿,您怎么看?"谢老回答:"这怎么能怪徐悲鸿呢?仁者如射。""仁者如射"一语出自《孟子·公孙丑上》:"仁者如射,射者正己而后发。发而不中,不怨胜己者,反求诸己而已矣。"意思是,行仁德的人就好比射箭的人,射箭的人先端正自己的姿态然后放箭;如果没射中,不应该埋怨那些胜过自己的人,而应反躬自问。谢老用这句话来形容中国画传统的继承问题,也是在告诫我们,做得好不好要从自身找原因,不要把责任推卸到别人身上。实际上中国画从汉魏晋唐宋元,直至近现代,域外的艺术风格、创作手法等等不断地融入中国的绘画实践中,一代又一代的绘画实践都是在中西融合的进程当中变幻出了缤纷多姿的样貌。所以中国画的发展,道路是多元的,传统自强的,中西融合的;唐宋画家画传统的,明清文人画传统的;融合写实的,融合现代的……没有好坏之分,但有做得好做得不好之分。

李:谢谢徐先生为我们讲了这么多。

(2022 年)

10 第十讲
20 世纪的海派绘画

一、人物画

由于种种原因,传统人物画早从宋代以后便进入了"今不及古"的式微期。明清的绘画商品化,虽说"金脸银花卉,要讨饭画山水",但事实上"金脸"的人物画并未真正压过"讨饭"的山水画。它的重新振兴,已是晚清民初海派画坛的景观了。

当时海派人物画所赖以升腾变化的传统基础,主要有两路。一路是来自浙江的陈老莲、华新罗传统,以任熊、任薰、任颐为代表;另一路是来自吴门的唐仇和改费的传统,以沙山春、胡三桥、吴友如为代表。此外,还有糅合华新罗和改费的,则以本埠的钱慧安为代表。但相比之下,前一路因充分地染着了上海十里洋场的市民气息而焕发出蓬勃的生命活力,后世所盛称的"海派",实际上便是指此而言;而后一路因缺少新意,成就平平,如吴友如,最终只能以画报的时事新闻画擅名;至于钱慧安,虽有所创意,但他的创意却只是形式上的,不是时代气息上的,所以,只能沦为落后于时代的城隍庙画派,而未能为其时的主流社会所接受,当然,也就不可能对"海派"发生太大的影响。

我们可以把三者的仕女画做一比较。走吴门的一路,仍为传统没落士大夫心目中的美人,文弱纤秀,脸无表情,一副慵懒的形态,病恹恹的没有生气,但雅还是雅的。钱慧安的一路,为传统没落村夫子心目中的美人,连雅的成分也相当稀薄了。而走浙江的一路,则热情洋溢,活泼生动,在眼神、动作的处理上带有一点挑逗,反映了其时国际大都市"上海小姐"的开拓性和青春活力,尽管她们仍是着古装,但气息却相当时髦,俏丽之中还带有一点"洋妞"的味道。

进入20世纪之后,海派人物画因传统的惯势发展,依然保持着它在全国画坛的领先优势,并与时俱进地在题材内容、风格形式上作出了新的贡献。

20世纪的海派绘画包括人物画,严格地说,应该是从1927年吴昌硕去世之后拉开帷幕的。因为在此之前,它仍是晚清海派的风貌,专以人物画而论,基本上不出如上所述的两路传统、三种作风。事实上,上述的一些代表性画家,大都便是活跃于晚清民初期间。而从此之后,无论人物、花鸟还是山水,都幡然改图,形成了多元的新风貌。

从大体上而言,20世纪海派人物画可以划分为前后两个时期。前期从1927年到1949年,后期从1950年到1980年。至于1981年以后,则进入了通常所称的"新时期",海派绘画在"走向世界,接轨国际"的口号下逐渐失去了"海派"的特色,变得与其他地区的画派不再有太大的区别。这并不奇怪,因为在这同一口号下,连"中国画"也变得与其他画种和其他国家的绘画不再有太大的区别。在"中国画"的内部,这一地区和那一地区画派的趋同,自然就是顺理成章的事情了。当然,前期的代表性画家,有些影响一直延续到后期,而后期的代表性画家,有些影响一直延续到世纪末乃至20世纪,这也是自然而然之事。

我们先来看前期的人物画坛,值得注意的现象有三:

第一个现象是任颐一派的萎缩,从倪墨耕、徐小仓到李芳园,在题材、造型上恪守任颐的图式,而没有注入新鲜的营养,所以美人迟暮,风华不再。任颐的形象,乃是反映了十里洋场开拓时代的市民的精神风貌,而此时的上海,市民精神已由开拓趋向成熟、稳定,所谓上海"市民"或"小市民"性格,便是在此一时期定型的。显然,任颐的传人们并未能敏感地把握住这一内涵的变迁,再加上他们对于任颐笔墨形式的演绎,或沦为油滑而失去了其严谨,或失之流利而趋于僵化,这一派的萎缩也就在情理之中了。

第二个现象是吴门唐仇和改费一派的振起,以黄山寿、潘振镛、冯超然、谢之光、郑慕康等为代表,营造了民国时期海上人物画的新气象。对此的解释,一方面,这一路在民国时期的振起是一个全国性的现象,不独上海画坛如此,北京的吴显曾、徐燕荪等便是例证,似乎学人物不学唐仇、改费便不是传统,包括张大千,年轻时在叶恭绰的指引下也是学的改费。另一方面,这一路的成就,毕竟又以上海最为突出,并不是说它传统功力比北京高多少,而是在反映时代气息方面它更敏感一些。它虽然借用了传统文人士大夫心目中最理想的美人形象,却被赋予了民国时期新的时代精神,尤其成熟、定型以后而不是开拓时期的海上摩登女性的精神内涵。究其成功的原因,则得益于它在技法上,包括形象的塑造、色彩的渲染等方面,借鉴了为上海所独有的月份牌画法。

所谓"月份牌",是指产生于20世纪初,盛行于民国时期,上海的一些商人为了推销商品而胶版彩印的带有日历月份的精美广告画,它是新中国成立后的年画和今天挂历画的前身。其形象多为身着时装的上海美女,其画法则在传统审美习惯的基础上吸收西洋画的技法,把擦笔与水彩结合起来,使对象的描绘如镜涵影,十分细腻逼真,活灵活现,我见犹怜。代表画家有郑曼陀、杭稚英等。

正是因为有了月份牌的参照,吴门的人物、画法,尤其是仕女画法,引起了革命性的改观,不仅传统的士大夫阶层欣赏它,新兴的市民各阶层同样欣赏它。它使唐仇的画法重新洗去了脂粉铅华,又使改费的画法水墨薄施了轻晕淡妆。尤其是人物的精神面貌,虽然是古装,却十分摩登。以同时兼为月份牌画家的谢之光的作品为例,他的仕女画,虽然着古装而不是旗袍时装,虽然使用的是传统技法而不是擦笔加水彩,但形象生动亮丽,肤色渲染的细腻娇嫩,明显抛开了三高三白的脸谱化处理,而与月份牌有着内涵方面的契合,借用今天化妆品的一句广告语:"清新爽洁,不紧绷!"

附带需要提到以沈心海为代表的城隍庙画派,它在此际的状况既不衰落,但也不见大的起色,而是稳定在晚清的水平上。这并不奇怪,因为它所赖以生存的土壤,"老城厢"这块地盘,在民国时期的状况同样稳定在晚清的水平上。"老城厢"是"大上海"的一块特殊地盘,在活跃于十里洋场上的摩登男女眼中,它是传统的;但在传统人士的眼中,它有一点不高雅,而失去了高雅,实际上也就不再是传统。就这样,在这块不传统的传统土地上,同样是不传统的传统——城隍庙画派,便有了它继续存在的价值。

第三个现象是晋唐传统的复兴,以张大千、谢稚柳等为代表。我们知道,传统人物画以晋唐为最高峰,雍容高华、气度恢宏的形象,空灵明快的线描,辉煌灿烂的色彩,绝不是一味地阴柔优美,而是兼涵了阳刚的崇高之美,意气风发,一派庙堂气象。后世的人物画,虽各有创意,从总体上,尤其是根本上,都是无法与之媲美的。如宋元的山林气象,格调当然还是高的,气局却已大大萎缩。明清吴门的唐仇,小眉小眼水蛇腰、削肩膀形象,扬州的黄慎、闵贞又演为粗野酸颓的作风,嘉道的改费虽沿袭着唐仇文雅的风华,但气局是更加狭隘了,给人以没落的气象。总之,不是沦于市井气,就是沦于江湖气。即以不世出的奇才陈老莲而论,其迂怪的个性表现,既无法列于庙堂,也无法归于山林。人物画中兴的晚清海上画派,撇开沿袭吴门、改费一路的不论,也撇开城隍庙画派不论,专以成功地改造并发展了浙江传统的三任而言,他们作品中人物形象的那种小市民气息,从好的一面固然是反映了十里洋场的生活真实,具有鲜明的时代性特点,从不好的一面讲就是终嫌不大气,与孟子所说的"浩然之气"相去不啻霄壤。当然，我们不能要求每一个人都有"浩然之气"，但艺术作品乃是人类精神文明方面的食粮，对于现实生活中的人的灵魂塑造具有潜移默化的作用，尤其是直接以人为对象的人物画，更是如此。可以说，上海人的小市民气息，与海派的人物画，包括其他形式的海派文艺作品，是一个双向的互为表里的关系，作品反映了生活的真实，同时也塑造着生活的真实。从这一意义上，千古英灵安在？大唐雄风安在？与晋唐人物画传统的中断，多多少少不无牵连。

但是，晋唐的人物画迹多已损毁，传世的极少，包括清廷内府所藏，也屈指可数，而且多有赝本。所以，对于民国画家来说，当然海上画家也不例外，他们所看到的、所认识的人物画传统，主要的也就是明清，宋元的已极少，晋唐的简直就是寻梦了。

然而，张大千、谢稚柳却以西渡流沙、面壁敦煌的特殊机缘，亲接了晋唐人物画的风流文采。而其时绝大多数的画家耆宿，都认为那不过是工匠的水陆画，没有什么艺术的价值。但他们，却独具慧眼地认定，它是比文人画占主导的宋以后，尤其是明清以来的卷轴画更加丰厚的传统遗产。如张大千便表示，这是"丹青之鸣凤，鸿裁之逸骥"；谢稚柳更把它比作波澜壮阔的"江海"，而宋以后的卷轴在它的面前不过是"池沼之一角"，幽胜是幽胜了，却远离了恢宏和堂皇。而人物画，中国人的精神塑造，是不能单单沉湎于幽胜，而不要恢宏和堂皇的。

张大千的人物画是从改费起步的，据说是因为叶恭绰的指引，旨在拯救传统人物画的衰敝。但把拯救衰敝的起点，选择并定位在阴柔文韵的改费，这本身就是一种衰敝的见解。谢稚柳学画是从陈老莲入门的，但只学他的花鸟而不是他的人物，认为陈大头小身体的迂怪的个性表现，不是堂堂正正的大家风范、大国气象，所以是"不足为训的"。而从此之后，张的人物转向了晋唐，谢也画起了晋唐风格的人物，一下子便在传统的人物画坛奏响了一曲无声的黄钟大吕之音。他们的创作题材，不外佛像、高士、仕女,形象的高华轩昂,勾线的挺健生动,赋彩的辉煌秾丽,无不学自敦煌壁画,"往哲所未闻",而让两家独得了"先迹之奥府,绘事之种皋"。尤其是先用起稿线,赋色后再用定稿线复勾,从而使得"工笔画"显得非常率意,既力矫了"翰墨游戏"之弊,又摆脱了刻画僵板之习,正是"工笔意写"的古法。此外还有长线条的运笔,由上而下与由下而上的对接,不经面壁,同样不可能窥得真经。具体而论,则张的作风更加放纵一些,如诗中的李太白,则谢的作风更加端严一些,如诗中的李义山。这,又是因为一家不同的个性解放。

但是,有两点遗憾,在此不能不作申说。第一点是因为画家主观上的原因,在创作思想上,依然为宋元,尤其是明清以来的观念所囿,他们学到了晋唐大手笔的技法形式,却没有在创作思想上贯彻大手笔的理念,结果便使得他们的具体作品似乎是在用牛刀杀小鸡。第二点并不是因为画家主观上的原因,而是因为社会的变迁,晋唐的古法便被作为封建糟粕而被抛弃。

此时,20世纪海派人物画便进入了它的后期。50年代以后的"新中国画",包括"新人物画""新山水画"和"新花鸟画"。提到"新人物画",人们习惯上立即联想到以方增先为代表的浙派,包括同属一个系统的新疆(后转到北京)的黄胄、北京的周思聪、广州的杨之光和西安的刘文西;提到"新山水画",便是以傅抱石、钱松嵒为代表的金陵派,包括北京的李可染;提到"新花鸟画",则是以唐云、江寒汀、张大壮为代表的海派,包括北京的王雪涛、浙江的潘天寿。而事实上,在"新中国画"中,上海画坛不仅在"新花鸟画"科作出了重大的贡献,同样也在"新人物画"科作出了重大的贡献。

与浙派的"新人物画"不同,海派的"新人物画"更具有"海派"所独有的特色。我们知道,浙派的"新人物画"乃是吴昌硕一路写意花鸟的笔墨加结构素描,再加任颐的人物画传统。这一画法是全国性的,而非浙江画坛所专属，只是浙江的画家用它来描绘浙江的工农兵生活，黄胄、周思聪、杨之光、刘文西等分别用它来描绘新疆的、北方的、岭南的、陕西的农、牧、渔民生活，从而分别形成了不同的风格特色。

浙派的人物画法当然也传到了上海画坛。方增先的《怎样画水墨人物画》一书，作为以工农兵为对象的人物画经典教科书，便是在上海出版后被发行到全国的。再加上浙江美院国画系人物专业的毕业生，也多有被分配到上海工作的。他们也都曾长时期地运用这一画法来描绘上海的工人生活。然而，尽管上海的工人相比于浙江的农民，与陕西的农民相比于浙江的农民，其间的反差更大，但在绘画的风格特色上，海派却并未能像长安画派一样，在"新人物画"科建树起区别于浙派的独特贡献。这里面的原因很难讲清。也许是这一画法适宜于表现农民、渔民、牧民，却不适宜表现工人；也许是上海的画家不欢喜描绘城市的工人生活。

那么，上海画坛对于"新人物画"的贡献，而且是浙派所无法替代的贡献，究竟又体现在哪里呢？它，便是连环画的滋养。

真正意义上的连环画，诞生于30年代前后的上海，直到60年代，上海的连环画始终是全国的龙头老大。其他各地与之的差距，不可以道里计。但在1949年之前，连环画仅仅被作为"小人书"，与中国画几乎没有什么关系。1950年后，它被视作"为无产阶级政治服务，为工农兵劳动人民服务"的最有效的美术形式，得到了大力的提倡。再加上其他的各种原因，如"要出名，国油版，要赚钱，年连宣"，连环画成为当时的画家唯一可以合法地赚取较大数目稿费的一种创作形式。所以，它不再是连环画家的一家天下，而为国画家、油画家、版画家纷纷介入，分走一杯羹。专以国画家而论，如程十发、刘旦宅、姚有信等，都创作了数部在连环画史上具有经典意义的重要作品，甚至连山水画家陆俨少，也画过几部连环画，其中有一部还是外国形象的《牛虻》。

连环画的技法形式固然是多种多样的，它可以用国画，可以用水粉，可以用素描，但最普遍的便是用线描。这一点，使得它与中国人物画的关系显得特别密切，因为人物画的基础技法白描也正是线描。骨法用笔，以线造型，为中国画家参与连环画的创作打开了方便之门，也为连环画家参与中国画、主要是人物画的创作打开了方便之门。所以，50—60年代，多见中国画家创作连环画，70—80年代，又多见连环画家创作中国画。但是，中国画家创作连环画，最终回到中国画的创作，往往使他更上层楼；而连环画家晚年停止连环画的创作转向中国画，却并无太大的成就可言，一般都难以摆脱"连环画习气"。原因何在呢？主要在于对笔墨的理解，连环画家很难达到中国画家的层次。

单独地看，中国画家长于笔墨，但弱于形象的塑造，弱于构图的营造。宋元明清以来的人物画名作形象塑造多类型化，构图章法简单化。连环画家则弱于笔墨，即使线描十分娴熟，但它也只是线描，而不是笔墨，放大到宣纸上，这一点暴露得尤其清楚。然而，形象的塑造，章法的营造，却是他们的强项，我们看钱笑呆、赵宏本、贺友直、丁斌曾、顾炳鑫的一些连环画名作，形象的丰富生动，章法的变化万千，同一形象不同角度的处理，同一场景不同角度的摆布，几乎都到了能背得出来的程度。所以，中国画家从事连环画创作，正是硬逼着他们闯过了形象塑造关，闯过了构图经营关。

我们看程十发创作的人物画，其形象的多彩、笔墨的精妙，固然得益于他天赋的艺术灵性，得益于陈老莲、任伯年的传统，得益于传统文化，包括诗文书法的修养，得益于深入少数民族的生活，但不可否认，连环画的滋养也是功不可没。同样，刘旦宅的人物画，形象美丽多方、笔墨流丽多彩自不待论，其章法的虚实繁疏，运用自如，没有经过连环画创作的逼迫，绝不可能如此得心应手。

前文提到，带着浙派"新人物画"法来到上海的画家，大多未能创造出区别于浙派的上海风格，但姚有信却是一个例外。他之所以成为例外也是与连环画的滋养分不开的。尤其是构图的能力之强,更为一般的浙派画家所难以企及。

所以,对于20世纪前期的海派人物画,我们应该关注月份牌在其间所起的作用,对于20世纪后期的海派人物画,我们更应该关注连环画在其间所起的作用——连环画的高手,并不一定都能成为中国人物画的高手,但中国人物画的高手大多曾是连环画的高手。这是20世纪50—80年代海上画坛所独有的一道景观。

除上述具有广泛影响的一些画家和画派,20世纪的海上人物画坛,还有如下几位特立独行的人物画家值得关注。

王一亭,以黄慎、闵贞一路的粗简画法擅名,多作道释人物,笔法狂放,成就不高,但因其在商界的地位,影响颇大。

林风眠,擅长中西合璧的戏剧人物、古装仕女,画法全是西方现代派马蒂斯的一路,但意境比之有些所谓的传统派还要来得传统,一种宁静致远的"美人之思","此中有真意,欲辨已忘言"。无疑,这是他幻灭了艺术"走向十字街头"的理想冲动之后,复归平淡的升华。

关良,以画简笔戏剧人物独辟蹊径,形象稚拙,笔墨精练,其立意在传统的文人写意和西方的现代画派之间。

丰子恺,以"子恺漫画"驰誉画坛,写现实社会的民情,却出之以古典的诗意。本无意于作"中国画家",所以所交往的多非中国画界中人,却因特殊的机缘被推到上海中国画院院长的位子上。从此,"子恺漫画"也就顺理成章地变成了中国画。

沈子丞,出之于华新罗的画派,但变华的清新俊逸为稍稍沉郁苍凉。虽然沉郁苍凉,但绝不强横粗拙,而依然内蕴着清新俊逸的文秀之气。

唐云,以画花鸟驰誉,为"海上四大名旦"之首,兼工山水,偶尔涉笔人物,成就不凡。多作佛像、钟馗,格调高旷古雅,笔意在华新罗、金冬心之间。

如上所述，20世纪海派人物画的代表画派和主要作家，他们在纵的方向上对整个中国人物画史所作出的独到贡献，在横的方向上对整个20世纪人物画坛所作出的独到贡献，不仅是不可替代的，而且是相当重大的，尤其在多样性方面，无出其右。即以最受推崇的浙派人物画风，即笔墨加素描的一路而论，它，主要通过描绘各地不同的劳动人民生活来建树不同的地区风格，系由"一样化为多样"。而海派的人物画风，无论前期还是后期，基本上都不是通过直接描绘上海人，尤其是最有上海特色的上海市民阶层和工人阶级的现实生活，而是通过具体的技法和抽象的精神，包括对上海所独有的月份牌、连环画的借鉴，来建树海派的地区风格。而且，落实于不同的画家，这统一的海派风格又是如此个个不同，正显示了海派所独有的多样性和包容性，系由"多样合成一样"。然而，长期以来，无论是画史的研究，还是市场的运作，对此的认识和关注是严重不足的。因此，特撰文以提请画史研究者和市场运作者的注意。

（2004年）

二、山水画

鸦片战争后崛起的海上画派，作为中国画商品化的最佳样式，以富于市民气息而又能为雅俗所共赏的人物、花鸟画最擅胜场。而传统绘画的大宗山水，则因其林泉高致的清高性，在海上画坛相对沉寂。这一局面，一直到1927年因吴昌硕的去世而有所改变，一大批优秀山水画家的相继涌现，为海派绘画注入了新的生命活力，嗣后的海上山水画，虽不能说有压过了人物画、花鸟画的势头，但至少足以与之分庭抗礼。而相对于人物画、花鸟画具有明显的海派特色（人物由陈老莲而任伯年，花鸟由扬州画派而任伯年、吴昌硕），"海派山水"事实上并无"海派"的特色，而是呈现为多元化的倾向。

最初的海派山水,是从沉寂的正统派惯势发展而来的,例如顾麟士、"三吴(吴湖帆、吴华源、吴待秋)一冯(冯超然)"的作风,都是典型的正统派。我们知道,以董其昌、"四王"为领袖的正统派山水,所讲求的是对宋元经典传统的取法乎上、集其大成。但由于从乾隆以后,宋元的经典名作几乎被一网打尽到了宫廷内府,这就使得后继的正统画家无"上"可法,无"大成"可集。取法乎上,尚且只能适得其中,何况无"上"可法?所以,正统派的长期衰微不振,与其归咎于"泥古不化",毋宁归咎于无古可泥。然而,进入民国以后,由于故宫名画的公开陈列、出版,以及溥仪盗宝的流散市场,使人们重新获得了亲炙经典名作风流文采的机缘,从而导致了正统派的脱胎换骨,不仅上接了元,甚至直探了宋和唐。论画家对于传统取法的眼界之广阔和高远,是超过了董其昌和"四王"的,自然,他们的画派,从严格的意义上也不再是正统派。

从宋元真迹中获得收益的不限于原先的正统画家,也包括部分野逸派画家,如张大千、贺天健等。当然,也有小野逸画家恪守石涛一路的传统,同样创出了新的面目。

野逸派的成就,从表面看在于他们不拘成法的创新笔墨,而支持这样的笔墨不致沦于潦草颓唐而是呈现为痛快淋漓的高华,更在于八大、石谿、石涛等有着强烈的情感冲动。乾隆以后,走这一路的画家早已没有了这样的冲动,无病呻吟或小病大吟的自我表现、自命清高,不免成为装腔作势。而当清民易祚之际,一方面一些排满的志士如南社诸子为刺激反清的民族情绪,致力于张扬石涛等明末遗民不与清廷合作的品操;另一方面,一些清末的遗民如曾熙、李瑞清等为表彰忠于旧朝的士人气节,同样致力于张扬石涛等效忠明室的志守。紧接着,列强的入侵,抗战的爆发,在一股更强劲的民族意识的支配下,以石涛为首的野逸派画家成为海上画坛乃至全国画坛的一个神话,野逸派的山水也在此际得到空前的发扬。

一路是谨严规整的传统,由宋元而来,一路是粗放奔肆的传统,由明清之际的野逸派而来,这两大阵营,在民国的海上山水画坛是旗鼓相当的,不分轩轾。但是,1949年新中国成立后,前一种传统遭遇了挫折,而后一路传统则成为新中国"新山水画"的一个有机组成。不过,平心而论,论民国的山水画,海上画坛的成就是领先于全国的。而论新中国的新山水画,海上画坛的成就远不及江苏、北京、西安。当时的海上画坛,所领先的是"新花鸟画",而浙江,所领先的则是"新人物画"。

从"显学"的一面,虽然是野逸派独领了海派山水的风格,但从"隐学"的一面,由宋元而来的封建性、贵族性一路,仍在默默地发展着。在这种发展中,它也在接受思想的改造,但成绩不大。而在传统的弘扬方面,如谢稚柳、陆俨少等,却取得了超越民国的成就。相反,被成功改造后的野逸派,却在表面的风光中萎缩了它的传统生命力。

与此同时,对西洋艺术,尤其是现代艺术的融会,也在默默地进行着,如林风眠等为海派山水开拓了新的空间。逮至80年代,这不同于北京李可染的古典性、写实性,而更具"现代性"、表现性的中西融合一路,终于大放异彩,成为20世纪海派山水的一个闪亮景观。

如上所述,是20世纪海派山水的综观。具体而论不同风格流派的代表作家,如由正统派而来的吴湖帆,有别于另外的二吴和一冯,他不仅家富收藏,包括握有宋元的巨迹,还曾受聘故宫鉴定书画。这就使他比之其他正统画家的局限于小四王、后四王,对于传统经典的认识不啻霄壤。早在20世纪30年代,他便已吃透了"四王"和董其昌,而在其时的大多数正统画家,"四王"和董还只是一个梦想。进入40年代,他更把唐寅、元人、宋人整个地摸了一遍,画风的创造也幡然脱出了正统派。董其昌的正统派,一般是简略的公式化的构图、程式化的笔墨;而在他,通过唐寅,更通过宋人,变为繁复的构图,细腻绚丽的色彩渲染,而把笔墨却一层层地隐去了。所以,他的画,墨胜于笔,色又胜于墨,尤其是云气的烘染,空间氛围的营造,致力于高远和深远,而不以平远为满足,有一种堂皇之致,显得华贵典雅,如周邦彦的词,但气局尚嫌不够恢宏。此外,对生活体验的忽视,也致命地妨碍了他艺术成就的进一步提高,堪与元相埒,而不足与宋齐驱。然而,在当时画坛只知明清、不识唐宋的形势下,以他对元的认识和实践,已足以领袖东南。

与他同时的郑午昌,也是由明清上追宋元,突破了正统派的窠臼。繁复而细腻的描绘,比吴显得更平民化,但论气局,却不是不够恢宏的问题,而是比较拘谨狭小的。显然,他的功力是足够了,至于气局问题,乃是天生的气质所决定。他的成就不及吴湖帆,但却是在另二吴和一冯之上的。

冯超然的学生陆俨少,于南京参观故宫藏画后心记默识了许多宋元名画的优秀技法,自称"贫儿暴富",自此,便潜心元人,尤钟情于王蒙。抗战期间避兵重庆,亲历三峡之险,得江山之助,画风丕变。新中国成立后他在党的组织下深入生活,又因工艺画的需要仿习唐寅,而后遭遇挫折,使他在造化、古人、心源三方面获得更深刻的磨炼,迎来了他艺术上的高峰期。他先是以王蒙的虚灵之笔结合唐寅的刻实之笔,来结构来自生活真实的繁复章法,灵气外溢;70年代别创勾云、勾水及留白诸法,抒写胸中磊落,别有郁勃峥嵘之势,形成鲜明强烈的个性风貌。试与吴湖帆的重色相比,他更重笔、重骨;试与李可染的主端庄静穆相比,他更主飞动跌宕。他对于传统的追求,以元人为至高无上的境界,而他对自己艺术的评价,是超过了石涛的,却还不够董其昌。他对石涛颇有微词,有意识地避开石涛,但事实上,由于遭际的相近,禀性的相近,不期然而然地在他的风格中多少可以看出石涛的影子。

少年时从陈老莲花鸟入手的谢稚柳,画山水一开始就是学的宋,而没有沾染到正统、野逸的时习。李成、范宽、巨然、郭熙、王诜、燕文贵是他毕生追求的传统"先进典范",即使学元,也是最接近于宋而号称"元画刻画第一"的王蒙。因此,大山大水,崇岭深壑,为形象服务的笔墨,十水五石的恪勤描写,形成他堂皇端庄的气象,而不入一笔明清近体。20世纪70

年代,他借鉴徐熙花鸟的落墨法,汲取南宋水墨的淋漓苍劲,但却不作边角,而依然是写全景,于堂皇端庄之外更有一种奔放之致。陆俨少的画,即使大幅,也如放大的册页;而他,即使册页,也如缩小的大轴。吴湖帆是以色(体面)胜,陆俨少是以笔(轮廓线)胜,谢则融合了两者之长,骨肉兼济,态度弥茂。论对传统的修养之深刻、全面,他不仅通过自己的收藏、创作、写生,更通过对海内外庋藏的几乎全部历代画迹的鉴定,他所取得的认识无人堪与伦比。但由于种种原因,他的这种认识尚没有来得及全部地反映到自己的创作中来。

谢的朋友张大千,年轻时在曾熙、李瑞清的引导下潜心八大、石谿、石涛。当然,他的老师是看重石涛的士人气节(事实上石涛并不像其他明末遗民那样有气节),在他则是看重石涛风华外溢的艺术,包括他的笔墨、章法以及搜尽奇峰的写生,都与自己的禀性似乎是一种本质上的契合。他不仅临摹石涛足以乱真,更多次上黄山抉出了石涛之心。然而,以他对野逸派如此的心印,当他通过各种机缘接触到晋唐宋元的真迹,包括卷轴和壁画,他的眼光便从石涛的一家眷属中解放出来,上下千年,纵横万里,各家各派,他一股脑儿把它们全部捣烂,统统吸收到自己的面貌中来。在20世纪40年代,他画唐人、宋人、元人的各种风格,尤其是精严的青绿,奠定了他"五百年来一大千"的崇高地位。而在我看来,岂止是五百年,五千年来他也是第一人。至于泼彩法的创造,融合了西方现代艺术的那一路,被人誉为"石破天惊",则是他离开大陆、离开上海之后的创格了。事实上,这一创格,可贵的是精神,论作品,并没有超过他20世纪40年代时的水平。

早年学"四王"的贺天健,来到上海之后一方面厌倦了正统派的陈陈相因,另一方面自然也就感染了海上画坛的石涛热。但他很快发现,对石涛粗放画风的群起效颦,其弊端更甚于正统派的陈陈相因。所以,当他看到了古典的名迹,便幡然醒悟到必须发扬的传统,应该以"五代两宋山水画的精神"为主脉。他自豪地宣称,自己的方向目标是"局促南北宗,俯仰天地大",只要是五代两宋,无论南宗、北宗,都是他的取法对象,不仅要取法他们的笔墨,更要取法他们到生活中去写生写实。这一观点,与吴湖帆不无抵牾,因为吴强调的只是南宗,尽管由明清上溯到了宋元,而不太强调生活。由于两家的矛盾,再加上贺曾同野逸派有过一段因缘,所以他在各方面显得更平民化,20世纪50年代以后也就能自觉地追随新的文艺路线并受宠,努力通过写生将红旗、轮船之类搬到传统的笔墨章法中来,使传统山水画向新山水画转轨。尽管他的政治热情十分真诚,但他在这方面的探索并不成功,不仅比不上江苏等地的画家,就是比之同在海上的应野平也是不逮的。

  强调宋元,尤其是宋人传统的重要一点是写实。写实的作风可以从写生中来,也不一定从写生中来,如吴湖帆便不重写生,但他的作风却是写实的。同样,写实的作风也不一定从宋人传统中来,也可以借鉴西方写实主义绘画的技法。早期的海派山水,便曾有吴石仙这样的一格,但这样的体格正如乾隆时的郎世宁,在重笔墨的中国画家看来未免不够地道,"虽工亦匠"。然而,其时的徐悲鸿却在人物、鞍马领域成功地完成了西方的写实(素描)与传统笔墨的完美结合,海上画家陶冷月在山水领域也进行了相同的尝试。他早年画的是"四王"一路,至汲取西洋画光影处理的方法来作写实,用清冷的花青色烘染云气、水波和山石的体面,令人有耳目一新之感,但在与笔墨的结合方面却并不算成功。真正在山水画领域把写实的素描与笔墨成功结合到一起的,是后来北京的李可染。

  与陶同时的黄幻吾,虽以花鸟擅名,亦工山水,也是用色彩烘染光影来完成写实的描绘。但他的画风出于岭南派,在色彩的运用方面也更"花"一些。总体上看,陶、黄两家的山水,虽然有高度的写实性,尤其是空间进深的渲染,简直超过了前述学宋的诸家,但论笔墨,论传统的气息,确是很不够的,这也就影响到他们作品的格调。

  注重于写实的画家,强调的是形象的塑造,笔墨是为形象服务的,是一种量体裁衣的关系,甚至如陶和黄,不惜牺牲了笔墨来配合形象的真实性。其间,尽管有重宋元和重西洋、重写生和不重写生之分,但以形象塑造为第一位的认识则是共通的。而同时传习野逸派的部分画家,则坚持以笔墨为第一位,形象与之的关系是削足适履的,以画外的人品修养为第一位,绘画基本功与之的关系是从属的。例如,任侠好义的钱瘦铁以金石书画的三绝追踪石涛,把淋漓的湿笔变换成遒迈的枯笔渴墨,其笔墨的造诣确非常人所能企及。他曾自豪地宣称"泼墨写意大丈夫,闺中女儿描工笔!"但问题是,没有他的书法、篆刻、禀性的支援,把特殊性作为普遍性推广,后果又将如何呢?然而,他以如此难能的修养所支援起来的如此强有力的笔墨,却倾倒了不少的追随者,而且,追随者们又只看到他表面的笔墨而看不到它背后的修养。有一位几乎与他同龄的谢之光,本以"描工笔"的仕女、月份牌驰名,便信服地认他为师,以"泼墨写意"来作花卉、山水,而且比他更加狂放,却不免使人感到缺少底蕴。

一代山水大师黄宾虹也曾长期蛰居上海,他早年奔走革命,热心鼓吹遗民画派,维新成功后却无意仕进,潜心在上海整理国粹,积累起丰厚的文化修养,是远远超出了钱的,而不止于三绝之类。他也坚定地认为,传统的中国画,文化修养第一,绘画技术第二,甚至认为有文化的翁松禅的山水,比五代赵幹的《江行初雪图》还要高明。这样的偏执,固然造就了他个人特立独行的成功,但总使人联想到"政治标准第一,艺术标准第二"的教训。循此思路,往往导致不要艺术标准,不要绘画基本功。平心而论,黄的成功,不仅是特殊性,如他的修养人品就不可能普遍地具备,而且有偶然性。他最大的创意是黑密厚重的作风,据说是因为看不清楚,所以越画越黑,而这样的浓黑,对于常人的眼睛,便起了一种震吓的刺激性。尽管他也时常讲到宋元,但他的认识其实是在明清,他所诠释的宋元特点,事实上并非宋元,而是明清乃至他个人的特点。他把野逸派的笔墨金石化,再用这金石化的粗野笔墨来作正统派的章法,粗头乱服而别具森严。

换言之,他把野逸派正统化,又把正统派野逸化了。尤其反映在对笔墨的认识方面,他认为评价笔墨好坏的标准,不在于它是否配合了形象的塑造,而在于它是否符合书法金石的折钗股、屋漏痕。这无疑也是一个特殊的片面真理。

此外,从野逸派传统中得益的山水名家还有以花鸟名世的唐云,画石涛的一路无出其右,即使张大千、傅抱石也不能过之,特别是对于石涛灵秀的把握,相当准确。但是,他的主要精力是在花鸟的开宗立派,自然对于山水也就不想再在石涛的基础上做更进一步的创新。新中国成立后,他也曾尝试将石涛的传统山水转轨到新山水画上来,但成就不如新花鸟画来得大。海上新山水画的创新,成就最为卓著者当推应野平。与江苏等新山水画的政治化(多写革命圣地或劳动人民改天换地的火热生活)不同,应的新山水画,通过深入生活所反映的是普通劳动人民的日常劳动生活,平凡而朴实,辅之以新的笔墨、色彩,体认了劳动人民当家做主人之后的山河新貌,在思想感情上真正把"林泉高致"成功地转换成了人民性,而无须小红旗之类的标签来做说明。他的一幅《旭日东升》,由沈尹默题写诗塘,曾被印成几百万份年画,进入千家万户。自有山水画史以来,此画受众之多且"劳动人民化",堪称第一。

此时的林风眠,偏在这样的形势下尝试用水粉与水墨相结合的方式来描绘包括山水在内的中国画的现代艺术。由于它在构图和技法诸方面的新颖,也有人认为它不属于中国画。但无论如何,总不至于把它归于油画或水粉画。他也试图用这样的形式来表现新的时代风貌,如添加一些高压线之类,但却显得怪怪的。他的成功,在于用西方现代艺术的观念,水粉和水墨结合的技法,超然淡泊地表现了现代生活中的林泉高致,甚至比之其时某些传统的形式在意境上更要传统。

林风眠的艺术主静,刘海粟与西方现代艺术的融会则主动。强有力的笔墨线条,强烈冲突的五彩缤纷,石涛的淋漓,梵高的狂热,结构出"海粟之狂"的大气磅礴。论胆量、气魄之大,他前无古人,但却有过于狂肆张扬、卖弄之嫌。而朱屺瞻"瞎拓拓"的重彩山水，表面看来与刘相近，实质上更沉着深厚，因为他没有故作姿态地来耍神通。

传统山水画对于西方现代艺术的借鉴，不同画家容有不同的着眼点，但有一点则是共同的，这便是色彩。因为传统山水向来以水墨为上，即使青绿也是翩翩文雅。而现代的生活对审美提出了强烈鲜明的色彩需要，因此，继林、刘、朱之后，在世纪之末，如王康乐、程十发、陈佩秋等也都开始从中汲取营养。王在黄宾虹笔墨传统的基础上施以斑斓的重彩，程在海派人物、花鸟笔墨传统的基础上施以绮丽的淡彩，陈则在宋人写实性笔墨传统的基础上施以清新的色彩，创造了20世纪海派山水的最后辉煌，并引申到了新的世纪。

如上所述，20世纪海派山水各种风格样式的代表画家，大名头的和中名头的，基本上都已涉及。而如此多样的风格，大体上又可以分为精严的和粗简的两路。前者更讲求绘画的功力，后者更讲求画外的因素，除文化修养外也包括地位、年岁等等。这就是历来所谓的"画以画传"和"画以人传"。在学术界，通常的观点是"宁可画以人传，不可人以画传"，自然，也不可"画以画传"。但反映在市场上，则是并无偏见的，无论以什么传，只要可传，就有价值。准此，只要是大名头、中名头，两路都有它们的买方市场，而小名头，前一路如朱梅邨、黄山寿、张石园、胡若思等均有一定的行情，后一路则几乎全无行情。即使是兼擅两路的张大千，前一路的行情也大大高于后一路。这一实践的检验，正好可以用来印证我长期坚持的一个观点：除了极少数天才的画家，对于绝大多数普通的画家来说，不直学柳下惠的坐怀不乱、无法而法，而应该学鲁男子的以礼设防、以法为法，不具备柳下惠的条件而都来学他的坐怀不乱，表面上虽然比之以礼设防更容易，结果难免导致如傅抱石在1935年时的预言"吴昌硕风漫画坛，中国画荒谬绝伦！"

(2003年)

三、花鸟画

"春江潮水连海平,海上明月共潮生。"海派绘画的光彩,伴随着上海社会文化潮流的变化起落而具有不同的表现。我认为海派文化、海派绘画的核心是花鸟画,花鸟画是海派文化的一个标志性符号。海派绘画,从鸦片战争、清末、民国,到新中国成立延续了一百七八十年。新中国成立后的新山水画是以傅抱石为代表的新金陵画派,新人物画是以方增先为代表的浙派人物画,新花鸟画的代表就是上海。所以,我的看法,花鸟画不仅是海派绘画,而且是整个海派文化的标志性符号。

为什么说花鸟画是海派绘画或海派文化的一个标志性符号?据崇文书局1918年出版的沃丘仲子《近代名人小传》记载:"伯年名渭,阜长名阜,绍兴人,同光间海上称大家,诸体并工,唯山水气韵不足,花鸟用重色者,称海派。"可见当时所说的海派,是指任渭长、任阜长兄弟两人为代表的花鸟画。二任还兼及人物画,沃丘仲子说道:"学陈洪绶,面目奇特。二任绘事,足为一大宗。"另,据张祖翼1899年在吴观岱作品上题跋:"江南自海上开市以来,有所谓海派者,皆恶劣不可暂注目。"吴观岱是无锡人,张祖翼所题的吴观岱这幅画,现在已不可得见。以上两条材料,一正一反,最早提出了海派绘画的名称。沃丘仲子所说的"伯年名渭,阜长名阜"有误,实际上是指任熊、任薰兄弟两人。任熊,字渭长;任薰,字阜长。因为沃丘仲子这部书始写于1870年,至1900年成书,共140万字,不料在1906年因火灾烧毁,他凭记忆重写,得13万字,所以错舛较多。沃丘仲子把海派定义成是浙江人开创的,他所说的海派,主要是在绘画,重点在花鸟画。现在有海派文学、海派戏剧、海派建筑等,但最早的海派就是绘画,主要是花鸟画,人物画和山水画还不包括在内。题材生动吉祥,构图丰富饱满,色彩艳丽馥郁,画法奔放快速,这是海派花鸟画的特点。

海纳百川,晚清时期(1840—1926)的海派文化和海派绘画,除了国外的影响之外，主要来源于浙江和江苏两地，而浙江画家扮演了主要角色。说到早期海派绘画，提到的就是赵之谦、虚谷、任熊、任薰、任颐、吴昌硕、蒲华、张熊、朱熊等，除了虚谷是安徽人之外，其他都是浙江人，而绝对提不到苏州的胡三桥、顾若波。清末民初，常州、无锡、苏州的不少画家来到了上海，他们带来了吴门画派的传统，但影响不如浙江来的这批画家。吴门画派传统文人士大夫的气息比较强，讲究的是山水画和仕女画。同样是仕女画，唐伯虎也好，仇英也好，他们的仕女画是传统文人士大夫心目中的美女形象，小眉小眼，弱不禁风，很难同上海的市民阶层相融合。浙江人讲究雅俗共赏，而且倾向于"俗"的一面。海派文化也是雅俗共赏，无非是把扬州画派、浙派原来的雅俗共赏变成上海的雅俗共赏。

(一) 海派绘画的第一个阶段

海派绘画的第一个阶段是 1840 年到 1926 年，通常美术史上研究的海派就是指这一阶段。早期海派绘画的代表人物是赵之谦，但赵之谦在上海没有住过，他是路过上海。赵之谦在上海有很多官场上的朋友，清朝灭亡前后许多官员都到上海定居，魏稼孙、沈树镛等在上海推广赵之谦的书画，所以赵之谦在上海影响很大。

这一阶段，海派绘画以任伯年、吴昌硕为代表。一开始是任伯年的风格基本上笼罩了海上画派的各种流派，后来是吴昌硕的风格笼罩了海上画派的各种流派。任伯年这一派是从哪里来的呢？是从任熊、任薰，是从陈老莲和华新罗发展来的。陈老莲是浙派，华新罗是扬州画派。清乾隆时期，扬州画派和浙江有着十分密切的关系，当时扬州画派的许多人，包括华新罗、金冬心，有些是杭州人，有些是长期生活在杭州。1926 年之前的海派，基本上就是浙江人的画派，浙江人带来了他们固有的传统，又融合了上海本地的特色。

浙江这些画家带来的绘画传统是什么呢？一是陈老莲，二是扬州画派。陈老莲和华新罗有所不同，陈老莲很古奥，稀奇古怪。华新罗清新可爱，但很清冷。华新罗是扬州画派的，是小写意花鸟，人物也是小写意。任伯年后来主要是从华新罗一派来的，尤其是小写意花鸟画。华新罗的特点是用笔比较干，而任伯年用笔比较湿；华新罗用笔比较柔，任伯年用笔比较刚；华新罗用笔比较慢，任伯年用笔比较快。色调上，任伯年比较艳丽、豪华，华新罗的色彩比较冷淡。程十发先生以前说，画好了要上颜色叫"给你看颜色"。要给人家看颜色，这个颜色要好看，这是上海人的审美习惯。所以，任伯年、吴昌硕他们到了上海，首先把水墨为上改成色彩艳丽，这是中国绘画史上的一大改变。任伯年独创了自己的格调：一是寓意吉祥，二是色彩艳丽，三是构图非常饱满。陈老莲的画也上颜色，很古雅，但不是十分漂亮。扬州画派的画都是水墨，不上颜色。为了雅俗共赏，任伯年的画颜色非常艳丽，这是他独创的。两宋时期，花鸟画的颜色非常漂亮，宋代以后的花鸟画是淡彩，以水墨为主。中国画重新讲究用艳丽的色彩，是从海派绘画开始的。任伯年的画构图非常饱满，不是寥寥几笔。既然他的画颜色很漂亮，构图很饱满，那是不是会画得很慢呢？不是，他画得很快。宋代的花鸟画讲求三矾九染，一朵花的颜色要分好几个层次才能画出来。任伯年发明了蘸色法，一支毛笔蘸了白颜色，笔尖上蘸点红颜色，一笔下去各种颜色都出来了，而且过渡自然。如果宋人是用半个小时画出来的，那现在半分钟就能画出来了，所以画画的速度很快。吴昌硕也继承了这个特点。

海派文化、海派绘画同以前的扬州画派、浙派、吴门画派不同，海派绘画在题材上突出寓意吉祥。任伯年经常画牡丹花、海棠花，富丽堂皇，玉堂富贵，口彩很好！虚谷经常画紫绶金章，上面是紫藤花，下面是金鱼，紫绶金章又是好口彩，升官发财。以前文人阶层认为这些都是很俗气的，但海派画家大量采用这类题材。吴昌硕也是，吴昌硕画牡丹花、水仙花，他说"富贵神仙品,居然在一家"。牡丹花是富贵的,水仙花是比较飘逸高雅的,把高雅和世俗结合在一起,结合得很好。后来大家一说到海派绘画,就是雅俗共赏。虽然它的寓意好像很俗,但高雅阶层一点也没有办法对它进行批评,世俗阶层也很喜欢,所以叫雅俗共赏。这类题材,以前最多是在民间年画里面有,纯粹是民间艺术,不属于高雅艺术。现在雅俗共赏,"俗气"的东西进入高雅阶层。所以,这一点也是不容易的,这同上海市民的审美习惯有关系。

海派绘画的另外一个特点是什么呢?构图很饱满,而且画面画得很复杂。以前的文人画,画得很简单,寥寥几笔,"少许许胜多许许",大幅画面都是空白。现在要画得很满,任伯年也好,吴昌硕也好,赵之谦的许多画也几乎是画满的,不留空白,只落个穷款。吴门画派当然也画得很满,但他们的画一层又一层渲染,画起来很慢。海派画得满,用笔却非常快,这个快速的方法也是海派发现的。因为,如果画得慢,作为商品画的成本就太高了。所以,任伯年、吴昌硕的画,不仅通过蘸色法减少了画画的层次,而且用笔的速度很快。像吴昌硕,一个上午可以画十张四尺整张的,睡了午觉起来再题字、钤印。

色彩艳丽,是对传统的创新,包括吸收西洋的技法、颜料的创新。西洋红这个颜料就是西方来的化学颜料,中国原来红颜色用的是胭脂,胭脂颜料就比较暗,西洋红颜料比较鲜艳。土山湾有个美术馆,带来了许多西洋画的方法,包括西洋画的颜料,都被海派画家所吸收了。讲到这一条,许多研究传统的人认为海派不是纯粹的传统,京派是比较纯粹的传统,海派吸收了许多西洋的东西在里面。海派确实吸收了一些西洋的东西在里面,包括任伯年,也学过西方的铅笔画、西方的素描造型,进一步讲,后来的徐悲鸿,也是把中西融合起来。

中国传统文化的精神,就是对异质文明的包容和吸收。中国文化的核心精神,就是"和而不同""吐故纳新"。所以,我的看法,鸦片战争之后真正能够坚持中国传统文化精神的就是海派。像京派,虽然我们看到好像是纯粹的传统,但实际上把中国文化的精神丢失了。海派这一点是很了不起的。中国文化是包容,对别人是包容,那对自己呢?就是吐故纳新,生生不息——不断吸收异域文化为我所用,达到生生不息。从这个角度讲,海派文化是真正的传统。

吴昌硕以书法入画,从用笔水平上来讲,吴昌硕在任伯年之上,吴昌硕厚,任伯年薄。从绘画造型上来讲,吴昌硕不如任伯年。后来,中国画强调文人画,认为任伯年的比较匠气,就不太受重视了。1896年任伯年去世以后,就是吴昌硕的天下了,吴昌硕的画属于文人画,更高雅,也比任伯年画得更好。吴昌硕的影响在当时非常大,大到不知所云。其影响好的一面有,坏的一面也表现出来了。

(二)海派绘画的第二个阶段

海派绘画的第二个阶段是1927年到1949年。程十发先生所说的"海派无派",是指1927年之后。之前的海派是有派的,先是任伯年一派,后是吴昌硕一派。1927年吴昌硕去世,之后海派绘画的二十年里,争奇斗艳,五彩缤纷,丰富多彩,谁也不让谁,哪一种风格都笼罩不了整个海上画派,所以"海派无派"了。20世纪从1900年开始,民国从1911年开始,这段时期吴昌硕还在,但吴昌硕是归于清代美术史的,所以我们讲20世纪的海派绘画,主要就从1927年开始。

1. 任伯年一派的延续

这一派的延续有倪墨畊、李芳园、丁宝书、王师子、陈摩、沈广等。丁宝书是从任伯年、华新罗一路中画出来的,自成一家。丁宝书的水平非常高,因为当时名家众多,他反而成了小名头了。在任伯年的时代,除了任伯年,其他人都不如丁宝书。王师子,与张大千是"画中九友",水平和丁宝书不相上下。陈迦庵(陈摩),无锡人,本来影响很大的,因为后来做了汉奸,大家不怎么提他了。沈一斋(沈广),也是任伯年一路出来的。画白凤凰,加上朱砂的石头,颜色很漂亮。所以海派绘画注重雅俗共赏,一是题材本身要好,二是色彩要艳丽。画凤凰讨人喜欢,白颜色和朱砂颜色搭在一起效果也很好。

2. 吴昌硕一派的延续

王一亭和吴昌硕并称"海上双璧"。王一亭早年是跟任伯年学的。晚年,任伯年去世后,他跟吴昌硕学,亦师亦友。王一亭与日本人做贸易,对吴昌硕在日本的影响,他作出了极大的贡献。

赵云壑,纯粹是学吴昌硕,学得非常好。许多吴昌硕的假画,据说是由他作的,吴昌硕后来收他做了学生。书法、绘画、篆刻都与吴昌硕一个风格。

王个簃,也是吴昌硕这一路,新中国成立前也有名。他原来是吴昌硕孩子的家庭教师,一面跟吴昌硕学习。他的画、书法、篆刻都太像吴昌硕。

吴待秋,"三吴一冯"当时都是画山水的,只有吴待秋和吴湖帆也画花鸟。吴待秋的山水学王原祁,花鸟也是从吴昌硕这一路出来的。

从华新罗、任伯年一路出来的,都能与华新罗、任伯年有所不同,能形成自己的面目。但学习吴昌硕很难跳出吴昌硕的模式,很难形成自己的面貌。所以,即使成就很高,也难以得到较高的评价。只有齐白石和潘天寿学吴又能跳出吴昌硕模式,成了大师。

3. 中西合璧

张书旂是岭南画派加任伯年,加西洋的光影画法。张书旂的画多用厚的白粉,与素描、水彩画有关系,造型、结构很准确。为什么海上会出现这个呢?这是任伯年这一派受了岭南画派的影响。岭南画派的高奇峰、高剑父从日本留学回来,鼓吹新中国画,结合了西方的光影画这一路,在广州受到了排斥,便到上海寻求赏音。在上海立稳脚跟之后,再回到广州,同时在上海留下了岭南派的影响。张书旂画的和平鸽就是这一路。

他不仅画和平鸽,还画其他东西,但方法就是这种方法。

程璋专门研究过蝴蝶标本和植物图谱。画秋海棠,叶子中光的质感他都能画出来。动物标本他也研究,他画猴子、画猫,都画得很好,非常写实逼真。

柳渔笙,一看也是吸收了西洋画法。尤其在色彩的运用、结构关系的处理上,运用了西洋画的写生方法。

陶冷月原来是画"四王"一路山水的,不出名。他后来看到了黑白摄影照片,受到启发。他画梅花,画山水,都画个月亮。除了月亮,他还画晚上汹涌飞动的云。烘云托月,他画的月亮给人很冷的感觉,有个外国人说他的月亮看上去好像是冷月,所以他改名叫陶冷月了。

张书旂等的中西融合主要是色彩、光影,吸收了西洋画写生写实的处理方法,而陶冷月则是素描。当时温州来上海的马孟容、马公愚,画了很多用铅笔素描的花卉。有种说法,任伯年也画过素描的,但他素描的作品没有见过,仅从他造型的功力能看出受过素描的训练。马孟容和陶冷月则是有素描的作品的,就是用铅笔画的素描。菊花、大丽花都是用素描画出来的,中西融合。但他们对素描的认识,更多的可能来自黑白照片。

4. 唐宋画派

对唐宋画传统的发现,以张大千为代表。张大千早年学八大、石涛、徐渭,后来学宋人和唐人。他的有些技法是从石涛里面来的,写意是从明清画里面来的。《春枝栖禽》中,鸟的画法就是宋人的传统,竹子是明清的传统。徐悲鸿说张大千是"五百年来一大千",是因为他全面,在绘画史上也只有他什么技法都会,什么题材都能画。这一幅荷花,叶子是石涛那里来的,花头是他写生得来的。这幅《红叶小鸟》是从宋人里面过来的,但枝干的构图与宋人有些不一样了,基本的理法是学宋人学唐人,但具体的用笔里面带了许多明清人的技法。画荷花,潘天寿先生最好,但只有一个面孔。张大千画荷花千变万化。这个荷花,分不清唐宋还是明清,但一看就是张大千。

5. 除了以上各派,还有其他一些画法

孔小瑜画的岁朝清供博古图和各种材质的器物,画得跟真的一样,这是他的发明。今天看来格调不是很高,可在当时的上海很受市民阶层喜欢,逢年过节买这个东西挂在家里,喜庆,岁岁平安。

郑达甫画的锦灰堆,俗称"打翻字纸篓",稀奇古怪,不可思议。

汤定之,常州人,梅兰芳学画的老师。他专攻松树,当时影响很大,现在看画得也一般,格调不是最高,但松针画得真锐利,像铁打的一样。

高野侯画梅花也很出名,专攻梅花,称梅王。

上海是个大市场,不管做什么东西都有钱可赚。书画市场也一样,有的如百货店、杂货店全能、多能,有的就摆一个小摊铺,其他地方都没有,全上海就我有。

(三) 海派绘画的第三个阶段

海派绘画的第三个阶段是 1950 年至 20 世纪末,这也是海派花鸟新高峰时期。这段时期的海派绘画,为什么在新中国的美术史上不够重视呢?当时,说到新人物画,就是浙江的方增先、李震坚、周昌谷等,最多扩展到广东的杨之光,他们是笔墨加素描。上海也有新人物画,比如程十发等,他是连环画加素描,但艺术性比他们高。说到新山水画,就是江苏的傅抱石、钱松嵒等。上海也有,比如贺天健、应野平等。浙江的新人物画、江苏的新山水画是整体推出,宣传的力度很大,影响很大,而上海的新人物画和新山水画宣传力度不够,影响也就不大。上海花鸟画的整体推出,是 1961 年举办了上海花鸟画展,在全国巡回展出,引起了轰动。此外,还有上海中国画院的《花鸟画谱》,唐云先生的《画人民喜闻乐见的花鸟画》论文等。说到新花鸟画,我认为就是这一阶段的新海派,新中国的新花鸟画就是以上海为代表。

1. 新花鸟画的"四大名旦"

新花鸟画最典型的代表人物就是20世纪三四十年代时出名的"四大名旦",起到核心作用的就是唐云先生。在京剧当中有四大名旦即梅兰芳、程砚秋、尚小云、荀慧生,海派花鸟画中则把唐云、江寒汀、陆抑非、张大壮称为"四大名旦"。

唐云先生在新中国成立前已经画得很好,但他更大的成就是在新中国成立后,精神焕发,不断变革,面貌一新。他水墨的也能画,彩色的也能画,他是学习华新罗的,但也学石涛、八大。他的绘画是把华新罗和石涛两派融合起来,变成了自己的东西。他有些画的格调,华新罗、任伯年都达不到。新中国成立后唐先生的有些画画得很有幸福感,欣欣向荣,这是他内心幸福感的体现。他的花鸟画在新中国成立前后有了脱胎换骨的变化,这与新金陵画派的钱松喦相同。唐云的画是讲究灵气的,早年清逸,五六十年代英隽,70年代雅健,到了晚年精气神不足了,自然就差了一点。有些人说画家越老越好,也不一定的,有些画家像齐白石、朱屺瞻越老越好,实际上还是他们盛年的时候最好,不一定是越老越好。

江寒汀一生的画风变化不大,他是学华新罗,也受了任伯年的影响。画鸟,自古至今推他为第一,各种鸟都非常写实,一看就看得出这画的是什么鸟。所以把画册上的鸟与真鸟做对比,都能对得上的。看他画的《棕榈小鸟》,颜色的处理很绝,棕榈大水墨大笔淋漓,小鸟画得很精到,下面有鲜花几点,用笔粗细结合,用色墨彩相映,都形成对比。这只鸟它用屁股对着人,也是他的创意。这幅画被中国美术馆收藏,尺幅不大,但是各方面实在太精绝了。这幅画和潘天寿比,各有各的好。潘天寿是交响乐,气魄恢宏;他这是轻音乐、小夜曲。说到画花卉和竹子,他不如唐云好。说到画西瓜和蔬果,则不如张大壮画得好。江先生在小的东西处理上比较讲究,大的方面尤其是用笔还是不如张、唐、潘的。

张大壮先生主要是学恽南田的,也学华新罗。他早年在庞莱臣家里管理字画，一方面也学习、临摹。他早年创作的有些画有年画的感觉，估计是应出版社出版年画需要而画的。到了20世纪六七十年代，他的艺术水平一下子突飞猛进，特别是蔬果和鱼虾水平很高，没有人能超过他，在恽南田的基础上画出了自己的东西。张大壮画蔬果，水灵的新鲜的感觉都画出来了。他画带鱼也很奇特，有人画带鱼用磷光粉去涂颜色，但画出来效果不好。张大壮把鱼鳞刮下来涂到画上去，是很有创新性的。这种画法古人也有的，当然古人不是画带鱼。古人画梅花，文献中有记载，花朵不是画出来的，而是拿真的梅花贴上去的。张先生就是用真的鱼鳞去画带鱼，这是他的创造。齐白石画河虾出名，张大壮就画海虾。他到沿海的渔乡写生，体验生活，把海虾的颜色、形状、结构画出来了。所以齐白石先生画河虾天下第一，张大壮画海虾没有人能超得过他。

陆抑非当时名气很响，而且画得很工整。他的画是从宋人那里变化出来的，色彩鲜艳而不俗气。唐宋之后，要讲绘画的色彩美，就是20世纪的海派。陆抑非跟过吴湖帆学习，吴湖帆对绘画中工整的一路下过功夫，宋画也临过不少。陆抑非20世纪60年代之后去了浙江美院，当时浙江美院的潘天寿、陆维钊、诸乐三都是画大笔的。陆抑非到了杭州以后，也跟着潘天寿他们画粗放的一路了。当然，工整一路的还是有一点，但同早期的工整完全不是一回事了。陆抑非的大笔和潘天寿还是不一样，毕竟画过工整的这一路，对花卉的结构、关系，以及里面的处理，跟潘天寿他们不一样。他的写意画水墨淋漓，但还是有色彩的感觉。

2. 唐宋派

唐宋派在民国期间最出名的就是张大千。新中国成立后就是谢稚柳和陈佩秋了。谢稚柳新中国成立前后的变化并不大，到中晚年落墨法变了，与以前不一样了。谢老早年学习陈老莲，陈老莲本来是比较工整的，只是比较怪。谢老便从陈老莲转到了宋人"宣和体"，同样是工工整整、规规矩矩地画。宋画第一点就是写实，这个写实并不是说和对象一模一样。

谢先生在《水墨画》里强调"中国画是写实的"。为什么写实？一方面当时是新中国刚成立，强调的是现实主义和写实主义，所以用了写实这个话。另一方面这个写实是什么呢？用恩格斯的话说就是"刻画典型环境中的典型性格"。就是不仅仅要真实，而且要比对象更美、更高，源于生活，高于生活，这才是真正的写实的含义。所以许多人认为写实的艺术是不高级的，只有写意的艺术是高级的。两者都可以高级，也都可以不高级，关键是怎么看。所以艺术与生活拉开距离是两方面拉开的，不是说拉得不如生活才是拉开距离，拉得高于生活同样也是拉开距离。我的看法就是艺术要高于生活，而并不是生活的复制。

《莲塘鹡鸰》这幅画精彩得不得了，完全是现实生活中来的，这个鹡鸰鸟也写实的。要讲这一路画，当然张大千画得好，可谢老的宋画画得更好。以前有人问李白的诗好还是杜甫的诗好？有人说十首之内，太白为胜，百首以外，杜甫为胜。谢老和张大千比，也是如此，挑最好的十幅作品，谢稚柳超过张大千；如果挑一百幅作品，张大千要超过谢稚柳。说到工笔画，大家都说北于南陈，北方于非闇，南方陈之佛。于非闇写了《我怎样画工笔花鸟画》，大家都公认了这个是工笔画，认为崔白的《双喜图》也是工笔画，唐人莫高窟的壁画也是工笔画。我们去看崔白的《双喜图》，去看敦煌莫高窟，发现画得很随意。谢老这种画，张大千这种画，都画得很随意。于非闇不能同张大千比，更不能同谢老比。陈之佛、于非闇画得很工整，很拘谨，也很刻板。所以，能够得到唐宋绘画精髓的就是张大千和谢老。

理解传统很难的，大家都说在学唐宋，在学敦煌莫高窟壁画，但你学的不是这么回事，精神对不上。现在《双喜图》看得清楚了，徐熙的《雪竹图》看得清楚了，再看看谢老，看看张大千。你光看陈之佛、于非闇，工笔画就被引上歧路了。谢老晚年画的，虽然工整变成了大笔，但是精神、格调还在里面，雾气蒙蒙的这种感觉。

陈佩秋先生早年的画也是从宋人里面出来的，早年大家都认为她纯粹是花鸟画家，到 20 世纪 80 年代，特别是 90 年代以后，她集中精力研究山水画，又达到一个高峰。她早年的花鸟画得非常好，我们认为是工笔花鸟，但她同于非闇他们画的工笔花鸟不一样，于非闇他们画工笔花鸟画都是用双钩勾好，然后用绢或者宣纸蒙在上面拷贝下来再来画。陈先生的工笔花鸟画得很随意，一开始就是用淡淡的墨，用点虱，用写意的办法画出来，基本形定好了再来勾轮廓，勾得很淡的，这样画得就生动了。她的画里没有工笔、水墨之分，所以能画得这么精妙。大千先生也好，谢老也好，他们所谓的工笔画，其实脑子里没有工笔画的概念，所以画得高明。

陈佩秋的《天目山杜鹃》，在全国青年美展得奖，是从写生来的。学宋人一定要写生，就像学明清一定要练书法、作诗词，所以陈先生写生的稿子多得不得了，她用大量的时间写生。有些画家写生看到东西，三两笔勾好了，一个上午居然画了一百张，陈先生一张也没有完成，画得很仔细，所以很慢。我也跟学生说做事情你潦潦草草地做一百遍也没有用，认认真真做，做一遍就够了。她在 20 世纪 70 年代又研究八大山人、徐渭，她把宋人的方法和八大山人的方法结合起来，有写意，有工细。兰花她是一绝，谢老本来也画兰花的，看到陈先生画的这样子，他就不画兰花了。陈先生荷花画得很少，她是看到谢老荷花画得那么好，自己也不画了。

3. 中西融合派

林风眠是把中国画的方法同西方的马蒂斯他们融合起来，变成自己的。他的《鸬鹚》是最具创意的，线条也好，墨韵也好，在传统中从来没有见过，但全是传统的精神气韵。瓶花之美，在传统与西洋之间。不能绝对地说中国写意，西方写实，中国也有写实，西方也有写意。

刘海粟则是将徐渭、石涛的传统与西方的梵高相融合，尤其是泼墨泼彩，牡丹、荷花，石破天惊，有一种"海粟之狂"。

4. 其他画家

来楚生是用书法、篆刻的方法来画画的,画写意画一定要书法好,这几乎是绝对的。来楚生的癫蛤蟆画得很好。

钱瘦铁是山水画家,花鸟画得也很好。一盆洞庭枇杷、老鹰,用笔非常苍茫老辣。

贺天健是山水画家,他的玉兰花水墨逸笔,清隽而又高洁。

陆俨少山水之外兼写梅花,变陈老莲而成自己的面目。高野侯一辈子画梅花,结果远不如陆先生随便而且偶然画的几笔。

吴湖帆的竹子好,风娇雨秀,像在雨里面一样。他画荷花画得好,当时上海画坛画荷花好的,有张大千、谢稚柳、唐云、刘海粟、程十发,一人一个面貌,风格都不一样,所以说海派无派!这么多画荷花的高手,风格面貌都不一样。吴湖帆画的荷花,花朵的色彩也好,荷叶的色彩也好,滋润得不得了。一般人达不到这个格调的,很高雅。大家认为色彩是最俗的,但海派的色彩很高雅。

黄幻吾是岭南画派的风格。上海不少画家吸收了岭南派的部分风格,为我所用。他的画,光影的变化、背景的渲染、空间的景深,都是岭南派的特色,但用笔方面当然差一点。

程十发,又是一个天才,绝顶聪明。他是从任伯年、陈老莲一路中变出来的,画成这个样子,使人看不出陈老莲、任伯年,只看到程十发,这证明了发老的本领。什么地方用点虱的办法来表现,什么地方用双钩的办法来表现,什么地方上颜色,什么地方用水墨,随心所欲,随机生发,信手拈来皆成文章,而且多是好文章。这种处理方法,一般人达不到。画雪景,冰雪天气,梅花上面的雪,都让他表现出来了。

上面所讲,是鸦片战争之后到21世纪之前的海派花鸟画,重点是20世纪,尤其是1927年到2000年。无论海派有派,还是海派无派,其共同的特点都是：寓意吉祥健康、构图丰富繁华、用色明丽鲜艳、画法快速奔放。这样的花鸟画，不仅仅雅俗共赏，作为中国画商品化的最佳形式，成为中国画由传统向近现代转轨的最佳契机，更是海派绘画、海派文化的形象代言和标志性符号。它既是古人"春江花月夜""海上繁华梦"的预言成真，更有沃丘仲子《近代名人小传》的文献书证，而尤以20世纪五六十年代唐云先生为代表的"新花鸟画"集中反映了它所表征的城市文化精神。

（2019年）